실무가 훤히 보이는 머신러닝 & 딥러닝

파이썬 실전 코딩으로 배우는
한글 자연어 처리, 챗봇 개발, 이미지 분류, 데이터 분석 등
인공지능 서비스의 이해

파이썬 실전 코딩으로 배우는 »»»

한글 자연어 처리, 챗봇 개발, 이미지 분류, 데이터 분석 등

인공지능 서비스의 이해

실무가 훤히 보이는 머신러닝 & 딥러닝

마창수 · 최재철 지음

책만

추천의 글

딥러닝, 자연어 처리, 음성 처리, 챗봇 등 다양한 인공지능 활용분야에 대해 간단한 원리와 쉬운 예제들로 알기 쉽게 설명하는 책입니다. 개인 환경에서뿐만 아니라 인공지능 클라우드 서비스를 활용하는 방법도 소개되어 있어서 입문자 분들도 편하게 따라 해보면서 이해할 수 있도록 잘 구성되어 있습니다. 간단하게 인공지능 서비스를 만들어 보고 싶으신 분들이나, 머신러닝, 딥러닝의 활용에 대해 궁금하셨던 분들이 읽으면 많은 도움이 될 것입니다.

공용준 / 카카오 클라우드 파트 리드

개발자로서 인공지능, 데이터 분석 등은 더 이상 미룰 수 없는 영역이 되었습니다. 하지만 너무 넓고 깊은 분야이기 때문에 어디서부터 시작해야 하는지 막막할 때가 많았습니다. 이 책을 통해 인공지능의 전반적인 분야에 대해 훑어보고, 파이썬을 기반으로 다양한 알고리즘들을 실습해 볼 수 있습니다. 인공지능이나 자연어 처리, 챗봇 등에 대해서 빠르게 실무에 적용해야 하는 분들에게 이 책은 분명히 큰 도움을 줄 것입니다. 이 책을 시작으로 많은 개발자들이 인공지능의 세계에 빠져 들 수 있기를 바랍니다.

김기훈 / SDS ACT 팀 개발자

이론적 개념부터 핸즈온 실습을 통한 이해까지, 저자들 특유의 꼼꼼하고 잘 정리된 설명이 큰 도움이 되었습니다. 근래 인공지능 관련 서적이 많이 출간되고 있지만, 이렇게 다양한 프레임워크나 서비스들을 상세하게 제시하는 책은 보지 못했습니다. 마치 "내가 이 책 한 권으로 다 끝내주마"라고 말하는 것 같은, 저자들의 패기와 욕심이 느껴집니다. 처음부터 단계별로 하나씩 다지며 실력을 쌓아가기에도 좋고, 필요한 영역을 발췌해 읽어도 좋습니다. 실질적인 인공지능 서비스 구현을 다양한 각도에서 고민하는 독자의 책꽂이에 꼭 필요한 책이 되리라고 감히 말해봅니다.

박소희 / SK주식회사 C&C Aibril TF 수석

이 책은 완전 백지상태에서 코딩을 어떻게 시작해야 하는지 혹은 파이썬이 무엇인지가 궁금한 분들보다는, 당장 우리 서비스에 인공지능 기술을 적용해야 하거나 관련 실무 프로젝트에 참여하게 되신 분들이 꼭 봐야 할 필독서입니다. 왓슨Watson 국내 도입부터 시작해 다양한 최신 AI 서비스를 수년간 다뤄온 저자들의 필드 경험을 바탕으로, 현장에 진입하기 전에 개발 실무를 위해 갖춰야 할 이론과 실습을 제공합니다. 물론 이 한 권으로 방대한 인공지능 영역을 모두 커버할 수는 없겠지만, 협업시 '나의 1인분'을 보장 위한 학습 시작점으로 추천드립니다.

박수용 / 신한은행 디지털R&D센터 수석

뭔가를 배울 때 이론부터 차근차근 공부한 다음에 응용 부문으로 넘어가는 방법과 일단 응용 부문부터 살펴보고 감을 잡고 나서 이론으로 들어가는 방법이 있습니다. 옳고 그른 공부 방법은 없고 각자 성향에 맞는 공부 방법이 있을 뿐입니다. 이 책은 응용 부문부터 감을 잡을 수 있게 머신러닝과 딥러닝의 다양한 부문을 실제 동작하는 짧은 코드로 설명하는 방법을 택했습니다. 머신러닝과 딥러닝에서 궁금한 부분이 있으면 목차를 살펴 관련 페이지로 건너뛴 다음에 코드를 보고 실행해봅시다. 이렇게 실제로 부딪히다 보면 어느 순간 머신러닝과 딥러닝 시스템이 전반적으로 어떻게 동작하는지 감이 잡히기 시작할 것입니다.

박재호 / 온오프라인 전문가 교육 플랫폼 샐러리업(salaryup.io) CTO

인공지능에 관한 이모저모를 전체적으로 탭핑tapping하는 데 최적의 책입니다. 인공지능 역사에서부터 간단한 머신러닝과 딥러닝 이론 등 관련 생태계를 포괄적으로 다룹니다. 특히 번역서에는 없는 우리말 자연어 처리에 관한 내용도 담고 있으며, 우리나라 개발자들의 관심사를 잘 고려한 구성으로 집필된 국내서라 더 의미가 있습니다. 인공지능 분야에 이제 막 입문하려는 초보자라면 이 책의 예제와 함께 첫걸음을 떼보면 좋을 것입니다. 이미 실무를 수행하고 있는 경험자에게도 인공지능 생태계 전반을 돌아보기에 좋은 책입니다.

신진철 / SK플래닛 DMP 개발팀, 데이터 모델링

인공지능에 관심을 갖게 된다면 꼭 한번은 마주칠 용어와 알고리즘 그리고 여러 개념에 대해 비교적 폭넓게 다루는 책입니다. 처음부터 끝까지 읽은 다음, 빈 종이에 이 책의 목차를 한번 쭉 적어본다면 인공지능 전반에 대해 큰 테두리를 잡을 수 있을 것입니다. 베타 리더로 참여해 이 책을 훑고 나니, 내가 처음 인공지능을 접했을 때 이런 책이 있었다면 훨씬 더 체계적으로 잘 끼워 맞춰 나가며 공부할 수 있었을 텐데 하는 아쉬움이 들었습니다. 그런 의미에서 인공지능 기술에 첫 발걸음을 내딛는 분들을 위한 입문서로 추천합니다. 저자들이 마치 사무실 옆자리에 앉아서 하나 하나 가르쳐주는 선배님과도 같이 친절히 설명해주는 책입니다.

임정택 / SK주식회사 C&C AI 솔루션 아키텍트

머신러닝과 인공지능을 실무에 어떻게 활용할 수 있을지 다양한 기존 사례와 예제 코드를 통해 독자들을 안내하는 책입니다. 초보자를 위한 적절한 수준의 예시뿐만 아니라 최신 기술 사례까지도 포함하여 실용성이 높습니다. 그중에서도 한글 자연어 처리 부분은 내용이 풍부하며 깊이가 있고, 챗봇 구현 사례도 꽤 흥미롭습니다. 우선 뭔가를 구현하고 조립해보면서 머신러닝과 딥러닝, 인공지능에 대한 전체적인 이해도를 높이는 방식으로 학습한다면 이 책의 가치를 충분히 살릴 수 있을 것입니다.

최재원 / 아주대학교 교수학습개발센터 데이터 분석가

지은이 소개

마창수 charlesma73@gmail.com

학부에서 정보통신공학을 전공한 뒤 졸업할 무렵 대한민국은 IMF의 위기에 놓여 있었다. IT 분야에 입문해서 직장생활을 하다가 대학원에 진학해 인공지능을 전공하고 졸업할 무렵에는 IT 벤처 붐이 일고 있었지만 아직 인공지능의 봄이 오지는 않은 상황이었다. 약 20년이 넘는 기간 동안 C/C++, 자바, 파이썬 같은 다양한 언어를 이용해 개발을 해왔고 LBS, 그린Green IT, 빅데이터, IoT, AI 등 다양한 신기술 영역에서 엔지니어로 또는 기획 및 관리자로 역할을 수행해왔다. 늘 새로운 아이디어를 기술로 풀어내기 위해 고민하고, 부족한 능력을 경험으로 채우기 위해 노력해왔으며, 최근에는 AI 기반 기술 연구, 솔루션 개발, 사업 발굴 및 확산을 위해 분투 중이다. 저서로는 『과학 영재를 만드는 아두이노 교실 2/e』(에이콘출판, 2018), 번역서로 『왓슨을 이용한 인공지능 서비스 입문』(책만, 2017), 『자연어 처리와 컴퓨터 언어학』(에이콘출판, 2019) 등이 있다.

최재철 cjc07@naver.com

언제나 새로운 것에 도전하기 좋아하는 개발자로서, 수년간 금융권에서 서비스 및 애플리케이션 개발을 담당했다. 현재는 SK에서 인공지능 관련 업무를 하고 있으며, 사내 강사를 겸하고 있다. 관심사는 인공지능 기술을 이용한 서비스 개발과 오픈소스 하드웨어 프로젝트와 3D 프린팅이다. 저서로는 『과학 영재를 만드는 아두이노 교실 2/e』(에이콘출판, 2018)이 있다.

지은이의 글

이 책은 인공지능을 다양한 관점에서 이해할 수 있도록 안내하고 실무에 적용하기 위한 영감과 경험을 제공하는 데 목적이 있다. 그간 인공지능을 주제로 다양한 책이 출간되었다. 인공지능을 트렌드로 이해하기 위한 시장 분석 서적도 있고, 머신러닝이나 딥러닝 알고리즘을 설명하면서 학문적으로 도움을 주는 책도 있다. 또한 파이토치나 텐서플로 같은 인공지능 오픈소스를 기반으로 구현 방법에 집중하는 기술 서적이나 자연어 처리와 챗봇같이 특정 영역을 대상으로 하는 서적들도 쏟아져 나오고 있다.

인공지능과 관련된 이해 관계자들은 주로 알고리즘을 연구하는 석·박사 연구가, 프로그램 개발자뿐만 아니라, 사업을 언제 어떻게 추진할지 결정해야 하는 직책자, 서비스와 솔루션을 설계하고 사업화해야 하는 기획자와 개발 리더, 고객을 설득하고 제안하는 영업 담당자 등 다양한 사람들이 연결되어 있다.

인공지능 기술을 연구하고 확산해야 하는 담당자로서, 이러한 다양한 역할의 사람들이 서로 다른 언어, 서로 다른 이해의 깊이로 인해 상호 협력하는 데 많은 어려움을 겪는 것을 보아왔다. 인공지능이라는 공통 요소를 공유하지만 각기 다른 역할을 하는 각 분야 담당자들이 좀 더 서로의 영역에 대해 이해하는 데 도움이 되기를 바라는 마음에서 책을 쓰게 되었다.

이 책에서는 인공지능을 활용한 다양한 서비스 유형을 이해하고, 머신러닝과 딥러닝을 포함한 대표적인 기술에 대한 설명과 실습을 통해 엔지니어의 실무를 이해할 수 있다. 또한, 직접 알고리즘을 개발하는 것뿐만 아니라 글로벌 기업들이 제공하는 인공지능 서비스와 활용 분야도 이해할 수 있다. 따라서 이 책에서 설명하는 인공지능 시장과 사례 유형, 학문적 이해, 최신 인공지능 알고리즘 개발, 인공지능 서비스 활용 등의 다양한 옵션 중에서, 각자 상황에 맞게 인력 구성이나 회사 상황, 시기 등을 고려해 최선의 선택을 해야 한다는 점을 독자 여러분이 공감할 수 있기 바란다.

차례

들어가며

이 책은 컴퓨터 프로그래밍 경험이 많지 않은 초보자, 컴퓨터 프로그램에 재미와 흥미를 느끼는 고등학생이나 IT 전공을 하거나 관심이 있는 대학생, 회사에서 DT 기술을 활용해 새로운 서비스를 도입하려고 고민하는 기획자, 기존에 수행하던 업무에서 인공지능으로 영역을 확장하려는 IT 기술자들 모두에게 인공지능, 머신러닝, 딥러닝에 대한 전반적인 이해와 다양한 방법을 설명하고 대표적인 사례들을 기반으로 만든 예제들을 따라 해보면서 간단한 인공지능을 직접 개발해 보는 실습을 제공해준다.

인공지능과 딥러닝이나 머신러닝 알고리즘을 이해하는 학문점 관점의 책이나 텐서플로, 케라스와 같이 특정 플랫폼을 활용하는 인공지능 개발 방법에 관한 전문적인 도서들은 여럿 있다. 하지만 인공지능에 관심 있는 사람들은 두 가지 방법 모두 접근하기에 쉽지 않게 느껴진다. 공부를 통해 어느정도 용어에 익숙해졌다 하더라도 과연 인공지능을 정말 잘 이해하는 것일까? 용어나 이론을 이해한다고 인공지능 서비스를 개발할 수 있을까?

사실 대다수 사람들이 인공지능에 관심을 보이는 이유는, 다소 어렵지만 한동안 답보 상태이던 기술이 급속히 발전하면서 서비스 가능한 수준으로 성장했다는 소식을 들었기 때문일 것이다. 이러한 관점에서 인공지능을 학문적 이해나 기술적 관점에서만 접근하기보다는 오히려 주요한 알고리즘이 무엇인지, 플랫폼은 어떤 것을 선택해야 하는지, 대표적인 서비스 유형이나 구체적인 사례가 어떤 것이 있고 왜 그렇게 접근하는지, 직접 개발하지 않고 사용할 수 있는 플랫폼이 있지는 않는지 등 다양한 시각과 관점에서 이해하는 것이 좋은 출발점이라고 생각한다. 하지만 이런 다양한 관점에서 다루는 책은 거의 없었고, 그것이 우리가 이 책을 쓰기로 결정한 기획 의도였다.

인공지능 서비스를 고려할 때 사용할 수 있는 방법은 무궁무진하다. 안 그래도 어려운 인공지능 서비스 도입을 위한 길을 직접 딥러닝이나 머신러닝 알고리즘을 공부하고 학습하는 방법만이 유일한가? 만일 그렇게 하기로 결정했더라도 정말 다른 방법들을 다양하게 고려해보고 최선의 결정을 했다고 말할 수 있나?

이 책에서는 특정 개발 언어와 환경에 대해 의존성을 강조하지 않는다. 기본적으로 개발 언어를 활용해 프로그래밍하는 방법을 알고 있다면 도움이 될 것이다. 하지만 컴퓨터를 다룰 줄 아는 기본적인 이해와 개발 경험이 조금이라도 있다면 책의 내용을 따라 하나씩 실습에 필요한 개발 환경을 구성하고 예제 코드를 작성해보면서 프로그래밍 초보자나 IT 비전문가, 파이썬에 익숙하지 않은 사람이라 할지라도 인공지능 기술을 직접 구현해 볼 수 있는 경험을 할 수 있다.

이 책에서는 주로 누구나 쉽게 사용할 수 있는 파이썬Python을 선택했다. 머신러닝에서는 파이썬 언어가 최고의 언어라고 할 수 있다. 넘파이numpy, 판다스pandas, 사이킷런scikit-learn, 텐서플로TensorFlow 등 머신러닝에 특화된 패키지가 많기 때문이다. 텐서플로나 사이킷런 등으로 머신러닝을 바로 테스트해볼 수 있는 샘플 데이터도 제공된다. 또한, 대부분의 파이썬 패키지 내부 구현이 C/C++로 되어 있어 성능도 뛰어나다. 파이썬은 데이터 적재 및 처리, 시각화, 통계, 자연어 처리, 이미지 처리 등에 필요한 다양한 라이브러리들을 가지고 있다. 파이썬은 이와 같이 많은 도구가 다양한 데이터 분석을 원활하게 할 수 있게 해주는 장점이 많은 언어다.

이 책은 인공지능 관련 이론은 최대한 쉽고 간략하고 직관적으로 표현하고, 실습은 주로 파이썬 언어를 이용해 진행하며, 독자 여러분이 실습을 통해 개념을 직접 확인하는 방식으로 구성되어 있다. 당장 AI 기법을 활용해 서비스를 개발하려는 개발자에게 많은 도움이 될 것이다.

이 책의 독자대상

- 인공지능을 활용한 신규 IT 서비스를 고민하고 좀더 기술적 이해를 원하는 서비스/솔루션 기획자
- 머신러닝, 딥러닝 영역으로 전문성을 넓히고자 하는 IT 업무 종사자
- 컴퓨터 프로그램 경험이 있고 인공지능을 이용한 개발을 경험해보고 싶은 고등학생, 대학생 및 일반인

이 책의 특징

- 이 책 한 권으로 인공지능 서비스의 다양한 분야를 모두 학습하고 실무 예제를 실습해볼 수 있다.
- 머신러닝과 딥러닝의 주요 알고리즘 이론을 배우고 간단한 서비스를 직접 만들어 본다.
- 인공지능의 유형, 사례, 적용 기술 등을 파악해 서비스 기획을 위한 기본기를 갖출 수 있다.
- 인공지능 기술로의 확대 및 실무 적용 관점에서 직접 경험해보고 선택할 수 있다.
- 음성 인식, 자연어 처리, 대화 시스템, 영상 처리 등 다양한 인공지능 기술을 맛볼 수 있다.
- 인공지능을 위한 파이썬 기반 패키지인 파이토치PyTorch, 젠심Gensim, 텐서플로TensorFlow, 케라스Keras, NLTK 등을 사용한다.

이 책의 구성

이 책은 총 4부로 구성되어 있다. 머신러닝이나 딥러닝에 대한 경험이 전혀 없다면 2부를 읽기 전에 꼭 1부를 먼저 보기를 추천한다.

1부, 인공지능 서비스와 기술의 이해에서는 인공지능에 대한 배경과 정의, 머신러닝과 딥러닝에 대한 개념과 인공지능 서비스를 도입하기 위한 여러 가지 도구와 기술 요소를 살펴본다.

1장, 인공지능이란 무엇인가에서는 인공지능, 머신러닝, 딥러닝에 관한 핵심 사항과 배경 지식을 소개한다. 또한, 인공지능을 활용하는 여러 가지 서비스를 알아본다.

2장, 인공지능을 적용하기 위한 방법에서는 인공지능 기술을 서비스에 도입하기 위해 여러 가지 도구와 기술 요소를 알아본다.

2부, 머신러닝과 딥러닝에서는 머신러닝 기술의 유형의 특징과 차이점을 살펴보고 지도학습과 비지도학습의 대표적인 알고리즘을 알아본다.

3장, 머신러닝의 이해와 지도학습을 이용한 분류에서는 본격적으로 머신러닝을 구축해보는 시작 단원으로 의사결정나무와 서포트 벡터 머신 알고리즘을 직접 구현해봄으로써 머신러닝에 필요한 기본 개념을 배운다.

4장, 비지도학습을 이용한 군집화에서는 비지도학습의 개요를 설명하고, K-평균 알고리즘으로 비지도 학습 문제를 해결하는 방법을 살펴본다.

5장, 딥러닝을 이용한 이미지 분류에서는 딥러닝을 이용해서 이미지를 처리하는 방법을 배우고, 음식이미지를 인식하는 실습을 통해, 딥러닝의 훈련과정을 이해할 수 있다.

6장, 텐서플로를 이용한 이미지 객체 추출에서는 딥러닝을 이용해서 이미지 객체를 추출하는 방법을 배운다. 딥러닝 프레임워크인 텐서플로를 사용하는 방법을 익힐 수 있다.

3부, 자연어 처리 기술의 이해에서는 자연어 처리가 무엇인지 개요를 알아보고, 자연어 처리를 배우는 목적에 대해 살펴본 다음, 실전 예제로 자연어 처리 기술을 활용해 텍스트에서 감정을 분석하는 방법을 배운다.

7장, 한글 자연어 처리에서는 자연어 처리의 정의와 기본적인 지식을 알아보고, 한국어 처리를 위한 형태소 분석에 대해 살펴본다.

8장, 워드투벡을 이용한 자연어 처리에서는 기존 자연어를 처리하는 방식에서 최근에 사용하게 된 딥러닝을 이용한 자연어 처리 방식에 대해 소개한다. 특히 워드투벡Word2Vec이라는 기술에 대해 자세히 살펴본다.

9장, 텍스트 감정 분석하기에서는 한국어 영화 리뷰를 통해 감정을 판단하는 기술을 배운다. 순환신경망RNN과 서포트 벡터 머신을 이용해서 구현하는 방법을 익힌다.

4부, 챗봇 서비스와 구현 기술의 이해에서는 챗봇에 대한 기본적인 개념을 익히고, 클라우드 서비스를 이용해서 만드는 방법과 직접 딥러닝 기술을 이용해서 간단한 대화 서비스를 만드는 방법을 소개한다.

10장, 챗봇 서비스 기술의 소개에서는 최근 주목받는 챗봇 서비스에 대한 이해와 유형, 다양한 사례를 알아본다. 챗봇을 구성하는 기술도 살펴본다.

11장, 클라우드 서비스를 이용한 챗봇 개발에서는 클라우드 기반의 왓슨을 이용해서 직접 챗봇을 만들어본다.

12장, RNN을 이용해 대화 서비스 개발하기에서는 제공하는 클라우드 서비스가 아닌 직접 딥러닝 기술을 이용해서 대화 서비스를 구축해본다.

이 책에서 다루는 기술

- 음성 인식, 자연어 처리, 대화 시스템, 영상 처리 등 다양한 인공지능 기술
- 파이썬 기반의 인공지능을 위한 패키지인 파이토치PyTorch, 젠심Gensim, 텐서플로TensorFlow, 케라스Keras, NLTK 등을 사용한다.
- 주된 개발 언어는 파이썬이다. 노드제이에스Node.js는 11장에서만 설치 및 사용하는 정도로 나오고 아주 뛰어난 개발 역량을 요하지는 않는다. 자바Java는 윈도우에서 KoNlpy 동작을 위해 JDK를 설치하는 정도로 사용한다.

이 책을 읽기 위한 사전 지식

- 파이썬 개발 경험(초급자라도 따라하는 데는 지장이 없을 것이다). 파이썬을 잘 다루면 큰 도움이 되나 다른 언어의 개발 경험이라도 있으면 실습을 수행하는 것은 가능하다. 이번 기회에 파이썬을 경험해 보자.
- 클라우드 서비스에 대한 이해가 있다면 조금 도움이 될 것이다.

예제 코드 다운로드와 활용

이 책에서 다루는 예제 코드와 참조 파일들은 아래의 깃헙 주소에서 다운로드해 사용할 수 있다.

URL https://github.com/onlybooks/AI_begin

컴퓨터에 git이 설치되어 있는 경우 명령 창을 통해 clone을 하면 된다. 먼저 명령 창을 실행하고 다운로드할 위치로 이동해 다음 명령을 실행한다.

```
> git clone https://github.com/onlybooks/AI_begin
```

다음 그림과 같이 실행이 진행되고 완료가 되면 내려받은 파일을 확인할 수 있다.

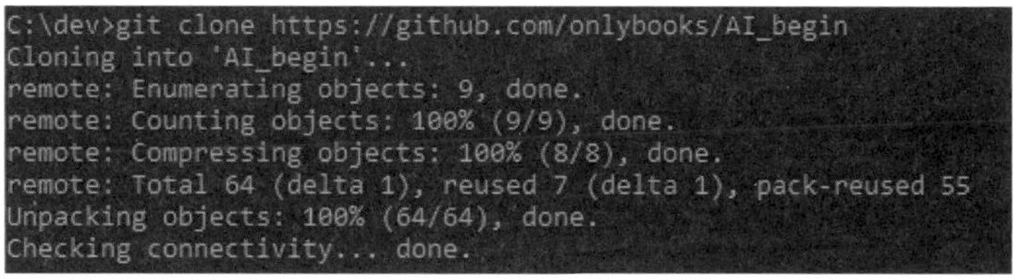

만일, git이 설치되어 있지 않다면 직접 압축 파일을 다운로드할 수 있다. 웹 브라우저에서 아래 주소로 이동한다.

URL https://github.com/onlybooks/AI_begin

그리고 우측의 **Clone or download**를 클릭하고 이어 **Download ZIP**을 클릭하면 전체 파일을 압축하여 컴퓨터에 다운로드할 수 있다.

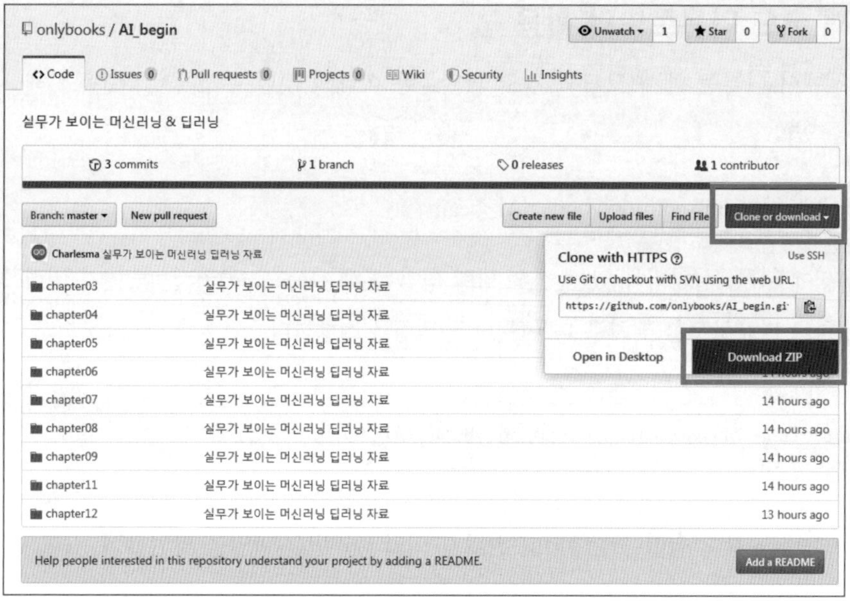

독자 문의

이 책을 선택하고 읽어주신 독자 여러분께 감사의 인사를 전합니다. 최선을 다해 오류가 없도록 책 내용을 작성하고 검증했지만 미처 찾아내지 못한 오류가 있을지도 모르겠습니다. 이 책의 오류나 오탈자, 누락된 내용 등이 있다면 출판사 편집팀 support@onlybook.co.kr 메일로 알려주시면 감사하겠습니다. 책 내용과 직접 관련한 질문에 대해서는 최대한 빠른 시일 안에 회신을 드리겠습니다. 이 책의 도서 정보와 정오표, 이 책에 실린 예제 소스코드는 책만 출판사 도서정보 페이지 http://www.onlybook.co.kr/entry/AI-begin에서 볼 수 있습니다.

1부

인공지능 서비스와 기술의 이해

1장 인공지능이란 무엇인가

2018년 4월 의사의 도움 없이 스스로 병을 진단할 수 있는 인공지능 의료기기가 미국에서 처음 미국 식품의약국FDA의 판매승인을 받았다.[1] 바야흐로 1호 인공지능 의사가 탄생한 것이다. 과거에 IBM의 왓슨이 암 치료법을 추천하는 방식은 직접 진단을 하는 것이 아니라 치료법을 제안해 의사를 돕는 기능이었던 데 반해, 미국의 IDx에서 개발한 IDx-DR은 의사 도움 없이 당뇨 망막병증을 검진하고 진단서를 발행할 수 있도록 허가를 받아 진단 영역에서 사람을 대체한 최초의 의사가 되었다.

인공지능 기술은 1950년대에 최초로 학문으로서 연구가 시작된 이래로, 다양한 알고리즘이 개발되었다. 오픈소스로 공개되기 시작한 이후에는 인공지능 기술을 활용한 소프트웨어도 매우 다양해졌으며, 구글, 페이스북, 트위터와 같은 IT 서비스 기업을 중심으로 인공지능 기술의 오픈소스화도 더욱 증가되고 있다. 최근에 공개된 알고리즘들은 이와 같은 오픈소스 소프트웨어를 기반으로 대학이나 기업에서 연구, 발표되고 있으며, 이 때문에 인공지능의 적용 속도 또한 점점 빨라지는 중이다.

---

1 조선일보 기사 "1호 '인공지능 의사' 탄생… 진단서도 척척" *http://news.chosun.com/site/data/html_dir/2018/04/13/2018041300124.html*

그렇다면 인공지능을 한다는 것은 학문을 한다는 것일까, 기술을 도구로 활용해서 개발한다는 것일까? 비즈니스 전략의 일환으로 역량을 확보한다는 것일까? 아니면 서비스를 제공한다는 것일까? 인공지능을 구현하는 기술을 구성하는 이론의 어려움 때문인지, 인공지능 학습을 시작하는 이들이라면 누구나 그 깊이나 대상에 관계 없이 CNNConvolutional Neural Network이나 RNNRecurrent-Neural Network, GANGenerative Adversarial Networks, 몬테카를로Monte Carlo 같은 용어가 생소해 몇 번쯤은 인터넷에서 검색을 해 봤을 것이다. 몇 번을 보고 또 봐도 이해하기 어렵고, 이해했다고 해도 그래서 어떻게 사용할 수 있는지, 나의 비즈니스에는 어떻게 적용할 수 있는지 알아내기란 쉽지 않다.

비즈니스 문제를 풀거나 서비스를 제공하기 위한 도구로서 인공지능을 활용할 때 어떤 이유와 방식으로, 어떻게, 무엇을 적용할지를 고민하는 분들이 이 책을 읽으며 다양한 시각으로 인공지능을 다뤄보면서 이해의 폭이 커지기를 기대한다. 이 책에서 설명하는 다양한 사례와 이론, 플랫폼을 이해하고 각자 자신에게 가장 적합한 길이 무엇인지 찾을 수 있기 바란다.

1장에서는 인공지능이 진화되어 온 역사를 살펴보고 인공지능을 적용한 비즈니스 사례에 대해 알아볼 것이다. 기술을 다루기 전에 비즈니스 사례를 먼저 알아봄으로써 인공지능에 대한 편견을 조금이나마 해소하길 바란다. 어려운 머신러닝과 딥러닝 기술, 플랫폼, 수식에 대해 관심이 많아도, 정작 어디에 적용할지에 대한 고민이 없다면 좋은 도구를 구하고도 사용하지 못할 수도 있기 때문이다.

1.1 인공지능 기술의 태동과 발전

1956년 미국 뉴햄프셔 주에서 열린 다트머스 컨퍼런스Dartmouth Conference에 모인 여러 연구자들에 의해 인공지능Artificial Intelligence이라는 용어가 처음 등장했다. 인간의 뇌와 똑같은 것을 컴퓨터로 실현해 보자는 의도였다. 이 워크샵에 모인 많은 학자들은 4~6주에 걸쳐 토의를 한 끝에 인간처럼 생각할 수 있는 기계를 '인공지능'이라고 명명하기로 결정했다. 사실 인공지능이라는 용어가 탄생한 것 외에 이 컨퍼런스에서 별다른 결과물은 없었지만, 인공지능이라는 용어가 명확히 정의된 후 인간처럼 사고 능력을 가진 기계에 대한 연구는 더욱 활발해졌다.

그림 1.1 | **인공지능의 창시자라 불리는 다트머스 회의 참석자들**

출처 *http://images.slideplayer.com/26/8738948/slides/slide_10.jpg*

이후 1959년 아서 사무엘Arthur Samuel은 '컴퓨터에게 배울 수 있는 능력, 즉 코드로 정의하지 않은 동작을 실행하는 능력에 대한 연구 분야'를 일컬어 머신러닝Machine Learning이라고 정의했다. 아서 사무엘은 〈체커〉 게임을 하는 소프트웨어를 만들었는데 이 프로그램은 학습을 통해 점점 더 게임 성능이 향상되도록 설계되었고, 이는 머신러닝의 학습 개념과 유사하다. 사람들은 기계가 스스로 학습하는 인공지능의 탄생을 기대했지만, 곧 실망감으로 바뀌었다. 인공지능 프로그램은 간단한 문제 정도는 풀 수 있었지만, 당시 컴퓨터의 낮은 성능으로 인해 복잡한 계산은 불가능했다. 그리고 몇 번의 침체기를 보낸 후 점차 상황이 변하기 시작했는데, 그 계기는 바로 딥러닝Deep Learning이었다. 딥러닝은 인간의 뇌 구조에서 영감을 얻은 기술로, 인간의 뇌세포와 유사한 방식으로 인공적으로 신경망을 구성하고 그 안에서 데이터를 처리한다. 방대한 양의 데이터를 신경망으로 유입시켜, 데이터를 정확하게 구분하도록 반복적으로 학습시키는 방식이다.

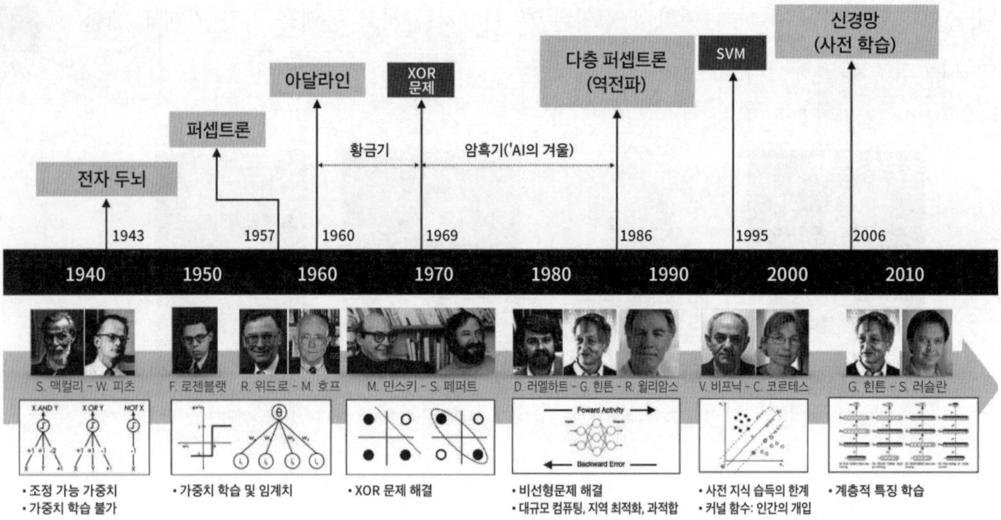

그림 1.2 | 인공지능 기술의 역사

출처 Deep Learning 101 - Part 1: History and Background", Andrew L. Beam의 블로그, *https://beamandrew.github.io/deeplearning/2017/02/23/deep_learning_101_part1.html*

1957년에 단순한 신경망 모델인 퍼셉트론Perceptron이 개발된 후, 1980년대 초반에 잠시 신경망 기반의 연구가 탄력을 받은 적이 있다. 그러나 1990년대 이후 한계가 속속 드러나면서 인공지능 기술은 사람들의 관심 밖으로 사라지는 듯했다. 신경망 기반 AI가 실패한 원인은 계산이 복잡하고 데이터가 부족했기 때문이다. 이 문제는 2000년대에 들어 조금씩 해결되기 시작했다.

2000년대 이후 본격적으로 인터넷이 널리 보급되면서 인터넷 연결의 수는 나날이 증가했다. 인터넷 연결의 증가는 곧 데이터의 폭발적 증가로 이어져 엄청난 데이터가 쌓이게 됐으며, 더불어 컴퓨터 하드웨어의 성능 개선, GPU 연산 등의 방법이 등장하면서 연산 속도가 비약적으로 향상됐다. 결국 충분한 양의 데이터와 이를 처리할 컴퓨팅 파워의 확보에 따라 신경망 기반 연구가 부활했고, 과거 인공지능 방법보다 정확도와 처리 속도도 월등히 높아졌다.

이처럼 2000년대의 시작과 함께 인공지능은 획기적인 알고리즘의 개선과 비약적인 컴퓨터 성능 향상 및 서버 가격 하락에 힘입어 급진적인 진보를 선보이며 실용적인 단계로까지 발전하게 된 것이다. 초기 컴퓨터로는 사칙연산의 처리 및 입력밖에 수행할 수 없었지만, 오늘날 컴퓨터는 그와 같은 단순 작업에서 벗어나 이제는 스스로 학습하는 수준까지 진화하고 있다.

2016년 다보스포럼의 핵심 의제였던 4차 산업혁명은 3차 산업혁명과는 다른 획기적인 변화를 우리에게 불러오고 있다. 이러한 변화를 유발한 핵심에 바로 인공지능 기술이 있다. 인공지능은 자율주행차나 드론, 자동번역, 영상인식 등을 비롯한 거의 모든 일상 분야에서 인간을 도와주거나 대신하려는 움직임을 보인다. 우리의 삶을 점점 파고들어 오는 인공지능에 대해서 구체적으로 이해해야만 하는 시기가 도래한 것이다.

트랙티카Tractica는 이미 2016년에 발표한 보고서(그림 1.3)에서 인공지능 시장 규모는 2016년 6억 4,000만 달러에서 10년 후인 2025년에는 368억 달러로 급성장할 것이라고 전망한 바 있다. 이는 2016년 기준 10억 달러의 규모를 형성하고 있는 인공지능 시장이 연평균 52%의 성장세를 보일 것이라는 의미다.

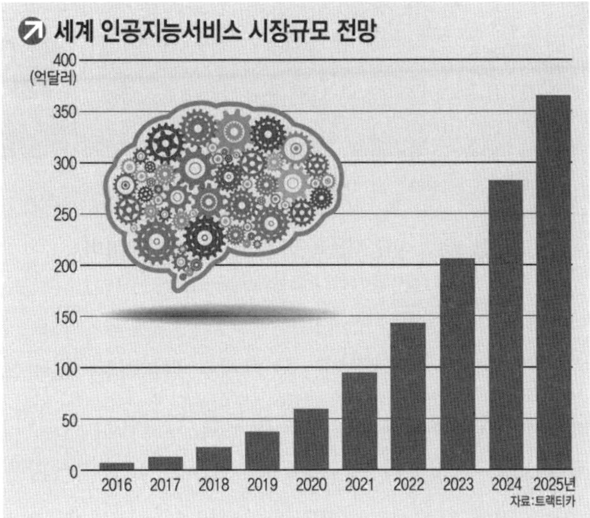

그림 1.3 | **세계 인공지능서비스 시장규모 전망**

출처 트랙티카, "Artificial Intelligence Revenue to Reach $36.8 Billion Worldwide by 2025"
https://www.tractica.com/newsroom/press-releases/artificial-intelligence-revenue-to-reach-36-8-billion-worldwide-by-2025/

여기서 잠깐, 인공지능을 제대로 이해하기 위해 반드시 알아야 할 용어들을 한번 살펴보자. 앞에서 여러 번 언급한 '인공지능, 머신러닝, 딥러닝'이라는 용어는 서로 비슷해 보이지만 의미상 분명한 차이가 있다. 따라서 정확한 개념을 이해하지 않는다면 혼동되기 쉬울 것이다. 우리에게 그래픽카드 회사로 널리 알려진 엔비디아NVIDIA에서 발표한 자료(그림 1.4)는 이 세 가지 개념의 관계를 가장 쉽게 잘 표현하고 있다. 가장 큰 영역을 차지하고 있는 것이 바로 인공지능이고, 그다음이 머신러닝, 가장 작은 영역이 딥러닝이다. 그림 1.4와 같이 인공지능이 상위개념으로 머신러닝과 딥러닝을 포함하는 포함관계를 형성한다.

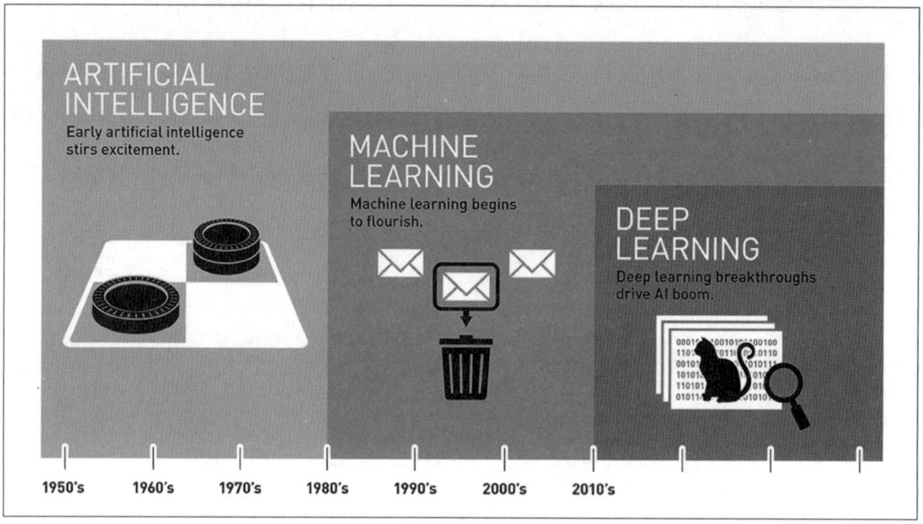

그림 1.4 | 인공지능과 머신러닝, 딥러닝의 차이

출처 엔비디아 *https://blogs.nvidia.co.kr*

우선 '인공지능'이란 말 그대로 인간의 지능을 기계로 구현하는 모든 형태를 말한다. 사물을 인식하는 컴퓨터 비전computer vision과 사람의 말을 인식하는 자연어 처리, 사물의 위치에 따라 스스로 판단해서 피해가는 로봇공학 등, 사람이 일상생활을 영위하는 가운데 무의식 중에 자연스럽게 하는 모든 행동 하나하나가 뇌, 곧 지능으로부터 나오듯 이것을 인공으로 만드는 모든 형태를 의미한다.

'머신러닝'은 이와 같은 인공지능을 만들기 위한 구체적인 접근 방식을 의미한다. 좀 더 구체적으로 설명하면, 머신러닝은 컴퓨터에게 사람이 직접 명시적으로 로직logic을 설명하지 않아도 데이터를 통해 컴퓨터가 '학습'을 하고 그것을 사용해 컴퓨터가 자동으로 문제를 해결하게 하는 것을 의미한다. 머신러닝은 이렇게 '기계'에게 일일이 if ~ then 같은 식으로 코드로 명시하지 않은 동작들을 데이터로부터 학습시켜 분류할 수 있게 하는 연구 분야다.

한편, '딥러닝'은 간단히 말해, 머신러닝을 실현하는 기술이라고 할 수 있다. 초기 연구자들은 어떻게 하면 사람과 비슷한 지능을 구현할 수 있을까라는 질문에서 출발해 인간의 뇌에 집중했다. 인간의 뇌는 뉴런으로 연결되어 있으므로, 연구자들은 이 뉴런이 어떻게 정보를 상호 공유하고 전달하는지 그 방식에 대해 매우 깊이 있는 연구를 진행했다. 이처럼 뇌의 뉴런과 유사한 형태로 입출력 계층layer을 만들고 데이터를 학습하는 기술이 바로 딥러닝이다. 한 예로, 2012년 스탠퍼드 대학교의 앤드류 응Andrew Ng 교수는 구글과 협업해 1만 6,000개의 컴퓨터로 딥러닝을 할 수 있는 환경을 만들고, 유튜브에서 이미지 1,000만 개를 뽑아 분석한 뒤, 컴퓨터가 사람과 고양이 사진을 분류하는 데 성공했다.

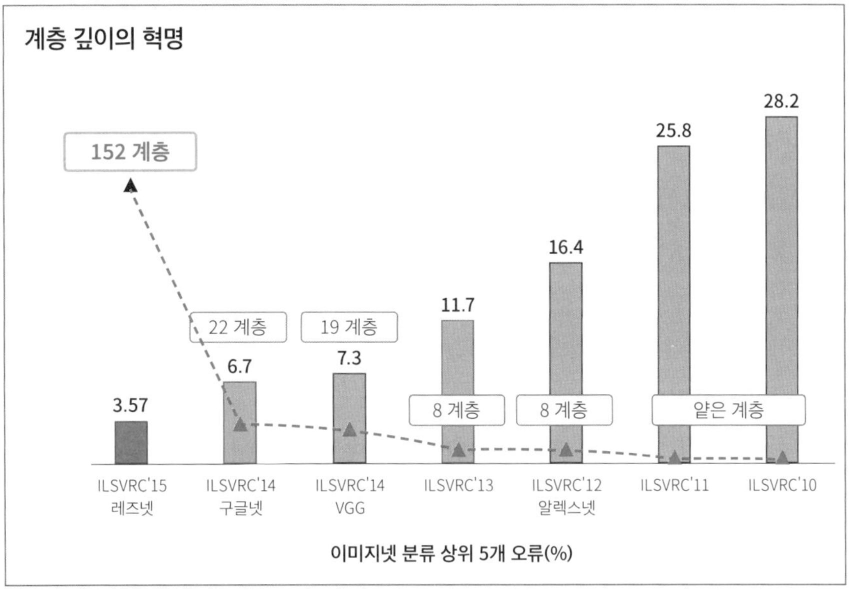

그림 1.5 | 국제이미지인식기술대회(ILSVRC)의 연도별 계층 깊이 정도

출처 인텔 개발자 홈페이지, "Hands-On AI Part 16: Modern Deep Neural Network Architectures for Image Classification", *https://software.intel.com/en-us/articles/hands-on-ai-part-16-modern-deep-neural-network-architectures-for-image-classification*

이후 2012년, 인공지능 연구자들을 놀라게 하는 사건이 벌어지는데, 국제 이미지인식 기술대회ILSVRC에서 캐나다 토론토대 제프리 힌튼Geoffrey Hinton 교수팀이 개발한 알렉스넷AlexNet이 딥러닝을 적용하여 압도적으로 다른 경쟁자들을 물리치면서 우승을 한 것이다. 알렉스넷은 1,000개의 사진 중 84%를 정확하게 종류별로 분류해냈다. 딥러닝을 활용하는 방법 중에서 알렉스넷의 경우에는 모두 8개의 레이어를 가지고 84%의 정확도를 이끌어냈는데, 최근에는 150개의 레이어를 통해 97% 정도의 정확도를 보이는 딥러닝 모델이 만들어졌다. 알렉스넷을 계기로 딥러닝을 활용한 인공지능 연구에 대한 관심이 폭발했고, 인공지능은 이 시기를 기점으로 딥러닝 이전과 이후로 나뉘면서 본격적인 발전기를 열게 되었다.

1.2 인공지능을 활용한 주요 비즈니스 사례

인공지능 기술을 비즈니스에 도입할 때는 기술 확보 관점뿐만 아니라 적용 관점에서 사례의 유형을 살펴볼 필요가 있다. 기술에 근거해 사례를 찾는 방법은 해당 분야에 대해 충분히 깊은 수준의 역량을 이미 보유한 경우라면 쉽다. 하지만 그렇지 않은 경우, 오히려 자신의 비즈니스에 적합한 사례를 찾아 거기에 필요한 기술력을 확보하거나 혹은 활용 가능한 요소 기술이 이미 서비스로 제공되고 있는지 확인한다면 이를 참고하거나 차별화된 기능을 구현하는 데 도움이 될 것이다. 또한, 불필요한 개발 기간을 줄여 좀 더 빠르게 인공지능을 활용한 서비스를 확대해 나갈 수 있다. 이 절에서는 다양한 인공지능 상용 서비스 사례를 살펴보겠다. 여기서 소개한 다양한 유형 중 대표 기술들에 대해서는 2부에서 좀 더 구체적인 내용과 구현 방법을 살펴볼 것이다.

1.2.1 데이터 분석을 통한 분류와 의사결정

빅데이터 시대에서 데이터 분석으로 구현하는 가장 구체적인 비즈니스 실용 사례는 주식이나 ETFExchange Traded Funds(상장지수펀드) 같은 금융 상품에 투자하는 데 도움을 주는 것이다. 개인의 자산 관리를 위해 사람이 직접 투자하거나 매도/매수 타이밍을 잡을 때는 감정이나 잘못된 정보 분석에 의해 때를 놓치거나 잘못된 판단을 할 경우가 많다. 이러한 한계를 제거하고 최대한 시스템을 통해 금융 상품을 자동으로 거래하도록 구현하는 서비스가 바로 로보 어드바이저Robo Advisor다. 로보 어드바이저는 과거의 지수 데이터를 분석해 예측을 하고 최고의 타이밍을 찾아 자동으로 거래한다.

그림 1.6에서 보듯이 국내 로보 어드바이저 시장은 2021년 기준 1조 9,000억 원을 예상하며 그림 1.8에서와 같이 미화 기준으로 2020년 기준 2조 2,000억 달러, 한화로는 약 2,200조 원이다.

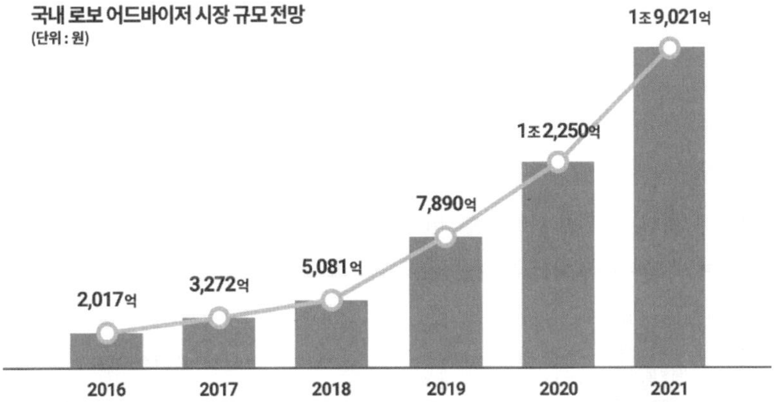

그림 1.6 | 국내 로보 어드바이저 시장 규모 전망

출처 한국과학기술정보연구원

이 로보 어드바이저를 구현하는 기술은 아직 딥러닝보다는 전통적인 머신러닝 알고리즘을 많이 활용한다. 주로 금융 상품의 최종 가격, 거래량, 등락폭 등 정보를 활용해 의사결정나무, 규칙기반 알고리즘 등을 정규화하며, 각 서비스 기업마다 축적된 노하우와 경험을 규칙 기반 머신러닝 알고리즘으로 튜닝하는 것이다. 이러한 방법의 장점은 정교한 튜닝이 가능하고 특별한 조건을 추가할 수 있다는 점이다. 반면, 금융과 관련된 규칙은 다소 보수적이고 안정적으로 규정되어야 하는데 딥러닝이나 신경망 기반 머신러닝은 알고리즘의 결과를 세밀하게 튜닝하기 어렵고, 결과를 도출한 원인을 정확하게 설명하기 어렵다는 점이 단점이다. 하지만 딥러닝 알고리즘의 활용이 앞으로는 더 확대될 것이다.

1.2.2 대화 서비스를 이용한 인터페이스의 혁신

인공지능 기술을 이용해 챗봇과 같은 서비스 구현이 가능해지면서 기존의 입력 방법인 키보드나 마우스와 같은 입력장치나 UI가 없이도 사용자와 컴퓨터 간의 대화가 가능해졌다. 그림 1.7은 지능형 디바이스 시스템의 구성을 보여준다. 챗봇 시스템과 같이 지능형 로봇도 사람의 말을 이해하는 기능을 가지고 있다. 다만 사람과의 인터페이스 측면에서 차이점이라면 텍스트가 아니라 사람의 음성을 직접 이해한다는 것이다. 대다수 지능형 로봇은 화면이 없기 때문에 사람과 대화를 위해 마이크와 스피커를 사용한다. 사람이 말을 하면 이를 듣고 텍스트로 변환한 후 서버에 전달한다. 전달된 텍스트를 처리하는 방식은 챗봇과 유사하다. 자연어를 이해하고 의도를 파악하며, 질문에 답변하기 위해 내부 혹은 외부에 있는 지식 시스템을 이용한다.

지능형 로봇의 경우 회신된 결과를 처리하는 방법이 다른 시스템과 차별점을 갖는다. 화면이 없기 때문에 음성 합성을 통해 음성으로 답을 하거나 음향 효과, 동작, 조명 등 다양한 방법을 사용한다. 또한 스마트한 IoT 기기를 제어하는 데 활용되기도 한다.

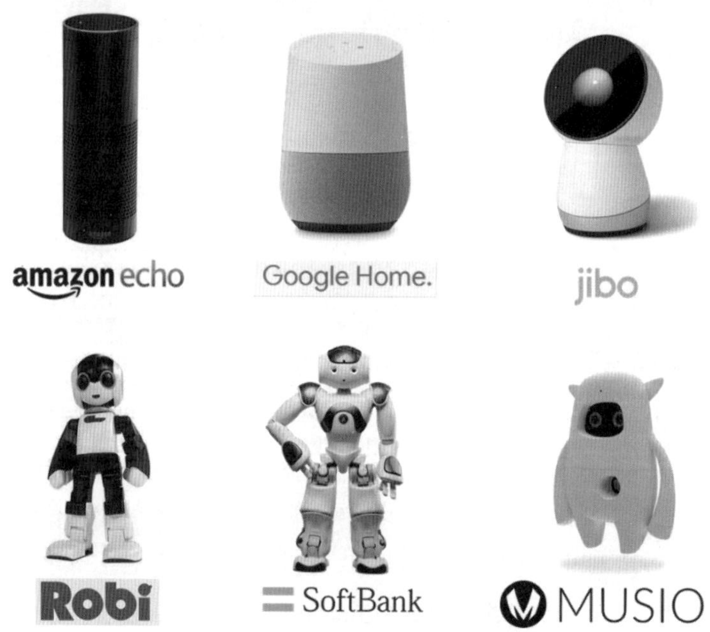

그림 1.7 | **대표적인 지능형 로봇**

지능형 로봇은 다양한 형태로 시장에 출시되었다. 아마존 에코Echo, 구글 홈Google Home, MIT 지보Jibo, 아카 뮤지오AKA Musio와 같은 경우는 일반적인 로봇의 형태를 탈피한 가전 기기와 같은 형태를 띠며 주로 음성, 디스플레이를 이용해 사람과 대화를 한다. 로비Robi나 나오NAO는 사람과 유사한 형태의 휴머노이드Humanoid이며 사람처럼 움직인다. 이제 각 지능형 로봇을 하나씩 살펴보자.

유통 산업과 연결된 개인 비서 서비스 아마존 에코

에코Echo는 아마존에서 제공하는 음성 기반의 스마트 스피커다. 온라인으로 물건을 판매하는 쇼핑몰 전문 기업인 아마존이 스마트 기기를 어떻게 자사 서비스와 결합해 판매하는지 알아보자.

아마존은 음성 기반으로 개인 비서 서비스를 제공하기 위해 알렉사Alexa라는 인공지능 플랫폼을 개발하고, 이 플랫폼을 기반으로 지능형 디바이스인 에코를 개발해 판매하고 있다. 에코의 주요 기능은 상품 주문 기능이다. 음성으로 상품을 주문하면 온라인 쇼핑몰인 아마존닷컴의 장바구니에 상품이 등록되고 구매가 진행된다. 음악을 요청하면 유료Prime 고객의 뮤직 박스에 저장되거나 구매한 음악을 들려준다. 우버 앱을 호출해 택시를 예약하거나, 피자를 주문할 수도 있다. 고객은 자신의 음성을 통해 필립스 휴Philips Hue 전등, 벨킨 위모Belkin Wemo 스마트 플러그 등 에코에 등록된 스마트 IoT 기기 등을 제어할 수도 있다. 뉴스를 듣거나 오늘의 날씨, 주식, 시간 등을 확인할 수도 있으며, 요리 방법을 물어볼 수도 있다.

이렇게 아마존은 유통, 사물인터넷, 지식 연동, 개인화 서비스 등 알렉사 플랫폼을 통해 영역을 확대해 나가고 있다. 또한, 스마트 스피커를 활용한 새로운 사용자 경험을 통해 물건을 구매하는 인터페이스를 제공한다. 단, 아쉬운 점은 아직까지 영어만을 지원하며 지역적으로도 미국 내에서만 공식 서비스를 사용할 수 있다는 점이다.

방대한 정보 검색, IoT 초연결로 이어지는 구글 홈

구글은 직접 개발한 딥러닝 기반의 음성인식 엔진과 자연어 처리 엔진을 보유하고 있다. 이를 기반으로 2012년부터 안드로이드 운영체제를 대상으로 구글 나우Googl Now라는 스마트폰 개인비서 서비스를 시작했고, 2013년부터는 iOS에서도 지원을 시작했다. 스마트폰을 대상으로 확보한 경험을 바탕으로 아마존 에코와 경쟁하게 될 개인비서 서비스 기기인 구글 홈Google Home이 구글 I/O 2016 행사에서 공개됐다. 구글 홈에는 가상 비서 서비스인 구글 어시스턴트Google Assistant가 탑재됐다. 구글 어시스턴트는 구글 나우Google Now의 진화된 지능형 개인비서 서비스이며 모바일 가상비서 앱인 알로Allo에 탑재되어 있다.[2] 구글 나우는 사람이 묻는 질문에 대답하거나 원하는 음악을 듣고 연결된 IoT 기기들을 제어하는 등 아마존 에코와 유사한 서비스를 제공한다.

구글은 2016년 음성과 자연어 인터페이스 기반 챗봇 서비스 기업 api.ai를 인수했다고 밝혔다. 또한 구글 어시스턴트라는 개인비서 서비스를 공개해 애플의 시리, 아마존의 알렉사와 경쟁을 시작했다. 구글에서는 안드로이드 운영체제, 스마트폰 기기, 스마트 기기, 모바일 앱, 웹서비스 등 다양한 인공지능 서비스를 구글 어시스턴트를 기반으로 확대해 나갈 것으로 보인다.

사람을 닮은 DIY 로봇 로비

로비Robi는 일본의 로보 거라지Robo Garage 사에서 제작한 인간을 닮은 휴머노이드 로봇이다. 로보 컵 세계 대회에서 5년 연속 우승을 차지했고 도쿄대학 교수이기도 한 토모다카 다카하시Tomotaka Takahashi가 제작한 작품이다. 로비는 1kg 중량, 34cm의 작은 키에도 불구하고 음성을 인식하고 부드러운 움직임을 자랑하는 첨단 로봇이다. 간단한 단어의 음성을 이해하거나 음악을 따라 춤추기, TV 채널 전환 등 기본 기능 이외에도 사용자가 직접 프로그램해볼 수 있는 개발 환경을 제공한다. 로비는 20여 개의 서보 모터를 제어하여 부드러운 움직임을 보여주며 깃발 게임, 바닥 청소, 타이머, 퀴즈 풀기, 노래와 춤추기 등 다양한 기능을 제공한다. 음성을 통해 사람과 대화하고 감성을 나누는 대표적인 감성형 장난감 로봇Social Toy Robot이라고 할 수 있다. 추후 사용자가 기능을 추가 개발할 수 있는 DIY 기능이 완성되기를 기대해 본다.

2 *http://jsksoft.tistory.com/11502* 참조

국내 지능형 스피커를 통한 비즈니스 생태계 연결

아마존의 알렉사로 시작된 지능형 스피커의 붐은 국내로도 이어졌다. 2016년 8월 SK텔레콤은 가장 먼저 음성 기반 인공지능 비서 '누구' 스피커를 출시했고 1년 후인 2017년 8월에 소형 '누구 미니'를 출시했다. 음성 기반으로 대화를 통해 뮤직/엔터테인먼트, 스마트홈, 정보/생활, 금융, 쇼핑 주문 등 다양한 생활 도우미 서비스를 제공하고 있다. 최근에는 SK브로드밴드의 셋톱박스 역할과 티맵 연동 등 단독으로 제공하는 서비스에서 벗어나 다른 서비스들과 연동하는 방법으로 그 활용 범위를 넓히고 있다.

1.2.3 지능화되는 지식 찾기 서비스

1990년대 인터넷 시대 등장과 함께 시작된 것이 검색 서비스다. 이제 인터넷을 한다고 하면 검색을 빼고는 이야기할 수 없을 정도로 마치 인터넷과 검색은 동의어처럼 사용된다.

그렇다면 과연 기존의 검색과 지능화된 검색은 어떻게 다를까? 사실 사용하는 측면에서 큰 차이점은 없다. 다만 활용 대상과 목적이 좀 더 구체화되면서 그 변화가 필요하게 된 것이다. 다시 말해 검색 키워드에 대해 수많은 검색 결과를 제공하던 것과 달리 검색 문장에 대해 최소한의 결과를 요구하는 경우가 있다. 챗봇과 같은 인공지능 서비스에서 수백 개의 결과를 보여줄 수는 없다. 또, 누구나 찾을 수 있는 인터넷상의 문서를 검색하는 것이 아니라 기업이나 특정 도메인에 대한 지식을 빠른 시간 내에 찾기 위한 목적이라는 점도 다르다. 이에 따라 지능화된 검색은 키워드가 아니라 자연어 기반 문장을 질문으로 받아 검색을 처리하거나, 입력 문장의 키워드가 답에 없더라도 연관된 답변을 찾아 준다든지, 혹은 유사어나 의도 기반의 질문을 처리하는 등 기존 검색과 입력 측면에서 여러 차이를 보인다.

인공지능 기술로 달라지는 정보 검색 방법

기존의 정보 검색에서 키워드 검색 및 답변 랭킹 기술을 주로 활용했다면, 새로운 대안으로 인공지능이 도입되면서 이미지나 자연어 문장 같은 다양한 방법이 활용되고 있다. 그 대표적인 예가 텍스트 기반 검색에 이미지를 통한 검색 기능을 추가하는 것이다. 이미 딥러닝 기술은 사람 수준의 이미지 분류 역량을 확보했다. 구글은 이와 같은 딥러닝 기술을 활용해 구글의 이미지 검색 기능을 서비스하고 있으며 구글 포토Photo에서 이미지를 자동으로 분류하는 서비스를 제공하고 있다. 더 나아가 그림 1.8과 같이 등록된 이미지에 요약된 설명을 붙이는 기능이 추가됐다.

그림 1.8 | **구글 인공지능이 추가한 주석의 예**

출처 동아일보 뉴스 *http://it.donga.com/25108/*

검색 서비스 기업뿐 아니라 커머스 기업에서의 활용도 증가되고 있다. 알리바바는 2014년 이와 같은 비주얼 서치 기능인, 사용자가 카메라로 옷을 찍은 이미지를 업로드하면 유사한 상품을 찾아 추천하는 타오바오 모바일 앱 서비스를 공개했다. 국내 기업인 11번가에서도 스마트 쇼핑을 지원하기 위해 키워드가 아닌 이미지를 통해 상품을 조회하고 검색할 수 있는 비주얼 서치visual search 기능을 갖췄다.

동영상 컨텐츠의 부각

요즘 젊은 세대는 인터넷 포털에서 뉴스나 글을 검색하는 것보다 유튜브에서 영상을 검색하는 쪽을 선호한다. 따분하게 글을 일일이 읽기보다 영상으로 재미있는 짧은 영상을 찾아 보거나 궁금한 것을 알기 위해 영상을 찾아 학습하는 것에 익숙하다. 이는 새롭게 변화하고 있는 컨텐츠 소비 형태를 반영하는 것으로, 검색 키워드 대상이 기존 텍스트 문서가 아니라 영상이기 때문에 영상을 검색하는 새로운 기술이 필요하다. 비디오 영상을 통해 성향과 종류를 판별하거나, 대사를 분석하는 등 검색을 위한 새로운 데이터에 대한 기술이 필요해졌다. 이는 단순히 유튜브만의 일이 아니라 영상을 선호하는 세대를 포용하기 위해 기존 방송사나 인터넷TV, 홈쇼핑, 스트리밍 업체 등 영상을 다루는 대부분의 컨텐츠 서비스 기업에서 고민해봐야 할 문제다.

1.2.4 데이터 분석을 통한 전문 지식 서비스

이미지 처리와 음성 인식 분야 외에 딥러닝 기술을 활용해 큰 발전을 이룬 영역이라면 자연어 처리 분야를 들 수 있다. 자연어를 이해하기 위한 시도는 많았으나 통계나 규칙 기반의 기존 방식이 성장의 한계를 느끼고 있을 때 딥러닝을 통한 새로운 시도가 있었고, 특히 기계번역의 경우 큰 성장을 이루었다. 인공지능이 자연어를 처리하는 능력이 좋아져서 사람처럼 글을 읽고 분해하고 이해하는 능력이 발달할수록 사람의 업무의 일부를 대체하거나 지원할 수 있기 때문이다.

인류의 역사에서 지식을 표현하는 대표적인 방법은 글을 쓰는 것이다. 수많은 정보가 뉴스, 보고서, 논문, 책 등의 형태로 존재한다. 인간이 많은 노력을 들여 작성한 문서에는 중요한 정보들이 포함되어 있다. 이런 문서를 보기 위한 기존 방법은 검색어가 포함된 글을 찾는 것이었다. 이런 방법으로 문서를 찾으면 내용을 일일이 읽어봐야 한다.

정보를 추정하고 정리하는 다른 방법으로, 대상이 되는 문서를 자연어 처리 기술을 써서 분해하거나, 중요한 용어를 찾아 활용이나 관계를 분석하여 그 숨은 의미와 변화를 시각화할 수 있다면 전문 영역에서 활용도가 높을 것이다. 특히 대량의 컴퓨터를 통해 방대한 문서를 검토하여 분석 결과를 사람에게 제공한다면 전문가의 연구에 획기적인 도움이 될 수 있다.

IBM '왓슨'의 암 치료 방법 제안 솔루션

IBM은 유방암, 대장암, 직장암, 폐암 등에 대한 환자 상황에 맞는 치료법을 제안한다. 300권이 넘는 의학 잡지, 200권 이상의 의학 서적, 1,500페이지 이상의 글을 분석해 정보를 추출하고 의학 전문가와 함께 학습을 통해 최적의 치료법 추천 솔루션을 개발했다. 짧지 않은 개발 기간이 투입되었으나 인공지능이 전문 영역에서 사람의 지식을 활용해 전문가를 지원하는 솔루션으로 상용화된 대표적 사례로 그 적정성에 대한 논쟁을 떠나 큰 상징성을 지닌다고 볼 수 있다. 그림 1.9는 왓슨의 온콜로지를 통해 암 치료방법을 제안하는 모습을 보여준다.

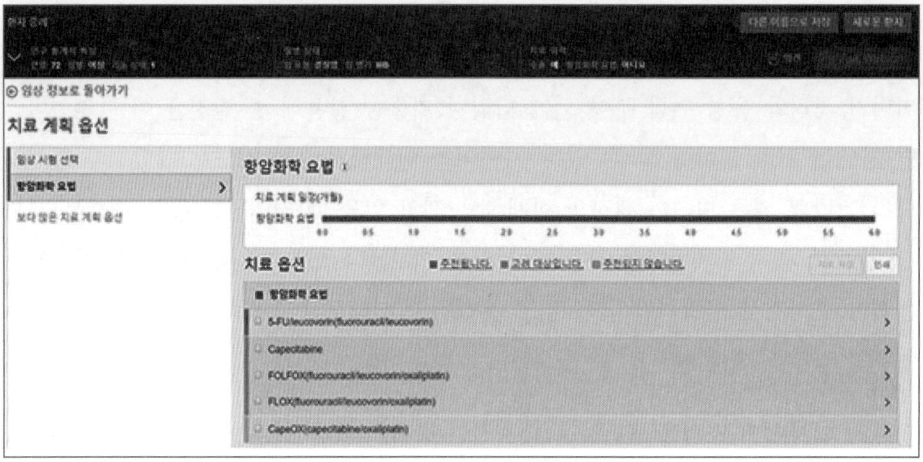

그림 1.9 | IBM의 암 치료법 제안 솔루션 왓슨 온콜로지(Watson Oncology)

출처 중앙일보 뉴스 기사 *http://news.joins.com/article/22179004*

시대를 분석해 경제적 흐름을 이해하는 '켄쇼'

2018년 3월 켄쇼Kensho라는 인공지능 기반 스타트업이 미국 신용평가사 S&P글로벌에 약 5억 5,000만 달러에 인수되었다는 기사(*http://www.etnews.com/20180307000233*)가 나왔다. 켄쇼는 뉴스 기사나 보고서 등을 분석해 시장을 모델링한다. 지금까지는 기존 원자재나 주식, 곡물과 같은 상품에 투자하려고 할 때 과거의 지수 데이터를 기준으로 트렌드를 분석해 미래를 추정하는 방식을 활용했다. 과거 데이터를 기준으로 미래를 예측하는 방식의 한계는 사회나 시장의 중요 이슈나 미래에 대한 기대감을 반영하지 못한다는 것이었다. 따라서 켄쇼는 금융 상품에 영향을 주는 사회적 이슈나 상황에 대해 뉴스와 같은 비정형 데이터를 분석하여 모델링하고 과거의 유사 사례와 연동하여 지수의 변화를 예측하여 그 정확도를 높였다. 뉴스를 통해 감지한 현상이 과거 어떤 이벤트와 유사한지를 찾아주어 현재의 주가 흐름을 예측할 수 있다. 이는 단지 상품 등락을 예측하는 것 이상의 의미를 갖는다. 근거를 참고하여 전문가가 좀 더 정확한 판단을 내리도록 도울 수도 있다.

법률을 자문하는 인공지능 '로스'

법률 분야 역시 방대한 지식과 자료를 문서 형태로 보관하고 있는 분야 중 하나다. 방대한 정보를 분석하고 유사 판례를 찾아 제공하는 업무는 법을 다루는 판사나 검사, 변호사에게 상당히 중요한 일이다. 컴퓨터의 장점을 활용하여 현재의 사건과 유사한 과거의 판례나 사건 사례를 분석한다면 피해자의 변호를 하거나 판결을 내릴 때 좀 더 공정하고 빠르게 처리할 수 있을 것이다. 로스ROSS는 법률 부문에서 이와 같은 길을 가고 있는 기업이다. 과거 판례나 정관을 분석하는 업무를 인공지능이 대신하고, 변호사는 이러한 정보를 바탕으로 공판에서 승리하기 위한 스토리와 전략을 짜는 데 집중하면 된다. 이렇게 오히려 전문 지식과 자료가 넘쳐나는 영역일수록 인공지능의 활용이 오히려 기대되는 분야라 할 수 있다. 단순히 전문가를 대체하기 위해서가 아니라 방대한 정보를 정리하고, 찾아내고, 분석하는 업무를 도와줄 수 있을 것이다.

1.3 정리

지금까지 1장에서는 인공지능이란 무엇이며, 어떻게 태동해 발전해왔고, 주요 비즈니스 사례는 어떤 것이 있는지를 위주로 살펴봤다. 아직까지는 인공지능을 활용하는 서비스 입장에서 음성인식이나 자연어 처리 기술을 활용해 사람의 말을 이해하기 위한 기술 적용이 주를 이룬다. 기존 사람과 컴퓨터 간에 마우스와 키보드를 통한 기계 위주의 입력 장치를 벗어나는 과정으로 보인다. 하지만 이러한 단순한 접근에도 다양한 새로운 기회들이 생겨나고 있다. 사람을 대신하는 챗봇 서비스와 음성 기반 가상비서 서비스, 더 나아가 접객 로봇이나 지능형 스피커같이 응용 범위가 넓어지고 있으나 각 서비스를 추구하는 비즈니스 모델은 각기 다르다. 인공지능 기술과 유형이 비즈니스 전개 방향에서 자신에게 어떻게 활용될지 연결해서 고민해 보는 기회였기를 바란다.

2장 인공지능을 적용하기 위한 방법

인공지능 기술을 자사 비즈니스 서비스에 도입해 보려는 사람이라면 인공지능 서비스를 위해 사용 가능한 도구로는 무엇이 있는지, 어떤 기술을 알아야 하는지부터 먼저 이해해야 한다. 만일 이미 유사한 서비스가 존재한다면 기존 서비스를 활용해 단시간 내에 새로운 서비스를 완성할 수 있을 것이고, 만일 직접 개발하고자 한다면 개발 언어와 기술을 이해해야 한다. 최근 공개 소프트웨어를 통해 다양한 인공지능 기술들이 속속 등장하고 있어 어떤 플랫폼을 사용해야 할지도 면밀히 고민해야 한다.

이번 2장에서는 인공지능 기술을 개발할 때 많이 활용되는 개발 언어와, 머신러닝이나 딥러닝 적용을 위해 사용되는 대표적인 오픈소스 소프트웨어, 그리고 더 나아가 쉽게 개발하고 활용할 수 있는 클라우드 기반 서비스에 대해 소개해본다.

2.1 인공지능 적용 기술의 분류

인공지능 기술을 활용하기 위한 기반은 그림 2.1과 같이 다양한 형태로 제공되고 있다. 자신의 환경에 맞는 기술 기반을 선택하는 것도 쉽지 않은 일이다. 다음은 인공지능 개발을 위해 필요한 기술 스택으로, 다음 2.2절에서 좀 더 자세히 설명할 것이다.

그림 2.1 | **인공지능 기술 스택**

출처 *https://volansys.com/data-science-services/*

- **플랫폼**Platform: 데이터 수집, 저장 및 데이터 분석까지 포함하는 기반 환경을 뜻하며, 인공지능의 머신러닝 및 딥러닝 기술을 포함한다. 이후에 설명하는 분류들을 모두 포괄하는 가장 큰 구조로서 통상적으로 분산 환경을 지원한다.

- **도구**Tools: 인공지능 프로그램을 쉽게 개발할 수 있도록 지원하는 개발 도구를 말한다. 주로 서비스 운영 및 개발 환경을 구성하기 위한 편의성을 제공한다.
- **프레임워크**Framework: 머신러닝 및 딥러닝 알고리즘을 학습하고 실행할 수 있도록 개발된 전문화된 소프트웨어를 말한다.
- **언어**Language: 인공지능 개발에 활용되는 개발 언어를 의미한다. 가장 보편적인 자바나 C 언어에서부터 분석 언어인 R, 스크립트 언어로 오늘날 딥러닝의 대부분 프레임워크가 지원하는 파이썬 등이 있다.
- **포맷**Format: 데이터를 잘 다루기 위한 라이브러리로 딥러닝과 머신러닝은 대량의 다차원 데이터를 좀 더 편리하게 다룰 수 있도록 지원한다.
- **클라우드 서비스**Cloud service: 분산 클라우드 환경을 지원하는 인공지능 서비스로, 이미 학습이 완료된 모델 형태의 서비스에서부터 딥러닝을 분산 환경에서 쉽게 개발과 학습을 수행하고 배포하여 서비스까지 할 수 있는 SaaSSoftware as a Service 및 PaaSPlatform as a Service 환경을 의미한다.

2.2 인공지능 개발을 위한 분산 플랫폼 환경

인공지능 기술을 개발하려면 대량의 데이터를 저장하기 위한 저장소가 필요하며, 분산된 GPU 서버 환경에서 학습을 수행해야 한다. 이 경우 단독 머신에서 데이터를 저장하고 학습을 수행하려면 저장소의 한계도 있을 뿐만 아니라 학습하는 데 오랜 시간이 소요되므로 개발에 어려움을 겪을 수 있다. 이 때문에 규모가 있는 인공지능 개발 환경을 구축하기 위한 분산 환경을 고민하게 된다.

빅데이터 분석 플랫폼들은 데이터 수집, 저장, 분석을 위한 분산 환경을 지원한다. 이런 플랫폼에서도 인공지능 기술인 머신러닝 프레임워크를 지원하므로 선택의 여지가 있다. 스파크Spark는 스파크 머신러닝 프레임워크를 통해 전통적인 머신러닝 알고리즘을 수행할 수 있고 하둡Hadoop 또한 머하웃Mohout과 같은 머신러닝 프레임워크를 사용할 수 있으며 최근 Deeplearning4j도 하둡에서 지원하기 시작했다.

빅데이터 분산 환경 이외에도, 분산환경에서 GPU를 사용할 수 있도록 지원하는 쿠다CUDA는 GPU 전문 기업인 엔비디아NVIDIA에서 주도해 개발해 프리웨어로 제공하고 있다. 이를 통해 딥러닝 학습 등 대량의 GPU를 이용해야 하는 경우 분산 처리할 수 있다.

2.3 인공지능 개발을 지원하는 도구

인공지능 알고리즘을 개발하고 테스트하는 데 도움을 받을 수 있는 도구들이 여럿 있다. 머신러닝이나 딥러닝을 위한 알고리즘을 코드상에 개발하거나 필요한 플랫폼을 설치하여 가상 환경을 만드는 등 필요한 작업들이 있는데 이를 쉽게 구성하고 개발할 수 있도록 돕는 도구를 활용한다면 어려운 인공지능을 좀 더 빠르게 활용할 수 있다.

대표적으로 주피터 노트북Jupyter Notebook은 2014년에 아이파이썬IPython이라는 이름의 오픈소스로 시작되었다. 주피터 노트북은 웹 개발의 애플리케이션으로 코드와 문서를 동시에 작성하고 실행할 수 있다. 개발 언어로는 최근 머신러닝이나 딥러닝에 많이 활용되는 파이썬은 물론이고, R과 줄리아Julia 등도 지원한다. 웹 기반이며 마크다운 형식의 필기도 가능해 소스코드를 설명과 함께 작성하여 온라인으로 공유하기에도 상당히 편리하다.

2.4 딥러닝과 머신러닝 전용 프레임워크

머신러닝이 급부상한 이유에는 저렴한 클라우드 환경과 강력한 GPU 하드웨어만 있지 않다. 머신러닝에 활용할 수 있는 프레임워크의 폭발적인 증가도 한몫 했다. 그림 2.2는 대표적인 인공지능 프레임워크 기술의 발전 역사를 보여준다. 2015년도 구글에서 발표한 텐서플로TensorFlow는 연구실을 중심으로 진행되던 딥러닝 기술을 활용한 개발이 일반으로 크게 확장되는 계기가 되었다. 초기에는 테아노Theano나 카페Caffe가 딥러닝 확산을 주도했고 이후 텐서플로가 불을 지폈다. 최근에는 파이토치PyTorch 활용도가 높아지고 있다.

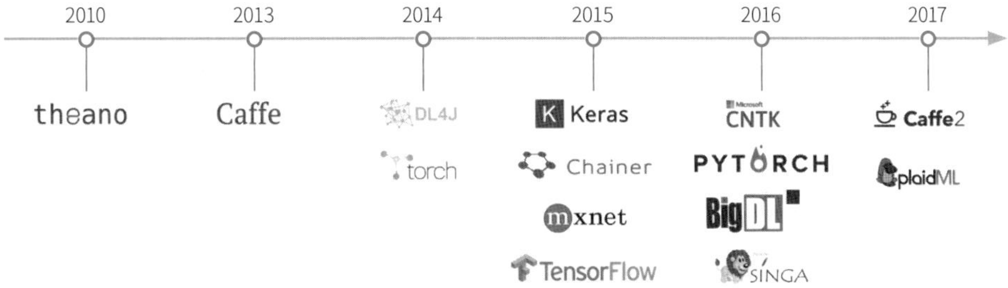

그림 2.2 | **인공지능 프레임워크 역사**

출처 위키피디아 *https://en.wikipedia.org/wiki/Comparison_of_deep_learning_software#Related_software*

이제, 현재 가장 주목받고 있는 딥러닝/머신러닝 프레임워크들을 하나씩 살펴보자. 모두 오픈소스인 이들 프레임워크는 머신러닝에서 어려운 부분을 추상화함으로써 더 많은 개발자들이 기술을 좀 더 쉽게 사용할 수 있게 됐다. 그러나 이 영역에 처음 발을 내딛는 개발자에게는 어떤 프레임워크를 선택할 것인지부터 혼란스럽다. 각 프레임워크는 초기 개발 취지에 따라 저마다 장점과 단점이 있다. 이들 간의 차이를 알고 자신의 컴퓨터 환경과 사용 목적, 응용분야에 맞는 적절한 프레임워크를 선택해야 한다.

2.4.1 카페(Caffe)

2013년에 출시된 카페Caffe(*http://caffe.berkeleyvision.org/*)는 빠른 속도와 모듈성을 내세운 인공지능 프레임워크다. 버클리 인공지능연구소의 지아양칭Yangqing Jia에 의해 개발되었다. 모든 코드가 C/C++로 작성되어 있어 처리 속도가 빠르다. 카페는 특이하게 이미지 분류를 목적으로 개발되었고 이미지 분류 작업에서 탁월한 성능을 입증받았지만, 이미 전성기를 지났다는 평가를 받는다. 더군다나 1GB 이상 GPU 메모리가 필요하고 문서화가 부족하다. 지원을 받기가 힘들고, 설치 과정도 매끄럽지 못하다.

카페를 구현하기 위해 코딩을 필요로 하지 않는 사전 훈련된 모델 세트인 모델 주Model Zoo가 유명하다.[1] 최근에 페이스북에서 가벼운 딥러닝 프레임 워크인 카페2를 새롭게 공개했다.

1 *https://github.com/BVLC/caffe/wiki/Model-Zoo*

- **장점**
  - 이미지 처리에 특화
  - 프로그래밍하는 대신 설정 파일로 학습 방법을 정의
  - 기본적인 테스트는 코드 없이도 실행이 가능
  - 카페 모델 주Caffe Model Zoo를 통한 다양한 사전 학습 모델 제공
  - 파이썬 연동을 통한 용이한 개발

- **단점**
  - 이미지 이외의 텍스트, 사운드 등의 데이터 처리에는 부적합
  - 유연하지 못한 API
  - 문서화가 미흡함
  - 순환 신경망 성능이 좋지 못함

2.4.2 Deeplearning4j(DL4J)

Deeplearning4j(이하 DL4J, *https://deeplearning4j.org/*)는 2014년에 설립된 스타트업 스카이마인드(*https://skymind.ai/*)라는 회사가 개발한 프레임워크다. DL4J는 자바 가상머신JVM을 기반으로 하는 분산처리 및 싱글 머신 딥러닝 프레임워크로서, 하둡 및 스파크와 통합이 가능하다. 자바 기반으로 안정성과 호환성에 초점을 맞춰 개발되었다. DL4J는 아파치 2.0 라이선스를 따르며, 무료로 누구든지 내려받아 사용할 수 있다. 전문적인 유지보수 및 문제 해결을 지원받기 위해서는 유료로 스카이마인드Skymind 회사를 통해 받을 수 있다.

DL4J가 지원하는 딥러닝 알고리즘으로는 피드포워드feedforward 신경망, RBM, 오토인코더, 순환 신경망의 LSTMLong Short-Term Memory 모델까지 다양하다. 특히, DL4J는 안면 인식, 음성 인식, 스팸 차단 등 명백한 문제를 해결하는 데 효과적이다.

- **장점**
  - 자바 기반으로 쉬운 이식성Portability 및 엔터프라이즈 시스템 수준의 안정성 제공
  - 스파크 기반의 분산 처리 지원
  - 문서화가 잘 되어 있음
  - 학습 디버깅을 위한 시각화 도구 DL4J UI 제공

■ **단점**

- 자바 언어로 개발되어 스크립트 언어에 비해 학습 및 테스트 과정의 번거로움
- 협소한 사용자 커뮤니티
- 부족한 예제

2.4.3 케라스(Keras)

프로젝트 ONEIROS_{Open-ended Neuro-Electronic Intelligent Robot Operating System}(지능형 로봇 운영 시스템) 연구의 일환으로 개발되었고, 창시자는 구글의 소프트웨어 엔지니어인 프랑소와 숄레 Francois Chollet다. 2015년에 출시된 케라스(*https://keras.io/*)는 "어떻게 하면 개발자들이 쉽고, 빠르게 인공지능 관련 프로그램을 만들까" 하는 생각에서 만들어진 인공지능 프레임워크다. 실제로 케라스에서는 코드 몇 줄 정도로 딥러닝 모델을 만들 수 있다. 그만큼 다층 퍼셉트론 모델, 합성곱 신경망, 순환 신경망 등 다양한 딥러닝 모델을 사전에 지원해준다.

케라스는 파이썬으로 작성되어 있으며, 내부적으로는 텐서플로, 테아노Theano, CNTK 등의 딥러닝 전용 엔진이 구동되며, CPU와 GPU 사용을 모두 지원한다. 최근에 가장 주목받는 프레임워크다.

■ **장점**

- 직관적인 API 인터페이스
- 문서화가 잘 되어 있음
- 코드가 간결하며 가독성이 좋음

■ **단점**

- 기반이 되는 테아노, 텐서플로에서 문제가 발생시 디버깅이 어려움

2.4.4 텐서플로(TensorFlow)

텐서플로(*https://www.tensorflow.org/*)는 구글 브레인 팀Brain Team에서 개발했다. 2015년 말에 공개된 딥러닝 프레임워크로 딥러닝뿐만 아니라 강화학습 알고리즘도 지원한다. 텐서플

로는 심층신경망 및 머신러닝에 대한 광범위한 연구에 사용되고 있다.

다른 프레임워크보다 뒤늦게 세상에 나와서 안정화가 아직 덜 되었지만, 빠른 속도로 성장하고 있는 텐서플로는 현재 개발자들이 가장 많이 사용하는 프레임워크다. CPU 및 GPU를 선택적으로 사용 가능하고, 분산 병렬 컴퓨팅 환경을 지원한다(단, 구글 클라우드 머신러닝에서만 분산 병렬 컴퓨팅을 지원한다). 또한, 여타 프레임워크와 차별화되는 텐서보드TensorBoard라는 시각화 도구를 지원한다. 이를 이용해 결과를 설명하는 데이터플로 그래프Data Flow Graph, DFG를 표시하는데 매우 이해하기 쉽다.

텐서플로는 구글의 언어 번역, 음성 인식, 구글 포토의 핵심 기술인 사진 검색 및 분류 영역에 이미 도입되어 사용되고 있으며, 추후 동영상 검색에도 확장 적용되어 자율주행, CCTV 분야까지 확장될 예정이다.

- **장점**
  - 추상화된 그래프 모델
  - 데이터 및 모델의 병렬화 처리
  - 학습 디버깅을 위한 시각화 도구 텐서보드TensorBoard 제공
  - GPU 지원
  - 방대한 사용자 커뮤니티

- **단점**
  - 토치Torch에 비해 처리 속도가 느림
  - 비교적 빠르지 않은 성능
  - 사전 학습된 모델이 많지 않음
  - 세션을 이용한 부자연스러운 코딩 스타일

2.4.5 테아노(Theano)

2007년에 출시된 테아노(*http://deeplearning.net/software/theano/*)는 모든 딥러닝 프레임워크의 조상격인 최초의 딥러닝 프레임워크라고 볼 수 있다. 몬트리올대학에서 머신러닝 알

고리즘에 대한 세계적 명성을 얻기 위해 개발되었다. 딥러닝의 대가인 몬트리올 대학의 요슈아 벤지오Yoshua Bengio 교수가 책임자다.

테아노는 오랫동안 딥러닝 연구자들이 사용해온 프레임워크여서 매우 유익한 학습 자료가 많다는 점이 장점이다. 그러나 프레임워크에서 발생한 에러 메시지는 코드 수정에 전혀 도움이 되지 못하고, 컴파일할 때 시간이 너무 오래 걸린다는 단점도 있다. 이와 같은 단점을 감안한다면, 테아노는 연구 과제에 더 적합한 플랫폼으로 매우 유용할 수 있다. 테아노는 합성곱 신경망과 노이즈 제거 알고리즘인 오토인코더Auto-Encoder, 그리고 심층 신경망DNN에 최적화된 프레임워크다.

■ **장점**

- 추상화된 그래프 모델 지원
- 데이터를 탐색하거나 수치 계산에 매우 유용

■ **단점**

- 다중 GPU 미지원
- 부족한 사전 학습 모델
- 부적절한 에러 메시지로 인해 에러를 수정하기가 어려움

2.4.6 토치(Torch)

토치(*http://torch.ch/*)는 2002년 뉴욕대학교에서 과학 계산 용도로 개발되었다. 다른 여타 과학 계산용 프레임워크와 마찬가지로 행렬과 벡터 연산에 특화되어 있다. 토치는 루아Lua라는 스크립트 언어로 개발되었으며, 다른 파이썬 기반 프레임워크보다 성능 측면에서 뛰어나다. 언어 구조가 스크립트 언어 형태라 매우 직관적이고 사용하기 쉽지만, 루아 언어에 대한 개발자 생태계가 부족한 편이다.

최근 데이터 개발자에게 가장 각광받는 파이썬 언어로 재개발된 파이토치(*https://github.com/pytorch/pytorch*)가 활용도를 점점 높이고 있다. 현재 트위터와 페이스북과 같은 세계적 IT 회사에서 광범위하게 사용하고 있다.

참고로, 파이토치의 대표적인 장점은 코드를 자유롭게 디버깅할 수 있는 파이썬 디버깅 도구를 사용할 수 있다는 점이다. 또한 병렬 처리 기능이 있어서 다중 GPU를 빠르게 연산할 수 있다. 최근에 파이토치는 0.4.0 버전이 릴리즈되었다. 최신 버전에서 윈도우 운영체제를 지원하는데, 글을 쓰는 시점에는 파이썬 3.5와 3.6만 지원한다.

- **장점**
  - 알고리즘 모듈화가 잘 되어 있어 사용이 용이
  - 다양한 데이터 전처리 및 시각화 유틸리티 제공
  - OpenCL 지원
  - 모바일 지원

- **단점**
  - 협소한 사용자 커뮤니티
  - 연구용으로 적합
  - 생소한 루아Lua 언어 (파이토치는 파이썬)
  - 부족한 문서화

지금까지 현재 가장 주목받는 인공지능 프레임워크들을 간단하게 살펴보았다. 이 프레임워크들은 다양한 라이브러리와 사전 학습 모델을 제공한다. 개발자들은 이를 이용해서 중복으로 기능을 개발하지 않고, 핵심적인 알고리즘 및 응용에 집중할 수 있게 되었다. 각 인공지능 프레임워크에 대한 좀 더 자세한 내용은 표 2.1을 참조하자.

표 2.1 | **프레임워크 비교표** 출처 위키피디아

	만든이	라이선스	언어	인터페이스
카페	버클리 비전 & 러닝 센터 (Berkeley Vision and Learning Center)	BSD license	C++	파이썬, 매트랩(MATLAB)
DL4J	스카이마인드 엔지니어링 팀, DL4J 커뮤니티, 아담 깁슨(Adam Gibson)	Apache 2.0	C++, 자바	자바, 스칼라(Scala), 클로저(Clojure), 파이썬 (케라스)
케라스	프랑소와 숄레(François Chollet)	MIT license	파이썬	파이썬, R

(이어짐)

	만든이	라이선스	언어	인터페이스
텐서플로	구글 브레인 팀(Google Brain team)	Apache 2.0	C++, 파이썬	파이썬 (케라스), C/C++, 자바, Go, R
테아노	몬트리올 대학	BSD license	파이썬	파이썬 (케라스)
토치	로넌 콜로버트(Ronan Collobert), 코레이 카부추글루(Koray Kavukcuoglu), 클레멘트 파라벳(Clement Farabet)	BSD license	C, Lua	루아(Lua), LuaJIT, C, C++/OpenCL 기반 응용 라이브러리

2.5 인공지능 개발을 위한 프로그램 언어

이번 절에서는 머신러닝과 딥러닝, 인공지능 개발에 활용되는 다양한 프로그래밍 언어의 종류와 특징에 대해 좀 더 자세히 알아보겠다. 각 라이브러리마다 지원 언어가 다르며, 해당 언어를 다룰 줄 아는 전문 인력을 확보하는 것도 제약이 있으므로 여러모로 고려할 점이 많다. 인공지능 개발에는 전통적인 C/C++나 자바 언어에서 시작해 최근에는 스크립트 언어인 파이썬이 많이 사용되고 있다. 각 언어별 특징을 살펴보고 어떤 언어를 사용할지 선택할 때 도움이 되기 바란다.

2.5.1 파이썬

파이썬(*https://www.python.org/*)은 오픈소스 언어 중 최근 들어 머신러닝이 화두가 되면서 가장 주목받는 언어다. 윈도우, 맥, 유닉스, 리눅스 등의 다양한 플랫폼을 지원하며, 머신러닝 관련 라이브러리뿐만 아니라 데이터 통계, 처리, 시각화 등에 필요한 라이브러리까지 풍부하다.

- **사이킷런**scikit-learn: 파이썬의 표준 머신러닝 라이브러리로 대부분의 머신러닝 모델을 제공함(*http://scikit-learn.org/*)
- **넘파이**Numpy: 과학 계산용 파이썬 라이브러리(*http://www.numpy.org*)
- **판다스**pandas: 데이터 처리와 분석을 위한 파이썬 라이브러리(*http://pandas.pydata.org*)

- **맷플롯립**matplotlib: 파이썬에서 자료를 차트chart나 플롯plot으로 시각화하는 라이브러리 (*http://matplotlib.org/gallery.html*)

파이썬은 R과 달리 데이터 처리 라이브러리가 언어 자체에 내장되어 있지는 않지만 넘파이NumPy, 판다스Pandas와 같은 외부 라이브러리를 통해 동일한 기능을 제공한다.

파이썬의 장점은 초보자들도 쉽게 배울 수 있는 스크립트 언어라는 점이다. 문법 자체가 간결하고, 직관적으로 해석이 가능하다. 특히 최근 딥러닝을 위한 대표적인 라이브러리인 텐서플로와 파이토치 등이 파이썬을 지원하기 때문에 인공지능을 위한 대표적 개발 언어로 선택되고 있다.

2.5.2 R

본래 R(*https://www.r-project.org/*)은 통계 데이터 분석과 자료의 시각화에 주로 사용되는 프로그래밍 언어로서, 기존의 통계 프로그램인 SAS, SPSS, MATLAB과 달리 무료이기 때문에 통계학도들이 가장 선호하는 언어다. 최근에 머신러닝에 관심이 증가함에 따라 관련 패키지도 증가했다. 거의 모든 종류의 머신러닝 알고리즘, 통계 테스트 및 분석 절차를 적용할 수 있는 패키지 저장소인 CRAN을 통해서 쉽게 액세스할 수 있다. 2018년 3월 기준 1만 3,800개 이상의 분석용 패키지가 CRAN에 저장되어 사용자에게 무료로 제공되고 있고, 오픈소스 프로젝트이기 때문에 앞으로도 계속 발전할 것으로 예상된다. R은 상용 분석 도구인 SAS나 SPSS보다 패키지 업데이트도 빠르다. 웹사이트를 크롤링하고 그 데이터를 분석하고 저장하고 시각화까지 하는 데이터 처리의 전 과정이 R 언어만으로도 가능하다.

- **셀레늄**Selenium: 웹크롤링 패키지
- **Ggplot2**: 데이터 시각화 패키지
- **C50**: 의사결정나무 알고리즘 패키지
- **E1071**: 서포트 벡터 머신SVM과 나이브 베이즈Naive Bayes 알고리즘 패키지

2.5.3 자바

자바(*https://www.java.com/*)는 사실상의 산업 표준 언어로서, 견고한 IDE 지원, 우수한 유지보수성을 자랑하며, 무엇보다 오랜 역사를 거쳐왔기에 개발자 규모가 크고 토대가 탄탄하다. 또한 객체 지향 프로그래밍의 명확하고 일관된 구현 및 JVM을 사용한 플랫폼 독립성을 유지해준다.

머신러닝 라이브러리에는 스파크Spark의 MLlib, 머하웃Mahout, H2O 및 DL4J 등이 있다. 이러한 라이브러리는 하둡과 같은 업계 표준 데이터 처리 및 저장 시스템에서 잘 작동하므로 통합이 쉬워진다.

- **아파치 머하웃**Apache Mahout: 클러스터링, 분류 등 대규모 데이터 처리 알고리즘 제공
- **아파치 스파크**Apache Spark: 실시간 데이터 스트림 처리, 분류, 회귀 알고리즘 제공
- **DL4J**Deeplearning4j: 자바와 스칼라로 작성된 오픈소스 딥러닝 라이브러리. 아파치 스파크와 하둡을 포함하고 있음

2.5.4 C/C++

C와 C++는 처리 속도가 빠른 장점 때문에 다양한 알고리즘을 처리하기 위한 대표적인 언어로 자리매김해왔다. 빠른 처리 속도는 코드의 컴파일 과정을 거쳐 머신에 최적화된 실행 모듈을 작성하는 것에서 시작하는데 이는 실행 환경에 의존성을 갖게 하는 단점으로 꼽히기도 한다. 이에 대한 반대급부로, 런타임 실행을 지원하는 파이썬과 같은 스크립트 언어가 각광받는 이유이기도 하다. 하지만 플랫폼 종속성에 대한 단점만 해결한다면 기계어로 컴파일된 모듈은 코드를 숨기는 장점을 갖고 동시에 성능의 장점도 가져갈 수 있다. 머신러닝에서는 우위를 점하고 있지 않지만 C/C++는 가장 전통적인 개발 언어로서 다양한 딥러닝 플랫폼을 지원하며, 개발자 인프라를 보유하고 있다.

- **Eblearn**: 얀 르쿤Yann LeCun이 이끄는 뉴욕대학 머신러닝 연구소의 오픈소스 C++ 라이브러리로, 특히 이미지 인식에 특화되어 있다. 추가로 머신러닝을 교육하고 실행하기 위한 완벽한 도구를 제공한다.

- **Shogun**: C++로 구현되었으며 다양한 언어(파이썬, R, 자바/스칼라, C#, 루비 등)와 운영체제(리눅스/유닉스, 맥OS, 윈도우)를 지원하고, 통합된 인터페이스를 제공한다. 데이터 파이프라인의 신속한 프로토타이핑을 위해 여러 데이터 표현, 알고리즘 클래스 및 범용 도구를 제공하는 오픈소스 라이브러리다.
- **Dlib**: 데이비스 킹Davis King이 만들었으며, 광범위한 머신러닝 알고리즘이 포함되어 있다. C++ API를 통해 사용하기 쉽게 설계됐다. 로보틱스, 임베디드 장치, 휴대전화 및 대형 고성능 컴퓨팅 환경을 비롯한 광범위한 애플리케이션에 사용된다. 특히 얼굴 인식 분야에서 많이 쓰인다.

2.6 데이터를 효과적으로 다루기 위한 포맷

머신러닝이나 딥러닝 알고리즘을 이용해 학습을 하려면 높은 차원의 특징 데이터를 다뤄야 한다. 대량의 다차원 데이터를 쉽게 저장하고 행렬 계산과 같은 데이터 간 처리를 쉽게 할 수 있는 데이터 분석용 패키지를 사용하면 좀 더 용이하다. 대표적인 데이터 분석용 라이브러리에 대해 알아보자.

판다스

판다스Pandas(*http://pandas.pydata.org/*)는 테이블 형태의 데이터를 다루기 위한 데이터프레임 자료형을 제공한다. 처음에는 R언어에서 제공하는 데이터프레임 자료형을 파이썬에서 사용하기 위해 개발되었으나 현재는 더 큰 규모의 프로젝트가 되었다.

넘파이

넘파이NumPy(*http://www.numpy.org/*)는 대량의 수치 데이터를 저장하고 수치 해석, 선형대수 등의 계산을 수행하게 해주는 파이썬 언어를 지원한다. 자료의 크기가 고정된 다차원 배열을 저장하고 벡터 연산을 지원하는 가장 많이 활용되는 수학 연산 패키지다. 처음에는 매트랩MATLAB의 기능을 파이썬에서 사용하기 위해 개발되었으나 이후 Numarray 패키지와 통합되며 데이터 저장 기능을 강화하며 넘파이라고 이름이 바뀌었다.

2.7 접근과 사용이 용이한 클라우드 기반 인공지능 서비스

인공지능 기술을 적용하기 위해 앞에서 설명한 인공지능 플랫폼을 자신의 컴퓨터나 서버에 설치하고 직접 개발하는 방법만이 유일한 것은 아니다. 인공지능 기술을 서비스에 적용하기 위해서는 대량의 컴퓨터와 데이터가 필요하고, 이를 이용해 모델을 학습해야 한다. 또한 학습을 마친 모델을 운영 서버에 배포해야 한다. 이러한 어려운 점을 해결할 수 있도록 최근 클라우드 서비스 제공사를 중심으로 SaaSSoftware as a Service로 제공하는 사례가 늘고 있다.

인공지능 모델을 학습하기 위해 대량의 컴퓨팅 자원이 필요한 점을 감안한다면 클라우드는 인공지능 도입에 효과적인 대안이 될 수 있다. 뿐만 아니라 이미 학습하여 제공되는 기존 인공지능 서비스인 API를 활용한다면 모델 학습 시간조차 아낄 수 있다. 이를 통해 기업은 개발 환경을 위한 인프라, 훈련 데이터(머신러닝 모델을 만들기 위해서 필요한 데이터), 전문 인력을 준비하는 시간과 자원을 서비스에 집중하는 데 활용할 수 있다. 바로 사용해 볼 수 있는 대표적인 인공지능 서비스에 대해 알아보자.

2.7.1 인공지능 SaaS API서비스

인공지능을 사용하기 위한 가장 쉬운 방법은 클라우드상에서 SaaS로 제공되는 API를 사용하는 것이다. 다양한 퍼블릭 클라우드public cloud 서비스 제공 기업들은 SaaS 혹은 PaaSPlatform-as-a-Service 형태로 인공지능 서비스를 제공하고 있다. 표 2.2는 인공지능 서비스를 클라우드 형태로 제공하는 기업이다.

표 2.2 | 인공지능 클라우드 서비스

기업	서비스 이름	설명
아마존 웹서비스 (AWS)	렉스(Lex), 폴리(Polly), 레코그니션(Rekogintion), 머신러닝	챗봇, 음성 합성, 이미지 분석, 머신러닝 개발 서비스 등 제공
구글 (Google)	자연어(Natural Language), 번역, 비전(Vision)	자연어 처리, 기계 번역 및 이미지 처리 서비스 제공. 개발중인 서비스로 머신러닝, 직업 검색, 음성 합성 서비스 준비 중

(이어짐)

기업	서비스 이름	설명
마이크로소프트(Microsoft)	애저 봇 서비스, 코그니티브(Cognitive) 서비스, 머신러닝 서비스	자연어 대화를 가능하게 하는 챗봇 빌더, 시각/음성/언어/지식/검색 등 다양한 인공지능 API, 머신러닝 엔진 개발을 위한 서비스 등 제공
IBM	왓슨(Watson)	대화, 언어, 음성인식 등 API 서비스, 머신러닝/딥러닝 플랫폼 등
네이버	파파고(Papago), 클로바(Clova)	기계 번역, 얼굴인식 등
솔트룩스	아담 데이터, 언어, 지식, 지능, 엑소브레인	데이터 처리, 분석, 자연어 처리, 지식 처리 및 질의 응답 등 서비스

AWS

아마존 웹서비스(이하 AWS)(*https://aws.amazon.com/amazon-ai/*)는 IaaSInfra-as-a-Service와 더불어 가장 많은 PaaS와 SaaS 서비스를 제공하는 대표 클라우드 서비스다. AWS는 자연어 처리NLU, Natural Language Understanding, 음성 인식ASR, Automatic Speech Recognition, 이미지 처리Image Search, 이미지 인식Visual Recognition, 음성 합성TTS, Text to Speech, 머신러닝 등 기술을 기반으로 한 다양한 인공지능 서비스를 SaaS의 API 형태로 제공하고 있다.

AWS에서 제공하는 인공지능 서비스는 다음과 같다.

- **Amazon Lex**(*https://aws.amazon.com/lex/*): 기업을 위한 챗봇 서비스
- **Amazon Polly**(*https://aws.amazon.com/polly/*): 딥러닝 기술로 구현된 음성 합성 서비스. 한번 합성된 음성은 따로 저장이 되었다가 무료로 재생되어 비용을 절감할 수 있음
- **Amazon Rekognition**(*https://aws.amazon.com/rekognition/*): 딥러닝 기반의 이미지 처리 서비스. 사물 인식, 얼굴인식(성별, 눈뜬 상태, 표정, 감정, 얼굴 비교 등), 얼굴 태깅 및 인증
- **Amazon Machine Learning**(*https://aws.amazon.com/machine-learning/*): 사용자가 쉽게 머신러닝 엔진을 학습하여 모델을 생성하고, 데이터 연계, 시각화, 모델 평가 등 AWS의 다른 서비스들과 연동 가능함

구글 클라우드 플랫폼

다양한 클라우드 서비스를 제공하고 있는 구글은 인공지능을 위해 2013년 DNN리서치 사를 인수하면서 딥러닝 권위자인 토론토 대학교의 제프리 힌튼 교수를 영입했다. 인수 가격은 공식적으로 밝혀지지 않았지만, 2014년 인공지능의 딥마인드Deep Mind 사를 5억 달러에 달하는 금액으로 인수하는 등 인공지능을 위한 많은 투자와 연구를 지속하여 이미지 검색, 음성 인식, 머신러닝 등 기능을 자사 서비스에 적용했으며, 이를 클라우드 서비스로 제공하고 있다. 구글은 자사 서비스에서 쌓이는 노하우와 방대한 데이터를 기반으로 인공지능 서비스의 성능을 지속적으로 개선시키고 있다. 최근 기계 번역 서비스를 통계 기반에서 신경망 기반으로 변경하면서 많은 성능 향상을 보이고 있다. 구글에서 정식으로 제공하는 주요 인공지능 서비스는 다음과 같다.

- **Cloud Machine Learning Engine**(*https://cloud.google.com/ml-engine/*): 클라우드에서 텐서플로 기반 딥러닝 개발 환경 제공
- **Natural Language API**(*https://cloud.google.com/natural-language/*): 머신러닝 기술을 활용해 비정형 텍스트를 분석하고 이해하기 위한 기능 제공. 문장에서 주요 개체명을 추출하고 긍정 부정을 판단하고 문장 구문 분석을 통해 좀 더 깊이 있는 언어 이해를 돕는다.
- **Speech API**(*https://cloud.google.com/speech/*): 머신러닝 기반의 80여 개 언어를 지원하는 음성 텍스트 변환 서비스
- **Translation API**(*https://cloud.google.com/translate/*): 수많은 언어를 감지하고 언어 간 텍스트 문장을 실시간 번역 서비스 제공. 구글은 GNMTGoogle Neural Machine Translation이라는 기술을 통해 많은 언어 간 동적인 기계 번역 서비스를 제공
- **Vision API**(*https://cloud.google.com/vision/*): 입력된 이미지의 분류, 이미지 내에서 객체나 얼굴을 감지하거나 표정 감지, 문자 감지OCR, Optical Character Recognition 등 서비스 제공. 사용자가 업로드한 이미지를 통해 사용자 정의된 모델 생성

마이크로소프트 애저

마이크로소프트는 애저 클라우드Azure Cloud(*https://azure.microsoft.com/ko-kr/services/cognitive-services/*)를 기반으로 파트너 기업이 필요로 하는 솔루션 개발을 지원하는 인텔리전트 클라우드 전략을 추진하고 있다. 단순히 기술 제공이나 서비스 나열에서 끝나지 않고, 협력 파트너들이 자신의 영역에서 활용할 솔루션을 클라우드 기반으로 만들고 성장해 나갈 수 있도록 지원하고 있다. 인공지능에 대해서는 비주얼 스튜디오Visual Studio라는 훌륭한 통합개발도구를 운영한 경험을 살려 애저 머신러닝 스튜디오Azure Machine Learning Studio 서비스를, 개발자 친화적으로 구성하고 활용할 수 있도록 지원하고 있다.

다음은 마이크로소프트 애저 클라우드에서 제공하는 주요 인공지능 서비스다.

- **언어 관련**
  - **Language Understanding Intelligent Service (Preview)**: 언어를 문맥에 따라 인식하므로 앱app이 사람이 말하는 방식에 따라 의사소통하도록 돕는 서비스로, 입력을 위한 다양한 방식인 언어, 음성, 비전, 검색을 지원한다. 예를 들어 문장을 전달하면 감정 상태, 중요 키워드를 추출한다. 다음은 제공하는 API 목록이다.
    - **Detect Language**: 입력된 문장의 언어를 감지. 120여 개 언어 지원.
    - **Detect Topics**: 업로드된 문서의 주요 토픽을 추출
    - **Key Phrases**: 입력된 텍스트 문장에 대한 주요 용어를 추출
    - **Sentiment**: 입력 문장에 대한 긍정/부정 정도를 0~1의 점수로 표시
    - **Operation Status**: 요청한 API의 상태 정보 조회
  - **Text Analytics API (Preview)**: 구조화 되지 않은 텍스트를 의미 있는 정보로 변환
  - **Web Language Model API (Preview)**: 언어를 이해하기 위한 텍스트 분석 모델을 제공하는 서비스로, 공백 추가, 특정 단어 출현 확률 및 공동 발견 빈도 등을 분석해 준다.
  - **Bing Spell Check API**: 맞춤법 오류 감지 및 수정
  - **Translator Text API**: 기계 번역 서비스

- 시각화
  - Face API: 얼굴 감지, 분석, 태그 지정
  - Emotion API: 이미지에서 얼굴 인식을 통해 감정을 인식
  - Computer Vision API: 이미지의 태그 지정, 설명, 라벨링, 이미지 해상도 변경, OCR, 20만 명 연예인 인식 등 다양한 이미지 처리 기능 제공
- 음성
  - Bing Speech API: 음성 인식, 음성 합성, 음성 의도 분석 기능 제공
  - Speaker Recognition API: 화자 검증, 화자 식별
  - Translator Speech API: 음성 간 언어 번역 기능을 제공
- Azure Machine Learning

  머신러닝을 위한 알고리즘 개발과 학습, 배포할 수 있는 클라우드 기반 통합환경

  https://azure.microsoft.com/en-us/services/machine-learning/

이외에도 빙Bing 검색 서비스, 추천 서비스 등 다양한 서비스를 API 형태로 제공하고 있다. 이 서비스들을 이용하려면 마이크로소프트에서 제공하는 클라우드 서비스인 애저Azure에 가입하고 원하는 서비스를 생성하여 바로 사용할 수 있다. 대부분 클라우드 형태로 제공하기 때문에 API를 호출해 사용하거나 언어별로 제공하는 SDK를 통해 좀 더 편하게 개발할 수 있다.

2.7.2 챗봇을 위한 인공지능 서비스

앞에서 설명한 인공지능 API 서비스는 다양한 사례에 활용할 수 있겠으나 이 절에서 소개할 서비스는 챗봇을 구현하기 위한 대화 엔진에 대한 것이다. 챗봇 인공지능 서비스는 대부분 API 형태로 질문을 이해하고 흐름을 제어하고 답변을 제공하는 엔진에 좀 더 편리한 대화모델 개발 및 외부 인터페이스 연동을 위한 빌더를 제공한다. 여기서는 모두 클라우드로 제공하는 서비스를 위주로 소개해본다.

아마존 렉스

아마존 렉스Amazon Lex(*https://aws.amazon.com/lex/*)는 기업을 위한 챗봇 서비스로서, 알렉스Alex를 기반으로 음성이나 텍스트를 이용한 대화 기능을 인공지능 기술로 구현한 서비스다. 주로 사용된 기술은 음성 인식ASR, Auto Speech Recognition, 자연어 이해NLU, Natural Language Understanding이며 빠르고 쉽게 복잡한 대화가 가능한 챗봇을 구현할 수 있도록 지원한다.

아마존 렉스는 쉽게 대화를 구성하고 운영 환경에 빠르게 배포하고 확장할 수 있도록 구성되었으며 그림 2.3과 같이 AWS의 다른 PaaS 서비스들과 쉽게 통합 가능한 장점이 있다. 클라우드의 특징에 따라 사용한 만큼 비용을 지불하는 방식이며 서비스를 호출한 횟수만큼 차감된다. 2018년 12월 기준으로, 음성으로 요청하는 경우 회당 $0.004(약 4.8원)이고 문자로 요청하는 경우 회당 $0.00075(약 0.91원)이다.

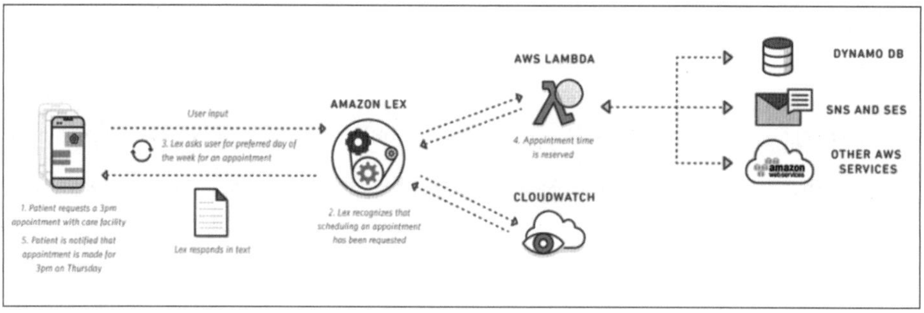

그림 2.3 | Amazon LEX 시스템 구성도

출처 *aws.amazon.com*

아마존 렉스는 챗봇을 만들기 위해 여러 가지 구성 요소를 갖추고 있다. 다음은 기본적인 렉스의 구성요소를 나타내며 그림 2.4는 구성 요소를 설정하는 화면이다.

1. **Bot**: 대화의 모든 구성요소를 포함하는 챗봇 이름
2. **Intent**: 챗봇 사용자가 달성하려는 목표 (예 비행기 예약하기)
3. **Utterance**: 의도Intent를 실행하기 위해 사용되는 구문 (예 "비행기를 예약하고 싶어", "비행기 예약하게 도와 줄래?")
4. **Slots**: 사용자 의도를 수행하기 위한 구성 데이터 (예 도시명, 공항, 항공편 등)

5. **Prompt:** 사용자 의도를 수행하기 위해 슬롯 정보를 요청하는 질문 (예 "방문 하시려는 도시는 어디인가요?", "어떤 공항에서 출발하실 건가요?")
6. **Fulfillment:** 사용자 의도를 전달하기 위한 비즈니스 로직으로 람다Lambda 함수를 이용해 구현

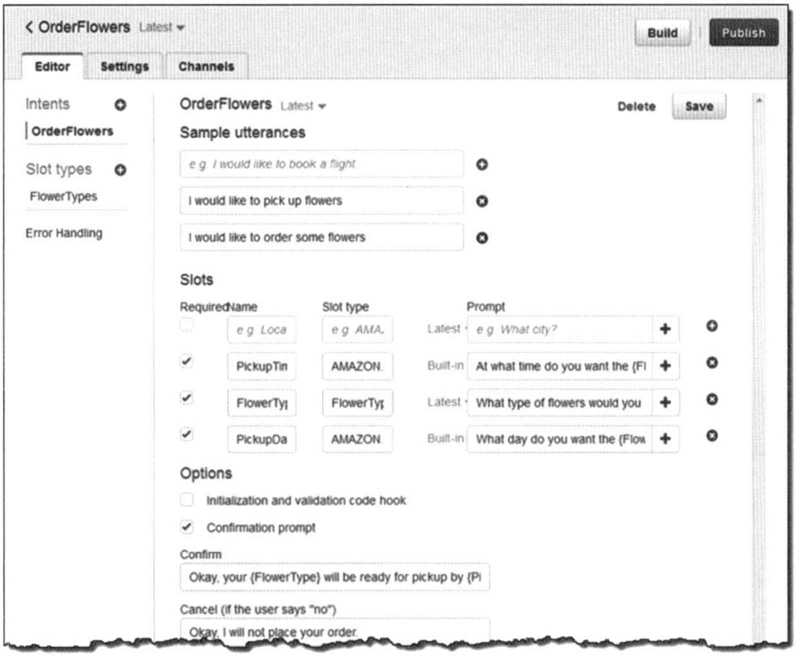

그림 2.4 | Amazon Lex 설정 화면

출처 aws.amazon.com 사이트

애저 봇 서비스

애저 봇 서비스Azure Bot Service(*https://azure.microsoft.com/ko-kr/services/bot-service/*)(베타)는 마이크로소프트 애저 클라우드에서 제공하는 서비스로 별도의 서버 구성 없이 사전에 정의된 템플릿을 이용해 빠르게 챗봇을 구성할 수 있는 기능을 제공한다. 코드 없이 이벤트를 구현하는 것만으로 챗봇을 구현할 수 있다. 또한 애저에서 제공하는 다양한 인지 서비스Cognitive Service와 연결하여 인공지능 기능을 확장할 수 있다.

예를 들어 지능형 서비스 중 언어 관련 서비스를 연결해서 날씨에 관련한 대화를 하는 챗봇을 구현할 수 있다. 사용자 질문의 의도Intent를 분석하고 그 결과에 따라 호출되는 이벤트 함수 내에서 처리 내용이나 답변할 문구를 설정하는 식으로 구현한다. 참고로 루이스LUIS는 Language Understanding Intelligence Service(언어 이해 지능 서비스)의 약자로 애저의 해당 서비스에 의도 구분을 위한 분류기를 구현한 후 그 앱 ID를 봇 프레임워크의 소스코드에 설정하면 된다.

애저 봇에 대한 중요한 정보는 다음 사이트에서 찾아 볼 수 있다. 봇 프레임워크Bot Framework 사이트(*https://dev.botframework.com/*)에서는 챗봇을 만들 수 있고, 봇 프레임워크 SDK(*https://docs.botframework.com/en-us/downloads/*)를 활용하는 방법과 퀵 스타트, 튜토리얼 및 샘플과 함께 봇 서비스 사용법을 배울 수 있다. 그림 2.5는 봇 프레임워크 에뮬레이터 화면이다.

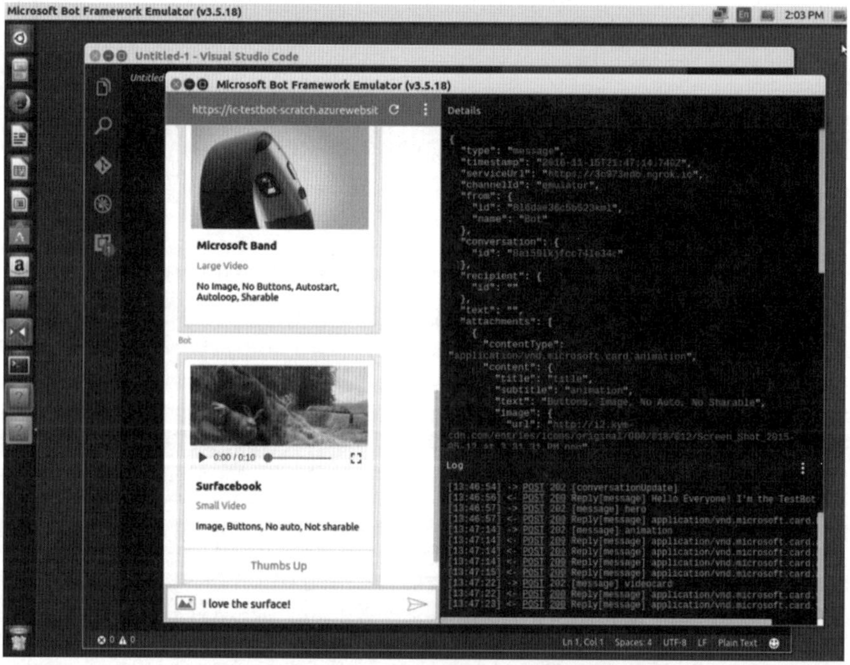

그림 2.5 | 마이크로소프트 봇 프레임워크 에뮬레이터 화면

출처 *https://docs.microsoft.com/ko-kr/azure/bot-service/bot-service-debug-emulator*

봇 프레임워크 에뮬레이터는 봇 개발자가 로컬 또는 원격으로 봇을 테스트 및 디버그할 수 있는 데스크톱 애플리케이션이다. 에뮬레이터를 사용해서 봇과 채팅을 하고 봇이 보내고 받는 메시지를 검사할 수 있다. 아직 애저 봇 서비스Azure Bot Service를 사용하여 봇을 만들지 않았거나 채널에서 실행되도록 구성하지 않은 경우에도 에뮬레이터를 사용하여 봇을 테스트할 수 있다.

2.7.3 클라우드 서비스로 제공하는 딥러닝

주로 SaaS 형태나 특정 기능을 위해 구현된 인공지능 서비스 이외에도, 아마존, 구글, 마이크로소프트는 딥러닝 구현을 위한 대표적 오픈소스인 텐서플로를 클라우드 환경에서 사용할 수 있도록 제공하고 있다. 오픈소스 딥러닝 알고리즘을 직접 컴퓨터에 내려받아 설치하고 테스트해보는 것이 좋겠지만, 클라우드를 이용하면 환경을 구성하는 시간을 절약할 수 있고, 분산 환경을 통해 대량의 서버를 활용할 수 있으며 손쉬운 서비스 연결이 가능하다는 장점이 있다.

특히 새로운 기술에 대해 구현된 오픈소스를 내려받아 설치하는 일은 대부분의 경우 많은 시간이 걸리고 시행착오도 겪게 된다. 특히나 최근의 기술들은 단순히 모듈 형태가 아니기 때문에 전체 프로그램을 자신의 환경에 맞게 설치하고 설정을 하다 보면 정작 실제 활용을 하기 전에 진을 다 빼기도 한다. 따라서 클라우드 환경을 사용하는 편이 원하는 데이터 학습이나 검증으로 더 빠르게 넘어갈 수 있다. 물론 사용 빈도에 따라 간혹 비용이 들기는 하지만 빠르게 검증해보고 완료 후 서비스를 종료하면 적은 비용으로 다양한 시도를 해볼 수 있는 장점이 있다. 또한 클라우드에서는 분산 환경을 지원하기 때문에 스케일아웃scale-out이 용이해서 대량의 데이터를 테스트하거나 서비스 확장을 하기가 쉽다. 미리 정의된 형태의 플랫폼의 종류는 다음과 같다.

AWS 딥러닝 AMI

AWS 딥러닝DeepLearning AMI(*https://aws.amazon.com/ko/machine-learning/amis/https://docs.aws.amazon.com/ko_kr/AWSEC2/latest/UserGuide/AMIs.html*)는 Amazon Cloud Formation을 통해 딥러닝을 위한 스케일 확장 및 분산 처리를 지원한다. AMI는 Amazon Machine Image의

약자로 머신러닝을 실행하기 위한 인스턴스 이미지를 뜻한다. AMI는 별도 비용을 부과하지 않고, AMI를 설치하여 동작하는 컴퓨팅 자원 및 저장된 스토리지에 비용이 부과된다.

마이크로소프트 애저 머신러닝

마이크로소프트 애저 머신러닝MS Azure Machine Learning(*https://azure.microsoft.com/ko-kr/overview/machine-learning/*)은 마이크로소프트 애저 클라우드에서 여러 딥러닝 엔진들을 파이프라인Pipeline으로 구성해 학습 및 테스트를 수행해 볼 수 있는 서비스다. 그래픽 UI를 이용해 흐름을 구성해 볼 수 있기 때문에 소스코드를 직접 개발하지 않더라도 쉽게 머신러닝과 딥러닝을 이용한 개발이 가능하다.

- 텐서플로, 인지 툴킷Cognitive Toolkit, 스파크 ML, 사이킷런 등 지원
- 공개 딥러닝 모듈인 ONNXOpen Neural Network Exchange 지원
- 마이크로소프트답게 사용이 편리한 화면 기반의 인공지능 도구인 애저 머신러닝 스튜디오Azure Machine Learning Studio 제공(그림 2.6 참조)

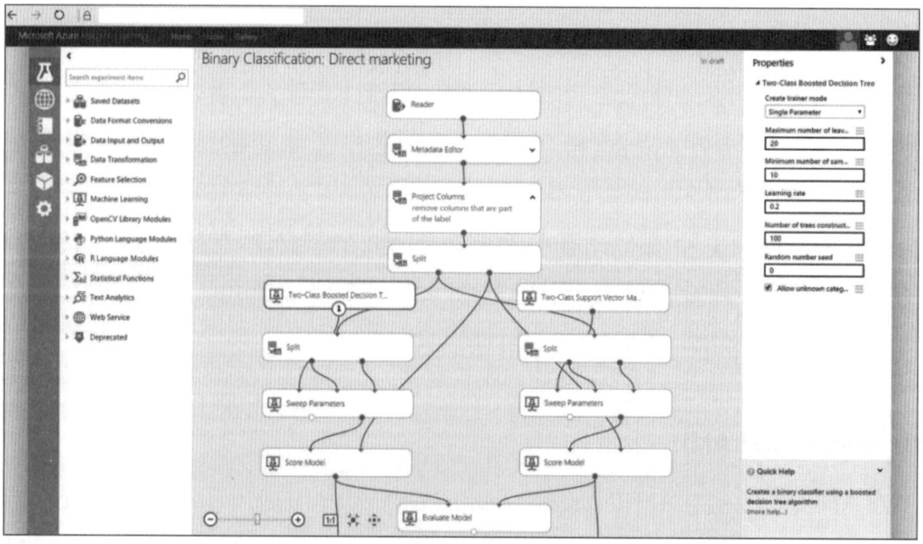

그림 2.6 | 마이크로소프트 머신러닝 스튜디오

출처 *https://azure.microsoft.com/ko-kr/services/machine-learning-studio/*

구글 클라우드 머신러닝 엔진

구글 클라우드 머신러닝 엔진Google Cloud Machine Learning Engine(*https://cloud.google.com/ml-engine/?hl=ko*)은 자사 서비스 개발을 위해 자체적으로 만들어 공개한 인공지능 엔진인 텐서플로를 클라우드 기반 서비스로 제공한다. 클라우드의 장점을 살려 쉽게 배포하고 통합할 수 있으며 사용한 시간만큼 비용을 부담하도록 지원한다. 자세한 특징은 다음과 같다.

- 데이터 유형 및 크기에 제한 없는 머신러닝 엔진
- Cloud Dataflow, Cloud Storage, Cloud Datalab 등과 통합
- 모니터링의 자동화
- CPU 및 GPU를 지원하며 주피터 노트북 개발 환경과 모바일 통합을 지원

2.7.4 딥러닝과 머신러닝을 위한 통합 도구

다음은 딥러닝을 분산 환경에서 테스트하고 학습할 수 있는 통합 플랫폼을 알아보자. IT 전문기업이 아니라면 GPU 서버를 대량으로 보유하고 운영하기에는 어려움이 있다. 이런 경우 딥러닝을 위한 컴퓨팅 자원을 제공하는 서비스를 사용할 수 있다. 여기서 소개하는 서비스들은 클라우드 환경에서 일부 데이터를 이용해 딥러닝 코드를 테스트하고 대량의 전체 데이터를 이용해 학습할 때 GPU 자원을 임대해 활용하고 사용이 끝난 자원을 반환하여 비용을 절약할 수 있다. 각 딥러닝 작업들이 서로 자원을 분할 사용해 비싼 머신의 활용도를 높이거나, 머신을 직접 구입하지 않고 저렴한 가격에 GPU를 임대해 사용할 수 있다.

AWS의 세이지메이커

세이지메이커Sagemaker(*https://aws.amazon.com/ko/sagemaker/*)는 아마존 웹 서비스에서 제공하는 머신러닝을 위한 플랫폼으로, 프로그램 작성을 위해 주피터 노트북을 개발도구로 제공한다. 또한 학습을 위해 사용할 데이터는 AWS에서 제공하는 S3, 아마존 RDS, 아마존 다이나모 DB와 같은 저장 공간에 두고 학습 단계에 연결해 학습에 반영한다. 학습을 마친 모델은 역시 지정한 저장 공간에 배포하고 바로 실행환경으로 전환할 수 있다.

텐서플로, 엠엑스넷mxnet, 케라스Keras, 파이토치PyTorch, 카페Caffe, 체이너Chainer, 글루온Gluon 등 최근 활용되고 있는 대부분의 프레임워크를 지원한다.

그림 2.7은 세이지메이커를 사용하는 과정을 보여준다. 우선 개발을 위해서는 주피터 노트북을 생성해야 하고 AWS에서 제공하는 데이터를 이용해 학습하는 알고리즘 작업을 작성한다. 클라우드의 고성능 인프라 자원을 이용해 학습된 모델은 접속을 위한 API 주소를 배정받아 바로 테스트 및 사용이 가능하다.

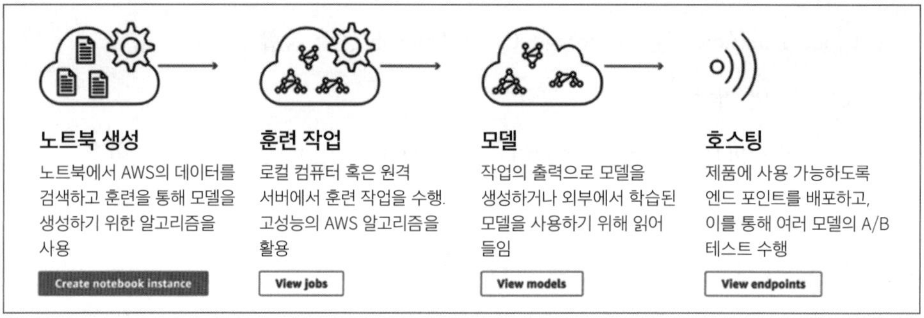

그림 2.7 | AWS 세이지메이커 수행 단계

출처 AWS blog *https://aws.amazon.com/ko/blogs/korea/sagemaker/*

구글 코랩

구글 역시 AWS와 마찬가지로 주피터 노트북 기반의 머신러닝 개발, 테스트 및 학습 환경인 코랩Colab(*https://colab.research.google.com/*)을 제공한다. 이 클라우드 노트북 서비스는 연구를 위해 제공되는 환경으로 아직까지는 무료로 쓸 수 있다. 따라서 자원이 무한하지 않아 GPU 머신이 여유롭지 않은 경우가 많다. 그렇지 않으면 CPU를 이용해 테스트 및 학습을 수행해야 한다. 구글의 코랩은 일반적인 주피터 노트북과 다르게 일부 모듈이 기본 탑재되어 있어 별도 라이브러리 설치 과정이 필요없기 때문에 개발과정이 단순해지기는 하나, 제공하는 머신러닝 플랫폼에 제한이 있다. 코랩은 설치가 필요 없고 완전히 클라우드에서 실행되는 무료 주피터 노트북 환경이다.

자세한 사용법은 Overview of Colaboratory Features (*https://colab.research.google.com/notebooks/basic_features_overview.ipynb*)사이트를 참고하기 바란다.

백엔드AI[2]

Backend.ai(*https://backend.ai/#/overview*)는 국내의 스타트업인 래블업Lablup에서 개발한 인공지능 개발환경이다. 2015년에 창업한 래블업은 현재 '백엔드.AIBackend.AI'라는 표준화된 플랫폼을 통해 AI 연구 개발부터 서비스까지의 전 과정을 자동화하고 필요시 컴퓨팅 자원을 제공하고 있다. 이 역시 주피터 노트북을 사용해 개발이 가능하고 설치된 GPU와 CPU 자원을 공유할 수 있는 환경을 제공한다. 이 제품은 오픈소스로 제공하기 때문에 누구든 쉽게 내려받아 자신만의 머신러닝을 위한 플랫폼을 구축할 수 있다. 앞에서 설명한 AWS 세이지메이커나 구글 코랩과 다른 점은 개인 환경에 설치하여 구축이 가능하다는 것이다. AWS나 구글은 모두 퍼블릭 클라우드 업체로 보유한 자원을 임대하는 방식이기 때문에 유상으로 돈을 지불하거나 구글같이 마음대로 자원을 할당받지 못할 수도 있다. 하지만 일정 규모의 딥러닝 환경을 직접 구축하려는 경우 수십 혹은 수백 개의 GPU를 여러 작업에서 공유해 사용하기 위한 플랫폼으로 Backend.ai를 고려해 볼 수 있다.

AccuInsight+

AccuInsight+(*https://accuinsight.cloudz.co.kr/*)는 SK에서 기업의 빅데이터 기반 비즈니스 성장을 지원하는 통합 솔루션으로, 데이터의 수집, 처리, 분석 및 시각화를 지원한다. 멀티클라우드Multi-Cloud를 지향하므로 AWS나 CloudZ와 같은 퍼블릭 클라우드Public Cloud 기반으로 서비스를 제공하며, 대량의 클라우드 인프라를 직접 보유한 기업의 데이터 센터에서도 자신만의 빅데이터를 처리하는 파이프라인 구축에 활용할 수 있는 장점이 있다. SK는 기업을 위한 IT 서비스를 제공하는 기업으로 해당 솔루션에 대한 설치, 기술지원 및 데이터 통합 및 분석 모델 개발 등의 일체 서비스를 제공하므로, 데이터 처리 플랫폼 구축을 고려하는 중대형 기업에게는 좋은 선택이 될수 있다. AccuInsight는 하둡 기반의 데이터 분산 처리 기반위에 파이썬으로 개발할 수 있는 ML/DL 모델러를 제공하며 시각화된 파이프라인 도구를 제공해 좀 더 편리하게 개발하고 관리할 수 있다.

2 *https://colab.research.google.com/notebooks/basic_features_overview.ipynb*

2.8 정리

지금까지 2장에서는 인공지능과 머신러닝, 딥러닝 분야의 각종 스택을 살펴보고 언어와 패키지별 특징, 그리고 대안으로 사용할 수 있는 클라우드 서비스의 특징과 장단점에 대해 자세히 알아봤다.

인공지능 기술을 활용하는 데 클라우드에서 제공하는 서비스를 활용하는 것도 상당히 좋은 선택이 될 수 있다. 활용도가 높은 AI 서비스에 대해 SaaS 형태의 API 서비스가 자신이 원하는 것일 경우 개발에 필요한 상당한 기간을 단축해서 서비스를 오픈할 수 있다. 직접 인공지능 모델을 개발하려고 고려한다 하더라도 클라우드 서비스는 대량의 컴퓨팅 자원이 필요한 딥러닝 학습에서도 좋은 인프라를 제공하여 초기 투자비를 줄여주는 효과가 있다. 본격적으로 인공지능 개발을 하기 전에 적은 비용으로 모델 학습을 수행해 검증하기 위한 용도로 활용할 수도 있다. 클라우드 특징을 고려해 자신에게 적합한 용도로 활용 가능한지 고려해 보자.

2부

머신러닝과 딥러닝

3장 머신러닝의 이해와 지도학습을 이용한 분류

머신러닝은 인공지능이 스스로 똑똑해질 수 있게 만드는 기술이다. 따라서 머신러닝은 컴퓨터에게 사람이 직접 명시적으로 로직Logic을 설명하지 않아도 데이터를 통해 컴퓨터가 '학습'을 하고 그것을 사용해 컴퓨터가 자동으로 문제를 해결하게 하는 것을 의미한다. 데이터에서 일정한 규칙을 찾아내고, 이를 바탕으로 다른 데이터를 분류하거나 미래를 예측하는 것이다.

이제 지금까지 살펴본 인공지능과 머신러닝의 이해를 바탕으로, 본격적으로 머신러닝을 구축해보자. 기본적인 구조는 간단하므로 원리부터 구현까지 차근차근 알아보자. 2부에서는 머신러닝 기술의 유형의 특징과 차이점을 살펴보고 지도학습과 비지도학습의 대표적인 알고리즘을 알아보고자 한다. 예제를 통해 머신러닝의 알고리즘에 대해 익숙해지고, 머신러닝에 필요한 기본 개념을 익혀보자. 이번 3장에서는 파이썬으로 의사결정나무와 서포트 벡터 머신 알고리즘을 직접 구현해 보면서 머신러닝 알고리즘을 이용하는 방법에 대해 알아보겠다.

3.1 머신러닝의 유형

우선, 머신러닝의 세 가지 대표 유형인 지도학습, 비지도학습, 강화학습이 무엇인지 간단히 알아보자. 세 가지 유형의 기술적 구현의 차이도 있겠지만 경우에 따라 활용하는 기술이 다르기 때문에 어떠한 기술이 절대적으로 좋다거나 나쁘다고 할 수 없다. 오히려 각 기술이 어떠한 경우에 활용될 수 있을지 잘 고민하는 것이 중요하다. 세 가지 기술의 특징을 정리하면 그림 3.1과 같다.

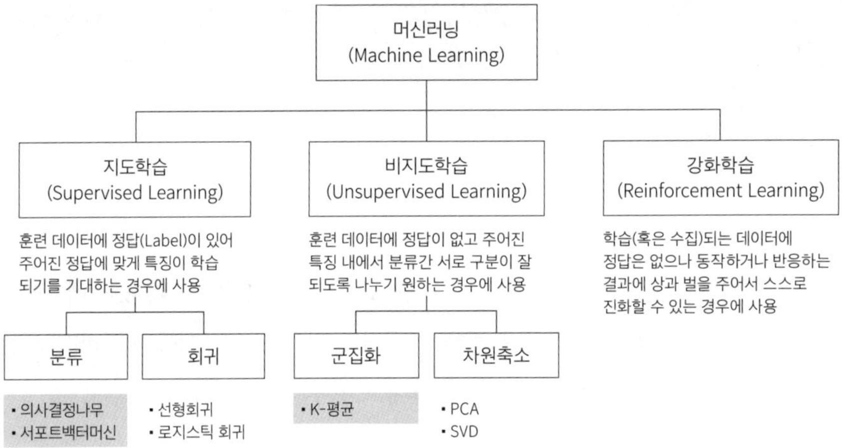

그림 3.1 | **머신러닝 기술 유형 분류**

이 책에서는 지도학습의 분류 중에서 의사결정나무, 서포트백터머신 알고리즘과 비지도학습의 군집화에서 K-평균 알고리즘만 다루겠다. 강화학습은 이 책의 범위를 벗어나므로 다루지 않는다. 참고로 강화학습은 주로 게임과 로봇 쪽에서 사용된다.

3.1.1 지도학습 이해하기

지도학습Supervised Learning은 정답을 미리 알려주고 문제를 풀게 하는 것이다. 그림 3.2과 같이 강아지와 고양이 사진을 보여주고, "이것은 강아지야", "저것은 고양이야" 하면서 학습하는 것이다. 그러면 컴퓨터는 강아지라는 정답을 알고 있기 때문에 사진 속에서 강아지의 특징 값을 추출하게 된다.

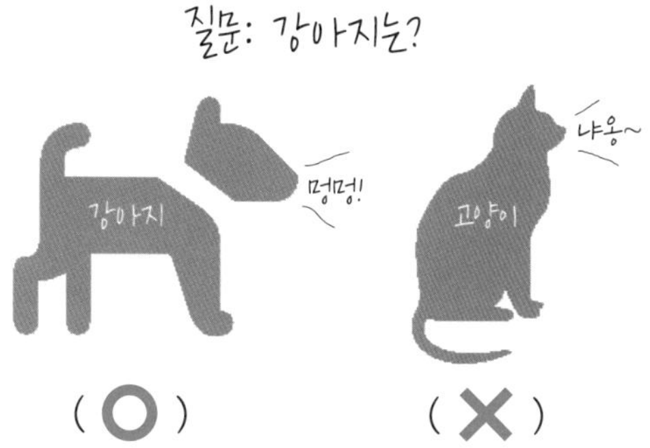

그림 3.2 | **정답에 맞추어 학습을 수행하는 지도학습**

이를 대량으로 학습하게 되면 강아지로 분류해야 할 특징 값들이 정교해져서 정밀도가 상승한다. 정답인 값을 가지고 있으니 함수를 손쉽게 구할 수 있다. 이렇듯 과거의 데이터를 가지고 학습 모델을 만들 수 있다. 이 학습 모델에 새로운 데이터를 적용해서 예측/추정, 분류 등의 작업을 수행한다.

지도학습은 과거의 데이터로 미래 이벤트를 예측해야 하는 경우에 주로 사용되는데, 실제로 신용카드 부정거래 여부나 보험 가능 여부를 미리 예측할 수 있다.

그림 3.3는 지도학습의 처리 절차를 나타낸다. 훈련 데이터는 정답인 라벨 데이터가 미리 있어야 한다는 점이 가장 중요하다. 라벨 값과 관계 없이 특징 추출Feature Extraction되고 이후 라벨 값이 추가되어 모델을 학습하게 된다. 추출된 특징 값은 주어진 정답인 라벨 값에 따라 특징들의 가중치가 조절된다. 즉 주어진 라벨에 최적화하도록 학습되는 것이다.

지도학습의 **분류**Classification는 분류 개수에 따라 **이중 분류**Bi-Classification 혹은 **다중 분류**Multi-Classification로 나눈다. 이중 분류는 두 개의 군집으로 나누는 것을 의미하며 텍스트 분석에서는 긍정과 부정을 구분하는 **감정 분석**Sentiment Analysis에서 활용된다. 다중 분류의 대표적인 사례는 이미지에서 사물이나 동물을 분류하는 **이미지 태깅**Image Tagging이나 텍스트 분석에서 **토픽 모델링**Topic Modeling을 들 수 있다. 또 다른 지도학습의 예로는 **회귀**Regression를 들 수 있는데 훈련 데이터의 값을 분석해 주어진 값에 대한 결과 수치를 예측하는 것이다. 주어진 값에 따르는 최적의 예측 함수를 찾는다고 생각하면 된다.

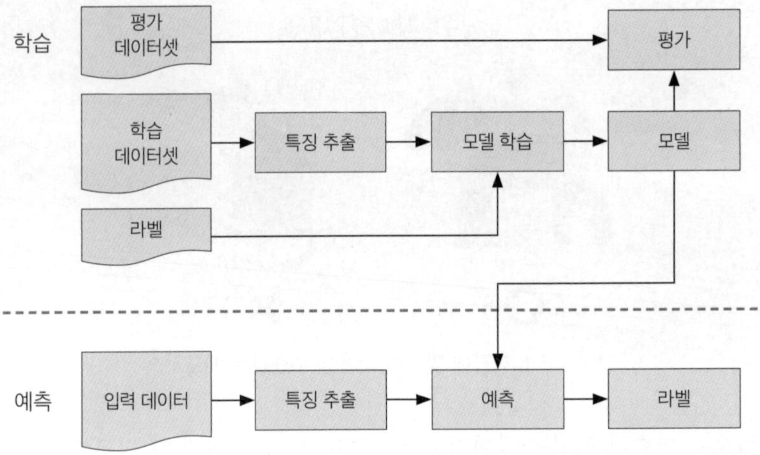

그림 3.3 | **지도학습 처리 절차**

3.1.2 비지도학습 이해하기

비지도학습Unsupervised Learning은 입력에 대한 정답이 부여되지 않으며, 정답 없이 데이터만을 학습에 이용한다. 지도학습의 강아지, 고양이처럼 미리 정확한 답을 인지시킨 후에 학습을 진행하는 것이 아니라, 데이터 자체에서 유용한 패턴을 찾아내는 학습 방법이다. 이처럼 비지도학습에서는 정답을 찾기보다는 분류를 통해 역으로 특성을 파악하고 답에 접근한다. 예를 들어 그림 3.4처럼 새나 토끼 등 동물들이 있을 때 각 동물이 무엇인지는 모르지만 동물의 특성인 꼬리와 얼굴 형태 등을 가진 동물의 패턴을 분류했더니 우리가 찾고자 하는 정답이라는 것이 밝혀지는 과정이다.

따라서 궁극적으로 입력만으로 데이터를 탐색하여 패턴을 찾아내야 한다. 비지도학습의 대표적인 2가지 예는 **군집화**와 **차원 축소**다. 특성이 많은 데이터를 특징의 수를 줄이면서 꼭 필요한 특징을 포함한 데이터로 표현하는 방법을 차원 축소라고 한다. 그리고 특징이 비슷한 데이터끼리 묶는 것을 군집화라고 한다. 이렇게 군집화와 차원 축소를 사용하는 이유는 데이터를 새롭게 표현하여 컴퓨터가 원래 데이터를 좀 더 쉽게 해석할 수 있도록 하기 위함이다.

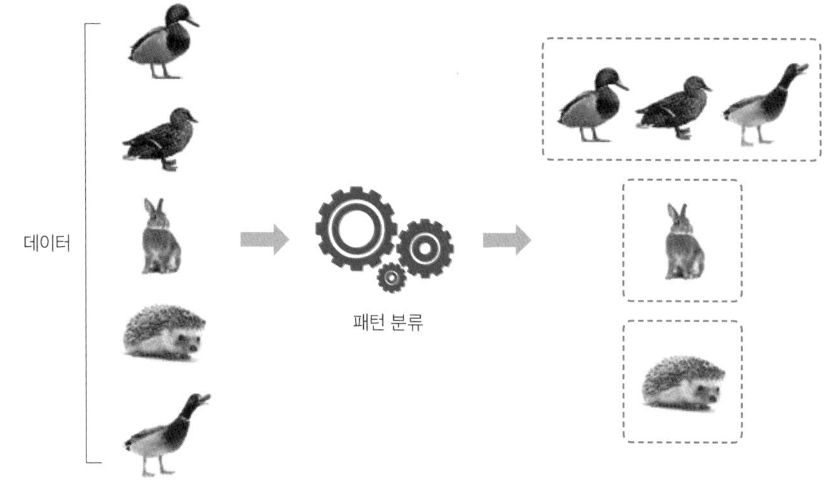

그림 3.4 | 문제의 분류를 이해하는 비지도학습

출처 *https://www.datanami.com/2018/09/05/how-to-build-a-better-machine-learning-pipeline* 참조

그림 3.5는 비지도학습의 처리 절차를 보여준다. 지도학습과 다르게 비지도학습은 훈련 데이터에 라벨 정보를 제공하지 않는다. 추출된 특징값을 기준으로 군집을 생성한다. 이렇게 생성된 군집이 최종적인 라벨 값이 된다. 따라서 의도적인 분류가 아니라 특징에 따른 분류이므로 특징 벡터의 선택이 군집을 구성하는 데 영향을 미치게 된다. 군집이 생성되기 전까지 어떻게 군집화될지 확정할 수 없기 때문에 오히려 군집이 생성된 이후 그 의미를 분석하게 된다.

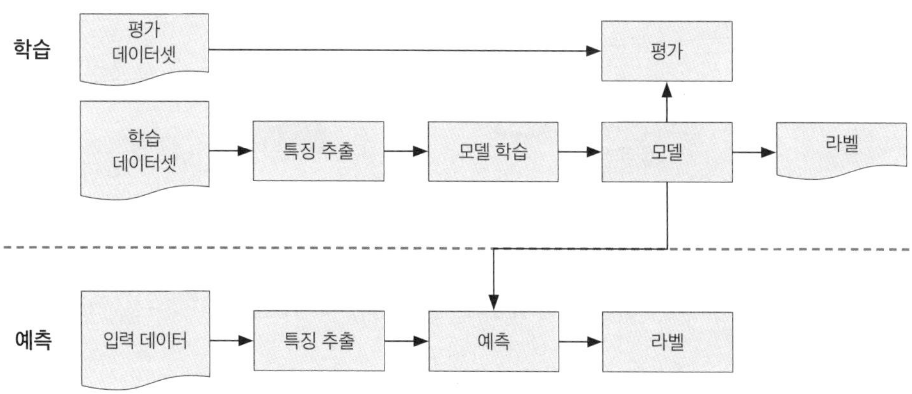

그림 3.5 | 비지도학습 처리 절차

3.2 의사결정나무

우리는 일상생활 중에 "이번 여름휴가는 어디로 갈까?", "바다로 갈까?", "산으로 갈까?" 또한 "여름 기온이 30℃보다 높은 경우는 바다로 가고 그 반대의 경우는 산으로 가자."와 같이 특정한 조건에 따라 분류하고 이를 계획한다.

의사결정나무Decision tree는 데이터 분포를 나누는 지도학습의 분류에 해당하는 모델이다. 스무고개 게임과 같이 연속적인 질문을 통해 예측 결과를 제공하는 예측모델[1]로서, 사람이 조건에 따라 행동하고 판단하는 것을 머신러닝에 응용한 것이 의사결정나무다. 용어 그대로 의사결정descision에 필요한 규칙을 나무tree 형태로 분류해 나가는 분석 기법을 말한다.

일례로, 통신사에서 마케팅 실행 여부를 분류하는 의사결정나무를 보여주는 그림 3.6을 살펴보자. 마케팅 대상자 중에서 최신형 단말기 보유 여부와 나이를 이용해서 최종 마케팅 대상을 그림 3.6과 같이 구분할 수 있다. 이 그림을 통해 마케팅 대상자 중에서 마케팅에 참여할 대상은 최신형 단말기를 보유하고 나이가 25세 미만인 경우임을 알 수 있다. 즉 어떤 변수가 어떤 조건을 만나면 행동이 바뀌는지에 대한 도식화를 쉽게 표현하는 방법이다.

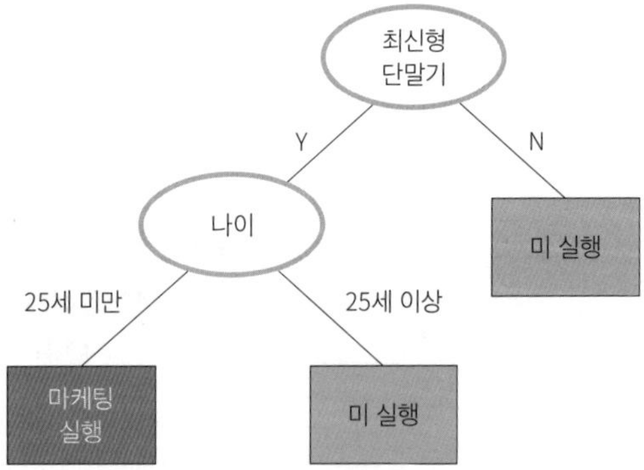

그림 3.6 | 마케팅 실행 여부를 판별하는 의사결정나무

1 *https://en.wikipedia.org/wiki/Decision_tree_learning* 참조

이처럼 의사결정나무의 가장 큰 장점인 분석 과정이 직관적이고 이해하기 쉽다는 점 때문에 산업 전반에서 실무적으로 많이 사용된다. 의사결정나무를 사용하면 몇 가지 좋은 점이 있다. 일단 이해하기가 쉽다. 대부분의 머신러닝 모델은 다른 사람들에게 설명하거나 이해시키기가 어렵지만, 의사결정나무는 분석 과정이 직관적이고 단순해서 이해하기가 쉽다. 그리고 수치형 자료뿐만 아니라 범주형 자료까지도 다룰 수 있는 장점이 있다. 좀 더 구체적으로 의사결정나무의 특징을 살펴보자.

알고리즘 해석이 용이하다

처리 결과를 해석하기가 쉬운 점이 의사결정나무의 가장 큰 강점이다. 의사결정나무 모델을 이용하여 데이터를 예측하는 경우도 있고, 데이터가 분류되어가는 과정에서 분류의 기준이 되는 중요한 아이템을 찾는 경우에도 쓰일 수 있다.

수치형, 범주형 데이터도 적용이 가능하다

입력데이터로 숫자 데이터나 범주 데이터 등 다양한 데이터 형식을 사용할 수 있다. 예를 들어 고객 성별 등의 카테고리 데이터와 구매 금액 등의 수치 데이터를 모두 모델링 시 변수로 사용할 수 있다.

필요한 전처리가 적다

의사결정나무는 데이터를 어떤 기준으로 분할되는지 쉽게 볼 수 있고 그중에서 어떤 특징으로 분할하는 게 가장 효과적인지도 알 수 있다. 분할하는 지표로 사용하므로 데이터 전처리(스케일링 등)에 따른 작업이 훨씬 수월해진다.

과적합되기 쉽다

이것은 부정적인 특징인데, 의사결정나무는 아무래도 모델링시에 이용된 데이터에 대해 과적합되기 쉽다. 그래서 훈련용 데이터를 검토해서 이상값이나 예외값을 정제하는 등 대책이 필요하다.

◈ '예측'과 '회귀'도 가능하다

마케팅의 대상 여부에 대한 예측으로 쓰일 수도 있지만, 그 목적을 바꿔서 성공적인 마케팅을 하기 위해 영향을 가장 많이 주는 변수를 찾는 데도 쓸 수 있다. 예를 들면 그림 3.6의 경우에서 직장 유무, 성별, 거주지, 최신 단말기 보유여부, 소득 이렇게 5가지 변수 중 가장 영향을 많이 주는 변수로는 '최신형단말기 보유'와 '나이'가 그 대상이 되겠다.

3.2.1 의사결정나무의 대표 알고리즘

의사결정나무의 구체적인 특징과 대표적인 알고리즘에 대해서 살펴보자. 의사결정나무에는 분석을 위한 여러 가지 알고리즘(ID3, C4.5, CART, CHAID 등)이 있는데, 여기서 가장 자주 사용되는 두 가지 알고리즘인 CART와 C4.5에 대해 간단히 살펴보자.

◈ CART

카트CART, Classification and Regression Trees 알고리즘은 의사결정나무 방법론 중 가장 잘 알려진 방법론 가운데 하나다. 1984년 레오 브레이만Leo Breiman이 카트 기법을 발표한 이래로 머신러닝의 필수 기법이 되어왔다. 또한, R이나 파이썬 등의 구현이 용이해서 자주 사용되는 알고리즘이다. 카트 알고리즘은 **지니 계수** 또는 분산의 감소량을 사용해 나무의 가지를 이진Binary 분리한다. (범주형 변수에 대해서는 지니 계수를 사용하고, 연속형 변수에 대해서는 분산의 감소량을 사용한다.)

의사결정나무는 지니 계수가 높은 조건을 찾고 자식 트리 노드에 걸쳐 반복적으로 분할한다. 모든 데이터가 특정 분류에 속하게 되면 분할을 멈춘다. 이런 절차로 의사결정나무의 가지가 만들어진다.

◈ C4.5(C5.0)

C4.5(C5.0)는 호주의 로스 퀸란J. Ross Quinlan이 머신러닝 방법으로 1986년에 발표한 ID3을 개량, 발전시킨 것이다. C4.5(C5.0)의 전신인 ID3는 분할의 평가 기준으로 **정보 이득**information gain을 사용했지만, C4.5(C5.0)는 **이득 비율**gain ratio을 이용한다. C4.5(C5.0)은 이진 분류에 국한되지 않는 것이 CART와 큰 차이이다. 카트에서는 두 가지밖에 분기할 수

없지만, C4.5는 세 가지 분기가 가능하다.

> **참고** **지니 계수**는 원래 경제학에서 경제적 불평등(소득 불균형)을 계수화한 것이다. 경제학자인 코라도 지니Corrado Gini의 이름에서 딴 계수로, 완전 평등하다면 0, 완전 불평등한 상태라면 1이 된다.
>
> 이를 머신러닝에 적용될 때는 그 의미가 재해석되는데, 데이터의 속성들이 많이 일치하면 1이 되고, 반대로 속성들이 제 각기 다른 형태이면 0이 된다. 의사결정나무는 지니 계수가 높은 속성을 기준으로 분할한다. 즉 데이터들의 속성이 비슷한 것끼리 묶으면서 분류하는 것이다.

3.2.2 사이킷런으로 시작하는 의사결정나무

지도학습인 의사결정나무의 특징과 대표 알고리즘에 대해서 간단히 알아보았다. 이제 대표적인 머신러닝 오픈소스 라이브러리인 사이킷런Scikit-learn을 이용해 의사결정나무를 직접 실습해보자. 사이킷런을 이용하면 특별히 알고리즘이나 지니 계수 같은 것을 이해하지 않고도 손쉽게 의사결정나무를 만들고 테스트할 수 있다. 의사결정나무 실습을 위한 개발환경 구성은 다음과 같다.

> **개발환경**
> 운영체제 : 윈도우 7 이상
> 개발 플랫폼 : 파이썬 3.6 이상
> 주요 패키지 : 넘파이(NumPy) 1.6 이상, 사이파이(SciPy) 0.9 이상, 사이킷런(Scikit-Learn) 0.19 이상

파이썬에서 의사결정나무를 실행하려면 별도의 모듈 설치가 필요하다. 이번 장의 실습을 위해 윈도우 운영체제에 파이썬이 이미 설치되어 있다는 가정하에 진행되므로 설치되어 있지 않다면 **부록 A 파이썬3 설치하기** 절을 참고하기 바란다. 또한, 사이킷런 설치를 위해 기본적으로 선행으로 설치할 라이브러리 항목으로, 배열, 행렬 등 수치 계산을 위한 파이썬 모듈인 넘파이NumPy와 과학 계산용 파이썬 모듈인 사이파이SciPy도 추가로 설치되어야 한다. 넘파이와 사이파이 설치는 **부록 B 윈도우에서 넘파이와 사이파이 설치하기**를 참고하기 바란다.

사이킷런은 2007년 구글 썸머 오브 코드Google Summer of Code 프로젝트로 시작되어 2010년 세상에 공개되었으며, 파이썬으로 구현한 머신러닝을 위한 확장 라이브러리다. 사이킷런 라이브러리 구성은 크게 지도학습, 비지도학습, 모델 선택 및 평가, 데이터 전처리으로 나눌 수 있다. 사이킷런을 설치하기 위한 최소 조건은 다음과 같다.

```
파이썬 3.3 이상, 넘파이 1.6.1 이상, 사이파이 0.9 이상
```

이제 다음과 같이 pip 명령어를 이용해 사이킷런을 설치하자.

```
$ pip install scikit-learn
```

사이킷런을 설치하면, 기본적으로 머신러닝을 실습할 수 있는 데이터가 함께 포함된다. 이를테면, 유방암 데이터, 숫자 데이터, 보스턴 주택가격, 붓꽃iris 데이터가 있다. 실습 데이터와 관련한 더 많은 내용을 알고 싶다면 사이킷런 공식사이트를 살펴보자.[2]

파이썬 및 필수 라이브러리가 잘 설치되었는지 검토하기 위해 예제 3.1과 같이 프로그램을 작성하자. 파일 이름은 version_check.py으로 저장한다.

예제 3.1 | 파이썬 각 모듈별 버전체크 하는 프로그램 소스코드 version_check.py

```
import sys
print("Python 버전: {}".format(sys.version))

import numpy as np
print("NumPy 버전: {}".format(np.__version__))

import scipy as sp
print("SciPy 버전: {}".format(sp.__version__))

import sklearn
print("scikit-learn 버전: {}".format(sklearn.__version__))
```

2 *https://www.tractica.com/newsroom/press-releases/artificial-intelligence-revenue-to-reach-36-8-billion-worldwide-by-2025/* 참조

작성을 완료한 후 윈도우 커맨드창에서 파일을 작성한 위치에서 다음 명령어를 입력해서 파일을 실행해보자.

```
$ python version_check.py
```

실행 결과는 그림 3.7과 같다.

```
Python 버전: 3.6.3 |Anaconda, Inc.| (default, Oct 15 2017, 03:27:45) [MSC v.1900 64 bit (AMD64)]
NumPy 버전: 1.13.3
SciPy 버전: 0.19.1
scikit-learn 버전: 0.19.1
```

그림 3.7 | **버전 출력 결과**

화면이 제대로 출력되면 사이킷런이 정상적으로 설치된 것이다. 파이썬을 쓰면 비교적 쉬운 언어로 원하는 기능을 빠르게 개발할 수 있다. 이제부터 본격적으로 파이썬으로 머신러닝을 수행해보자.

> **참고** 사이킷런은 외부 웹 사이트에서 파일을 다운로드할 필요가 없는 몇 개의 표준 데이터 세트와 함께 제공된다. 다음 함수를 사용하여 데이터를 로드할 수 있다.

데이터 로드 방법	설명
load_boston([return_X_y])	보스톤 하우스 가격 데이터
load_iris([return_X_y])	붓꽃 데이터
load_diabetes([return_X_y])	당뇨병 데이터
load_digits([n_class, return_X_y])	숫자 데이터
load_linnerud([return_X_y])	운동 능력 데이터
load_wine([return_X_y])	와인 데이터
load_breast_cancer([return_X_y])	유방암 위스콘신 데이터

> 이러한 데이터 세트는 사이킷런에서 구현된 다양한 알고리즘의 동작을 빠르게 이용하는 데 유용하다.

◈ 사이킷런을 이용해 의사결정나무 직접 구현해 보기

사이킷런에서 의사결정나무 알고리즘은 `tree` 모듈의 `DecisionTreeClassifier`이라는 클래스로 구현되어 있다. 이번 절에서는 붓꽃iris 데이터를 활용해 의사결정나무의 개념을 이해해본다. 사이킷런은 머신러닝 알고리즘이 내장되어 있을 뿐만 아니라 의사결정나무의 구조를 DOT 파일확장자로 출력하는 특수한 기능이 있다. 그 기능을 사용하여 나무 구조를 시각화해보겠다.

우선 DOT 언어를 png, pdf, svg 파일로 시각화해서 보여주려면, 먼저 그래프비즈Graphviz라는 시각화 소프트웨어를 설치해야 한다. 윈도우의 경우 공식 다운로드 페이지(*https://graphviz.gitlab.io/_pages/Download/Download_windows.html*)에서 내려받은 뒤, 윈도우 환경 변수를 설정하면 된다.

우선, 그래프비즈 사이트에 접속해 graphviz-2.38.msi 파일을 내려받은 다음, graphviz-2.38.msi를 실행시켜 그래프비즈 파일을 설치한다. 설치가 완료되면 윈도우 환경변수를 **설정제어판 ➡ 시스템 및 보안 ➡ 시스템 ➡ 고급 시스템 설정 ➡ 환경 변수**에 그림 3.8과 같이 변수를 추가한다.

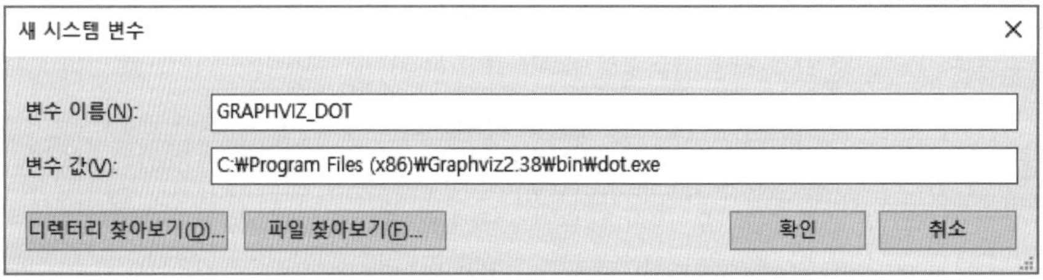

그림 3.8 | GRAPHVIZ_DOT 환경변수 등록

환경 변수의 **시스템 변수** 중 Path에 다음과 같이 경로를 추가한다(그림 3.9 참조).

- C:\Program Files (x86)\Graphviz2.38\bin

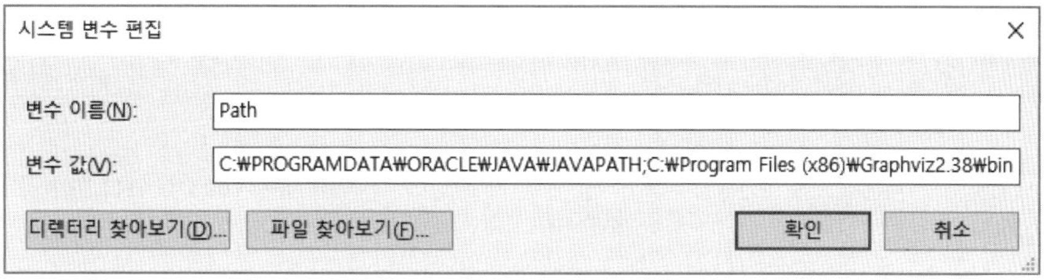

그림 3.9 | Graphviz 실행파일 경로 추가

환경 변수를 저장한 후 실행되고 있는 커맨드 창을 종료한다.

이제 사이킷런을 이용해서 붓꽃iris 데이터를 의사결정나무를 직접 구현해보겠다. 예제 3.2의 코드를 작성하고, tree.py라는 이름으로 저장하자.

예제 3.2 | 붓꽃 데이터를 이용해서 의사결정나무를 만드는 코드 소스코드 tree.py

```
# -*- coding: utf-8 -*-
# sklearn 모듈 임포트
from sklearn import datasets
from sklearn.tree import DecisionTreeClassifier
from sklearn import tree


def main () :
    # iris 데이터 로드 ❶
    dataset = datasets.load_iris ()

    features = dataset.data
    targets = dataset.target

    # 꽃잎의 길이와 넓이 정보만 특징으로 사용 ❷
    petal_features = features [:, 2 :]

    # 의사결정모델 클래스를 생성 ❸
    cIris = DecisionTreeClassifier (criterion = 'entropy', max_depth = 3)
    # 모델을 학습 ❹
    cIris.fit (petal_features, targets)

    # DOT 언어의 형식으로 결정 나무의 형태를 출력
    with  open ( 'iris-dtree.dot' , mode = 'w' ) as f :
        tree.export_graphviz (cIris, out_file = f)
```

```
if __name__ == '__main__' :
    main ()
```

❶ 사이킷런은 기본적으로 iris(붓꽃) 데이터를 포함하고 있다. 이 데이터는 `load_iris()` 함수를 통해 읽어올 수 있다.

❷ `features`에 iris 데이터를 가져온다. `features` 정보 중에서 꽃잎길이와 꽃잎너비만 가져와서 `petal_features` 변수에 대입한다. `targets`에는 iris 품종 데이터가 0: Setosa, 1: Versicolour, 2: Virginica로 숫자로 바꾸어 저장되어 있다.

❸ `DecisionTreeClassifier`는 사이킷런에서 제공하는 의사결정나무 모델이다. 이를 통해 `Tree` 모델을 학습한다. `criterion = 'entropy'`는 엔트로피를 불순도 계산방법으로 적용한다는 의미다. `DecisionTreeClassifier`가 지원하는 불순도 계산방법은 지니 계수와 엔트로피다. 기본값은 지니 계수다. `max_depth`는 가지의 깊이다.

어떤 기준으로 분할하느냐에 따라 트리모양이 달라지고 깊이도 달라지게 된다. 그만큼 정답을 찾기까지 먼 길을 갈 수도 있다. 다행히도 의사결정나무 알고리즘은 최상의 분할 조건을 찾기 위해 일반적으로 사용하는 두 가지 기준을 제공한다. 그 기준은 다음과 같다.

- criterion = 'gini'

지니 계수(gini) 는 분류를 잘못하는 확률을 최소화하기 위한 목적으로 오분류의 척도로 사용된다. 트리의 모든 가능한 분할 방법에서 지니 계수를 측정한 후 가장 낮은 것을 선택하는 방식이다.

- criterion = 'entropy'

엔트로피는 혼잡도라고 불리운다. 일반적으로 학습을 시작하는 단계에서는 분류하고자 하는 것들이 여러 가지로 섞여 있어서 엔트로피가 높은 상태다. 이를 조금씩 정리하면서 엔트로피를 줄여서 마침내 제로(0)에 근접하게 하는 방식이다.

❹ `fit()`라는 함수에 원인에 해당하는 독립변수와 결과값에 해당하는 종속변수를 넣으면 놀랍게도 학습이 완료된다.

파일을 다 작성했으면, 콘솔 창에서 다음 명령어로 실행한다.

```
$ python tree.py
```

지금까지 사이킷런에서 제공하는 붓꽃데이터를 이용해 지도학습에 해당되는 의사결정나무 알고리즘을 실행했다. 불순도 계산방법 중에서 엔트로피를 사용해서 데이터를 분류하고 사이킷런의 export_graphviz 내보내기 도구를 사용해 iris-dtree.dot라는 이름으로 파일을 저장했다. 의사결정나무의 장점은 학습 모델을 시각화하여 볼 수 있다는 점이다. 어떠한 규칙으로 분류가 되었는지 이제 확인해보자.

앞에서 작성한 파이썬 파일이 있는 경로에서 이미 설치한 그래프비즈Graphviz를 이용해서 이미지 데이터로 변환한다.

```
$ dot -T png iris-dtree.dot -o iris-dtree.png
```

해당 위치에 iris-dtree.png 파일이 생기고 이것을 그림판으로 보면, 그림 3.10과 같은 그래프 이미지를 얻을 수 있다.

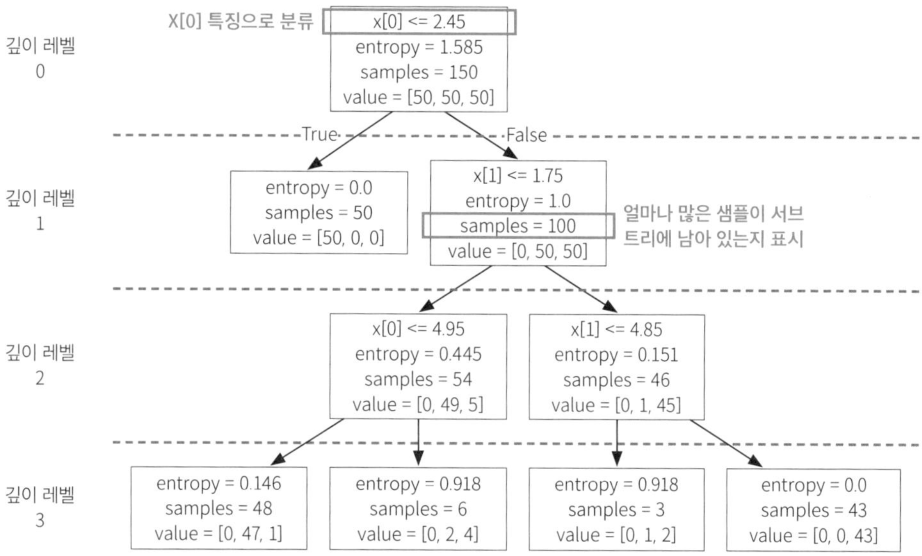

그림 3.10 | iris 의사결정나무 차트 실행 결과 화면

출력된 결과에서 우선 나뭇가지 모양으로 분류가 된 것을 볼 수 있다. 각 규칙에 따라 분류가 되었으며, 각 노드가 어떻게 구성되어 있는지를 한눈에 볼 수 있다. 그림 3.10의 그래프에서는 다음과 같은 정보를 알 수 있다.

- **X[0]**: 꽃잎 길이Petal.Length를 기준으로 양분하려면, 기준치는 2.45가 적당하다.
- **Samples**: 최초 샘플 150개
- **X[1]**: 꽃잎 폭Petal.Width을 기준으로 양분하려면, 기준치는 1.75가 적당하다.
- 꽃잎 길이Petal.Length가 큰 것 중에서 꽃잎 폭Petal.Width이 큰 것의 샘플 수는 46개다.

의사결정나무는 지도학습의 분류가 어떻게 이루어지는지 잘 이해할 수 있다. 어떤 기준으로 데이터를 분류했고, 어떤 특성이 분류하기에 가장 가장 효과적인지를 시각적으로 볼 수 있다. 이런 이유로 의사결정나무는 비전문가들에게 머신러닝 알고리즘을 설명하기에 좋다. 장점만 있는 것이 아니라 단점도 있다. 여기서 보듯이 나무의 깊이가 3 정도만 되어도 분기의 가짓수가 많아진다(나무의 깊이란 그림상의 상단에서 하단으로 내려오는 단계를 말한다). 나무의 깊이가 더 깊어지면 한눈에 보기가 힘들어지고 분석도 힘들어진다.

지금까지 사이킷런의 `DecisionTreeClassifier`를 이용해 붓꽃의 종류를 분류해 보았다. 그림 3.10에서 첫 시작하는 점(깊이 레벨0)을 **루트 노드**라고 한다. 루트 노드는 꽃잎 길이인 2.45를 기준으로 참이라면 왼쪽으로 이동하고 거짓이면 오른쪽 자식 노드로 이동했다. 자식 노드에서는 꽃잎 폭을 기준으로 다시 참인지 거짓인지를 분류했다. 이런 방식으로 계속 분류를 해서 모든 데이터가 다 그룹에 속하고 더 이상 분류할 수 없게 되면 트리가 완성된다.

사용한 붓꽃 데이터는 기본적으로 사이킷런에서 제공한 데이터로서 총 150건수이며, 3 종류의 꽃에 각각 50개 데이터가 있다. 데이터는 각각 어떤 품종인지 라벨이 정의되어 있다. 정답을 미리 알고 있기 때문에 지도학습으로 가능하다.

정답이 나오기까지 데이터를 어떤 특징이 가장 많은 영향으로 했으며, 그중에서 데이터를 효과적으로 분류하기 위해 **꽃잎 길이, 꽃잎 폭**을 선택했는데 선택한 근거로 지니 계수를 이용한 것이다. 그리고 어떤 규칙으로 분류되었는지 시각적으로 보기 위해 그래프비즈Graphviz를 이용해 의사결정나무를 시각화했다. 일반적으로 다른 머신러닝 알고리즘은 블랙박스처럼 알고리즘 내부의 동작 원리가 복잡하고 해석하기 어려운데, 의사결정나무는 알고리즘 자체가 직관적이고 시각적으로 표현 가능해서 해석하기가 용이하다.

참고 **붓꽃(iris) 데이터**

붓꽃 데이터셋은 영국의 농학자이자 통계학자인 로널드 피셔(Ronald Fisher)가 1936년 자신의 논문에서 선형 판별 분석을 사용한 데이터다. 이 자료에는 4가지 속성(꽃받침의 길이와 폭, 꽃잎의 길이와 폭)을 가진 setosa, virginica, versicolor 3종류의 꽃 자료가 각각 50샘플이 있다. 이 자료는 오래전부터 머신러닝 각 분야에 알고리즘을 측정하기 위한 기본 자료로 다양하게 활용되고 있다.

- 3가지 종류(class): setosa, versicolor, virginica
- 4가지 주요 속성값
  - 꽃받침 길이(Sepal.Length)
  - 꽃받침 폭(Sepal.width)
  - 꽃잎 길이(Petal.Length)
  - 꽃잎 폭(Petal.Width)
- 레코드 수: 150개, 필드 개수 : 5개

그림 3.11 | **붓꽃의 3가지 형태** 출처 위키피디아

표 3.1 | **붓꽃의 데이터 세트** 출처 위키피디아

로널드 피셔의 붓꽃 데이터

꽃받침 길이 ◆	꽃받침 폭 ◆	꽃잎 길이 ◆	꽃잎 폭 ◆	꽃 종류 ◆
5.1	3.5	1.4	0.2	*I. setosa*
4.9	3.0	1.4	0.2	*I. setosa*
4.7	3.2	1.3	0.2	*I. setosa*
4.6	3.1	1.5	0.2	*I. setosa*
5.0	3.6	1.4	0.2	*I. setosa*
5.4	3.9	1.7	0.4	*I. setosa*
4.6	3.4	1.4	0.3	*I. setosa*
5.0	3.4	1.5	0.2	*I. setosa*
4.4	2.9	1.4	0.2	*I. setosa*
4.9	3.1	1.5	0.1	*I. setosa*

3.2.3 의사결정나무로 유방암 분류해 보기

이번에는 유방암을 판단하는 속성을 보고 암을 추정하는 분류기를 만들어보자. 예제는 사이킷런에 이미 들어 있는 위스콘신 유방암 데이터 세트다. 이 유방암 데이터 세트에는 종양에 대해 30개 항목의 요소가 특징량으로 담겨 있다. 각 종양은 양성benign과 악성malignant으로 라벨링되어 있다. 30개 항목을 기반으로 종양이 암인지 암이 아닌지 예측할 수 있다.

이제 예제 3.3과 같이 코드를 작성하고, cancer_classify.py라는 이름으로 파일을 저장하자.

예제 3.3 | 유방암데이터를 이용해서 의사결정나무 만드는 코드 소스코드 cancer_classify.py

```
# -*- coding: utf-8 -*-

from sklearn import datasets
from sklearn import tree
from sklearn.tree import DecisionTreeClassifier
from sklearn.model_selection import train_test_split

def main():
    # iris 데이터 로드 ❶
    cancer = datasets.load_breast_cancer()

    # 데이터를 훈련, 테스트 데이터로 나누기 ❷
    x_train, x_test, y_train, y_test = train_test_split(cancer.data,
                cancer.target,
                stratify=cancer.target,
                test_size=0.2,
                random_state=42)

    # 의사결정모델 클래스를 생성
    cancer_model = DecisionTreeClassifier(criterion = 'entropy', max_depth = 3)

    # 모델을 학습 ❸
    cancer_model.fit(x_train,y_train)
    print("훈련 점수: {:.3f}".format(cancer_model.score(x_train, y_train)))
    print("테스트 점수: {:.3f}".format(cancer_model.score(x_test, y_test)))

    # DOT 언어의 형식으로 결정 나무의 형태를 출력
    with  open ( 'cancer-dtree.dot' , mode = 'w' ) as f:
        tree.export_graphviz (cancer_model, out_file = f,
```

```
                           feature_names=cancer.feature_names,
                           class_names=["cancer","not cancer"])

if __name__ == '__main__':
    main()
```


❶ 사이킷런은 기본으로 유방암 데이터를 포함하고 있다. 이 데이터는 load_breast_cancer() 함수를 통해 읽어올 수 있다.

❷ model_selection 모듈 내의 train_test_split()이라는 함수를 이용해서 데이터 세트 내의 훈련 데이터와 테스트 데이터로 나누어서 학습한다(사이킷런 0.2 버전부터는 cross_validation 모듈이 없어지고 model_selection 모듈로 대체 되었다). 구성비가 다른 불균형 데이터의 경우 stratify 옵션을 활성화하자. 만약 테스트 데이터와 훈련 데이터에 존재하는 타깃 값들의 비율이 다르다면 이는 학습 결과와 성능평가 결과 모두에게 잘못된 영향을 주기 때문이다. test_size는 테스트용 데이터의 비율을 지정하는 인자로, 0.2를 설정하면 20%의 데이터를 무작위로 골라 테스트용으로 할당한다. 비율을 지정하지 않으면 기본적으로 25%를 할당한다. random_state로 seed 값을 지정할 수 있다. 지정하면 매번 다르게 분할된다.

❸ fit()라는 함수에 훈련 데이터인 X_train, y_train 데이터를 넣으면 학습이 완료된다.

파일을 다 작성했으면, 콘솔 창에서 다음 명령어를 입력해 cancer_classify.py를 실행하자.

```
$ python cancer_classify.py
```

소스코드를 실행하면, 유방암 데이터를 분류하고 결과를 cancer-dtree.dot라는 이름의 파일로 저장한다. 여기까지 사이킷런에서 제공하는 유방암 데이터를 가지고 지도학습에 해당되는 의사결정나무 알고리즘을 실행했다.

위에서 작성한 파이썬 파일이 있는 경로에서 그래프비즈Graphviz를 이용해서 이미지 데이터로 변환한다.

```
$ dot -T png cancer-dtree.dot -o cancer-dtree.png
```

해당 위치에 png 파일이 생기고 cancer-dtree.png를 그림판으로 열어 보면, 그림 3.12와 같은 그래프 이미지를 얻을 수 있다.

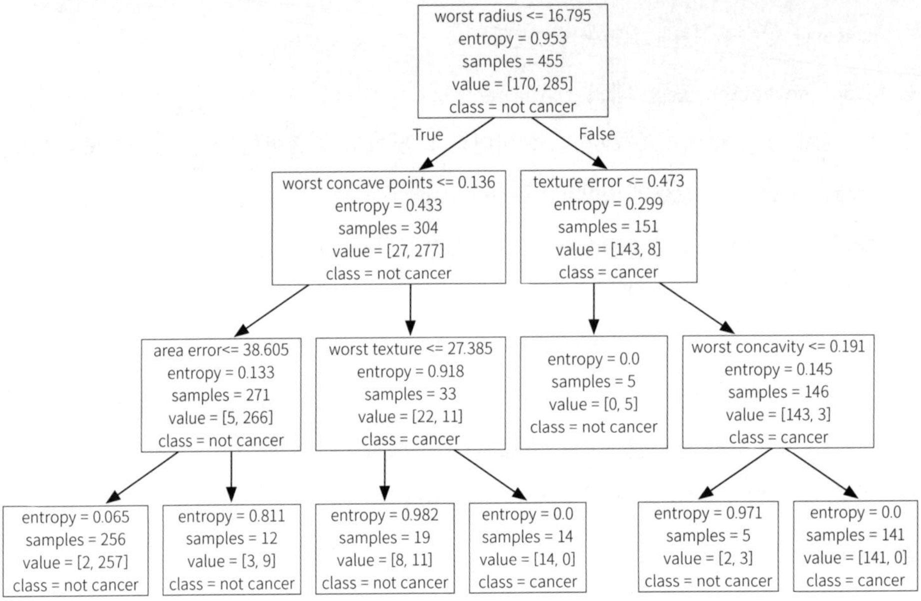

그림 3.12 | **유방암 의사결정나무 차트 실행 결과 화면**

이 그림을 요약하면 다음과 같다.

- 종양에 대한 특성의 이름 중에서 `worst radius`가 가장 많은 영향을 주고 있다.
- 그다음은 `worst concave points`와 `texture error`로 분류되었음을 알 수 있다.
- 클래스를 통해 암인지 그렇지 않은지를 쉽게 판단할 수 있다.

지금까지 사이킷런에 포함된 붓꽃 데이터와 유방암 지표 데이터를 활용해 배운 의사결정나무 알고리즘의 처리 흐름을 다시 정리하면 다음과 같다.

1. 분류에 필요한 파이썬 모듈과 데이터 세트를 준비한다. 사이킷런에 포함되어 있는 데이터 세트(붓꽃과 유방암)을 사용한다.
2. 분석할 데이터 세트의 특성을 확인한다. 각 데이터의 특징과 레이블을 확인한다. 또한 데이터의 내용을 확인한 후 트레이닝 및 검증용 데이터를 분할한다.
3. 의사결정나무의 변수를 조정한다. 변수를 조정함으로써 모델링의 정확도를 높일 수 있다.
4. 모델의 내용을 시각화한다. 시각화 과정은 의사결정나무 분석 결과를 이해하기에 가장 좋은 방법이므로 반드시 진행해야 한다. 시각화된 내용을 보고 특징량 중 어떤 특징량이 얼마나 데이터 분할에 기여했는지를 확인한다.

실습을 통해 알아보았듯이, 의사결정나무는 직관적이고 단순해서 이해하기 쉽다. 특히, 처리 결과를 해석하는 데 쉬운 것이 의사결정나무의 큰 장점이다. 의사결정나무는 붓꽃과 유방암 사례처럼 분류기로 사용할 수도 있지만, 다른 머신러닝 알고리즘을 활용하기 전에 전처리 용도로, 사전에 중요한 특성이 무엇인지, 어느 특성이 결과에 많은 영향을 끼치는지를 찾는 경우에도 유용하게 쓰일 수 있다.

3.3 서포트 벡터 머신 알고리즘

서포트 벡터 머신 Support Vector Machine은 데이터 분포를 나누는 지도학습의 분류에 해당한다. 서포트 벡터 머신 알고리즘은 1963년 러시아 수학자였던 블라디미르 배프닉Vladimir N. Vapnik과 알렉세이 체보넨키스Alexey Ya. Chervonenkis에 의해 선형 서포트 벡터 머신으로 발표되었고, 1992년에 블라디미르 배프닉에 의해 비선형으로 확장되었다.

서포트 벡터 머신은 지금까지도 보편적으로 사용하는, 분류를 위한 머신러닝 모델이다. 지도학습 모델로서 라벨이 달린 이진 분류 문제에 주로 사용된다. 예를 들면, 한 나라에 정당이 민주당과 공화당, 이렇게 두 당밖에 없다고 했을 때, 국민들이 어느 정당을 선택할지 예측하는 이진 분류 문제에 사용되는 모델이다.

3.3.1 서포트 벡터 머신 알고리즘 이해하기

서포트 벡터 머신 알고리즘에서는 각 데이터 항목을 다차원의 벡터 공간에 점으로 표시한다. 앞에서 설명한 예시처럼 두 정당 중 하나의 정당을 선택하는 데 영향을 주는 요소를 소득과 거주지로 한정한다면 2차원 모델이 된다. 이 절에서는 이해하기 쉽도록 2차원 공간에 있는 두 개의 그룹을 분류한다는 가정하에 서포트 벡터 머신을 설명해본다. 2차원 공간에 그림 3.13처럼 두 개의 그룹이 존재한다고 가정해보자.

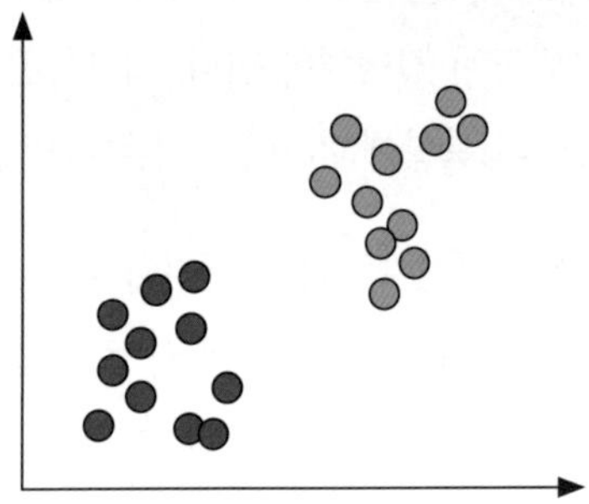

그림 3.13 | **차트상 두 그룹의 데이터**

이 그림에서 두 그룹을 매우 잘 구분하는 직선을 찾는 것이 서포트 벡터 머신의 핵심이다. 서포트 벡터 머신은 데이터를 선형 또는 비선형으로 분리하는 최적의 경계를 찾는 알고리즘이다.

서포트 벡터 머신의 동작 원리

먼저, 서포트 벡터 머신이 동작하는 원리에 대해 알아보겠다. 서포트 벡터 머신은 두 단계에 따라 클러스터를 최대한 잘 구분하도록 작업을 수행해 나간다.

첫 번째, 어떻게 그룹을 나눌 것인가? (직선을 그린다.) 그림 3.14처럼 두 개의 그룹을 분리하는 직선을 찾는 것이다. 이러한 직선을 통한 이진 분류 기법은 N개의 그룹으로 분류하는 문제를 쉽게 처리할 수 있다.

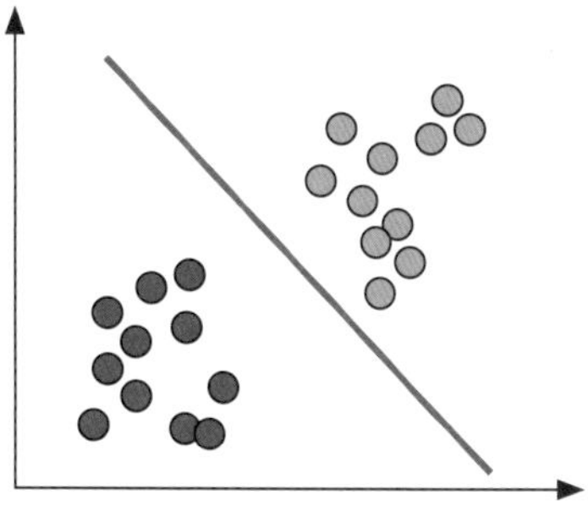

그림 3.14 | 두 그룹을 나누는 직선식

두 번째, 균형 있게 나눈다. **(마진 최대화)** 그림 3.15처럼 한쪽에 치우치지 않게 양쪽 그룹 모두 균형 있게 나누려면, 두 그룹을 구별하는 직선식을 구하되, 직선식을 사이에 두고 가능하면 최대한 멀리 떨어지도록 점선을 구한다. 직선식에 가장 멀리 떨어진 이 거리를 '최대 마진'이라고 한다. 점선에 속한 점이 직선을 침범하지 않도록 만드는 안전지대 역할을 하고, 버팀대 또는 지지대 역할을 한다고 해서 서포트 벡터Support Vector라고 부른다.

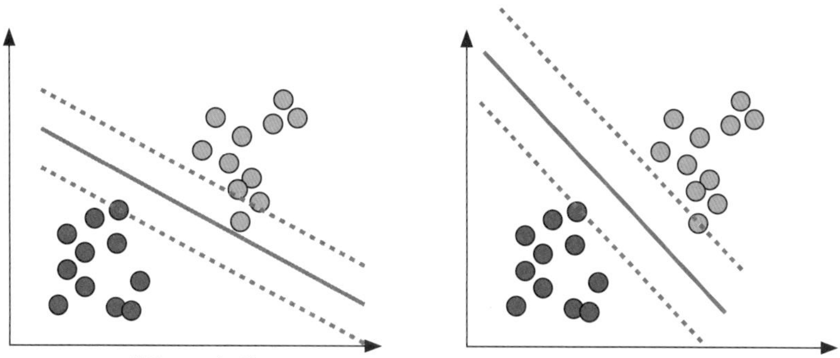

그림 3.15 | 두 그룹을 나누는 직선식과 마진

훈련이 진행됨에 따라 분류 기준은 점점 더 많은 데이터 샘플을 보게 되므로, 최적의 경계가 어디에 있는지를 찾게 된다. 이 직선 사이의 거리인 마진이 최대가 되도록 직선을 조정하여 분류 간에 최대한 분리시키는 것이 서포트 벡터 머신이 추구하는 기본 사상이다.

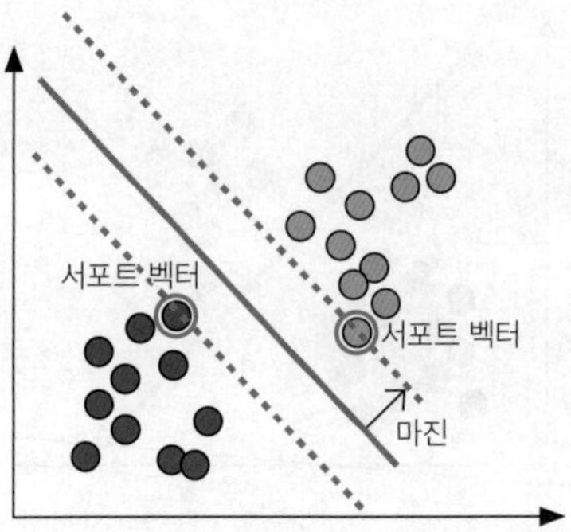

그림 3.16 | 두 그룹을 나누기 위해 마진을 고려한 직선식

3.3.2 서포트 벡터 머신을 이용해 당뇨병 분류하기

이제는 의사결정나무에서 사용해 보았던 사이킷런을 이용해 당뇨병을 서포트 벡터 머신으로 분류하는 실습을 해 볼 것이다. 서포트 벡터 머신 실습을 위한 개발환경 구성은 다음과 같다.

> **개발환경**
> 운영체제 : 윈도우 7 이상
> 개발 플랫폼 : 파이썬 3.6 이상
> 주요 패키지 : 판다스(Pandas) 0.20 이상 , 사이킷런(Scikit-Learn) 0.19 이상

판다스Pandas는 파이썬 세계의 대표적인 데이터 처리 패키지다. `DataFrame`이라는 자체 데이터 구조체를 가지고 있는데 여기에 행row과 열column로 이루어진 2차원 데이터를 담는다. 행과 열로 구성된 엑셀의 시트를 생각하면 이해가 빠를 것이다. 이처럼 판다스는 2차원 데이터를 가공하고 처리하는 데 특화되어 있다. 파이썬에서 제공하는 기본 `csv` 라이브러리보다 `pandas`를 이용하면 쉽게 CSV 데이터를 다룰 수 있게 된다.

사이킷런에 있는 서포트 벡터 머신(SVM)을 실행하려면 판다스 모듈을 먼저 설치해야 한다.

다음과 같이 `pip`를 이용해 판다스를 설치하자.

```
$ pip install pandas
```


파이썬 판다스 라이브러리는 엑셀 같은 데이터를 데이터프레임DataFrame이라는 객체로 표현한다. 판다스를 이용하면 CSV 파일을 쉽게 읽고 편집할 수 있다. 보통 코드상 판다스는 pd로 줄여서 표시한다.

사이킷런을 설치하면, 기본적으로 포함되어 있는 머신러닝을 실습할 수 있는 데이터가 있다. 하지만 이번에는 외부에서 필요한 데이터를 가져오자. 여기서는 피마Pima 인디언의 당뇨병 데이터 세트를 이용할 것이다.

URL https://github.com/onlybooks/AI_begin/tree/master/chapter03/pima-indians-diabetes.csv

미국 애리조나 주에 정착해 살던 피마 인디언은 애초 당뇨병에 걸린 환자가 거의 없었는데, 1900년대 후반부터 서구식 식습관의 변화에 따라 비만과 당뇨병이 급증했다고 한다. UCI 대학교에서 제공하는 피마 인디언의 당뇨병 데이터 세트의 특징을 살펴보자.

피마Pima 인디언의 당뇨병 데이터 세트는 총 768개 샘플로 구성되어 있고, 각 샘플에는 8개의 측정 값(나이, 임신 횟수, BMI 등)과 하나의 진단 결과(당뇨병 여부) 값이 들어 있다. 0번부터 7번까지는 측정값이고 8번째 값은 당뇨병 유무에 해당한다. 1이면 당뇨병에 걸린 것이다.

	0	1	2	3	4	5	6	7	8
0	6	148	72	35	0	33.6	0.627	50	**1**
1	1	85	66	29	0	26.6	0.351	31	**0**
2	8	183	64	0	0	23.3	0.672	32	**1**
3	1	89	66	23	94	28.1	0.167	21	**0**

…중략…

0: 임신 횟수

1: 혈당 농도(포도당 부하 검사 2시간 후 혈당 농도)

2: 최저 혈압(mm/Hg)

3: 삼두근 피하 지방의 두께(mm)

4: 혈청 인슐린 농도(포도당 부하 검사 2시간 후 혈청 인슐린 농도)

5: BMI(비만도 수치): 몸무게(kg)/(키(m) × 2)

6: 당뇨병 혈통 요인(가족력)

7: 나이

8: 당뇨병이 양성이라면 1, 그렇지 않으면 0

자, 그러면 피마인디언의 당뇨병 데이터로 당뇨병 환자와 그렇지 않은 그룹을 분리하고, 당뇨병을 예측하는 코드를 작성해보자. 예제 3-4와 같이 코드를 작성하고, pi_diabetes.py 파일로 저장하자.

예제 3.4 | 서포트 벡터 머신을 이용해서 당뇨병을 예측하는 코드 소스코드 pi_diabetes.py

```
# -*- coding: utf-8 -*-

import pandas as pd
from sklearn.model_selection import train_test_split
from sklearn.svm import SVC
# 표준화 (정규화 (모든 값을 0-1에 맞게 변환)
# 또는 표준화(평균 0, 분산 1이되도록 변환)가 필요하다)
from sklearn.preprocessing import StandardScaler

# 데이터 세트 로드 ❶
pi_diabetes = pd.read_csv('pima-indians-diabetes.csv', header = None)

x = pi_diabetes.iloc[:, :8]
y = pi_diabetes.iloc[:, 8:].values.flatten() # 1차원으로 전개 ❷

print('x shape : {}, x shape : {}'.format(x.shape, y.shape))

# 훈련 데이터와 테스트 데이터의 분리 ❸
x_train, x_test, y_train, y_test = train_test_split(x, y, random_state = 0)

# 정규화를 위한 모듈 사용 ❹
std_scl = StandardScaler()
std_scl.fit(x_train)
x_train = std_scl.transform(x_train)
x_test = std_scl.transform(x_test)
```

```
# 학습 및 테스트 ❺
svc = SVC()
svc.fit(x_train, y_train)

print('훈련 점수 : {: .3f}'.format(svc.score (x_train, y_train)))
print('테스트 점수 : {: .3f}'.format(svc.score (x_test, y_test)))
```


❶ 외부 데이터를 내려받는다. 이 데이터는 판다스의 read_csv() 함수를 통해 읽어올 수 있다. 이 파일에는 헤더 정보가 없기 때문에 header = None 옵션을 준다. X는 0~7번째까지의 768건이 있다.

❷ 판다스의 Dataframe은 기본적으로 행 인덱스와 열 인덱스를 가지고 있으므로, X에 0번부터 7번까지 데이터를 넣고, Y에 8번째 데이터를 넣는데, 배열로 나오는 결과를 flatten() 함수를 이용해서 2차원을 1차원으로 전개했다.

❸ 사이킷런에서 제공하는 train_test_split() 함수를 통해 훈련 데이터와 테스트 데이터로 분리한다. 훈련 데이터는 학습을 이용한 용도고, 테스트 데이터는 향후 모델이 잘 만들어졌는지를 검증하는 용도다.

❹ 8번째 항목을 제외하고 0~7번째 항목의 수치의 범위가 각기 다르기 때문에 이대로 학습하면 제대로 학습이 안 될 수 있다. 그러므로 좀 더 학습을 최적화하기 위해서 정규화라는 기법을 사용한 것이다. 정규화란 모든 값을 0과 1 사이의 범위에 맞게 변환하는 작업이다.

❺ 원인에 해당하는 변수와 결과값(당뇨병 유무)에 해당하는 변수를 fit라는 함수에 넣으면 바로 학습이 완료된다.

파일을 다 작성했으면, 콘솔 창에서 다음 명령어로 실행하자.

```
$ python pi_diabetes.py
```

총 768개의 데이터를 가져오고 학습한 결과를 볼 수 있다. 훈련Train 점수는 82, 테스트Test 점수는 77. 비교적 만족할 만한 점수가 나왔다. 다른 머신러닝 기법에 비해 서포트 벡터 머신은 학습 속도가 비교적 빠르다.

```
X shape : (768, 8), y shape : (768,)
Train score :  0.825
Test score :  0.776
[Finished in 2.4s]
```

피마 인디언 당뇨병 데이터 집합은 연령, 성별, BMI를 포함한 8가지 특징으로 이루어져 있고, 목표 변수는 당뇨병 질환의 유무다. 이 데이터 세트에 서포트 벡터 머신(SVM)을 사용하여 피마 인디언이 당뇨병에 걸렸는지 여부를 예측해 보았다. SVM 알고리즘 및 매개변수 최적화를 사용하여 최종적으로 77점의 점수를 얻었다. 복잡한 알고리즘을 사용하지 않고도 당뇨병 발병 여부를 예측할 수 있었다.

다시 한번 정리하면, SVM은 각 데이터가 그려진 공간에 경계를 만들고, 두 그룹으로 데이터를 분류하면서, 이때 각 데이터와 경계 마진이 최대가 되게 하는 학습 알고리즘이다. 이어서 다른 데이터 집합으로 서포트 벡터 머신에 대해 좀 더 살펴보겠다.

3.3.3 서포트 벡터 머신을 이용해 버섯 종류 분류하기

해마다 끊이지 않는 독버섯 중독사고는 야생버섯에 대한 판별지식이 없고 식용버섯의 식별 방법이 잘못 알려져 발생한다. 야생 독버섯은 식용버섯과 육안으로 구별이 어렵다. 보통 독버섯은 화려하게 생겼다고 알려져 있으나 모양과 색깔로는 식용버섯과 구별하기 쉽지 않다. 이번에는 동일한 캘리포니아대학 어바인 캠퍼스(UCI) 학습 저장소에 공개되어 있는 독버섯 데이터를 가지고 독버섯 여부를 분류해본다.

훈련 데이터의 한 행은 각각 하나의 버섯을 나타낸다. 맨 왼쪽 첫 번째 문자가 독성의 유무(p: 유 e: 무)를 나타내고, 이후의 문자를 통해 모양과 색깔 등의 특징을 알 수 있다. 이번 학습에서는 맨 왼쪽 첫 번째 문자를 독버섯의 유무를 레이블로 정하고, 그 이후의 데이터를 설명 변수로 활용하겠다.

```
p,x,s,n,t,p,f,c,n,k,e,e,s,s,w,w,p,w,o,p,k,s,u
e,x,s,y,t,a,f,c,b,k,e,c,s,s,w,w,p,w,o,p,n,n,g
e,b,s,w,t,l,f,c,b,n,e,c,s,s,w,w,p,w,o,p,n,n,m
p,x,y,w,t,p,f,c,n,n,e,e,s,s,w,w,p,w,o,p,k,s,u
e,x,s,g,f,n,f,w,b,k,t,e,s,s,w,w,p,w,o,e,n,a,g
e,x,y,y,t,a,f,c,b,n,e,c,s,s,w,w,p,w,o,p,k,n,g
e,b,s,w,t,a,f,c,b,g,e,c,s,s,w,w,p,w,o,p,k,n,m
e,b,y,w,t,l,f,c,b,n,e,c,s,s,w,w,p,w,o,p,n,s,m
p,x,y,w,t,p,f,c,n,p,e,e,s,s,w,w,p,w,o,p,k,v,g
e,b,s,y,t,a,f,c,b,g,e,c,s,s,w,w,p,w,o,p,k,s,m
```

그림 3.17 | 버섯 훈련 데이터. p는 독버섯을, e는 일반버섯을 의미한다.

각 열의 의미는 다음과 같다.

1. 갓모양: 종형태 = b, 원뿔형태 = c, 볼록한형태 = x, 평평한형태 = f, 혹 형태 = k, 오목한 형태 = s
2. 갓표면: 섬유질 = f, 그루브 = g, 비늘 모양 = y, 부드러움 = s
3. 갓색: 갈색 = n, 황갈색 = b, 연한갈색 = c, 회색 = g, 녹색 = r, 분홍색 = p, 보라색 = u, 빨간색 = e, 흰색 = w, 노란색 = y

(중략)

22. 서식지: 잔디 = g, 잎 = l, 초원 = m, 길가 = p, 도시 = u, 지저분한곳 = w, 우드 = d

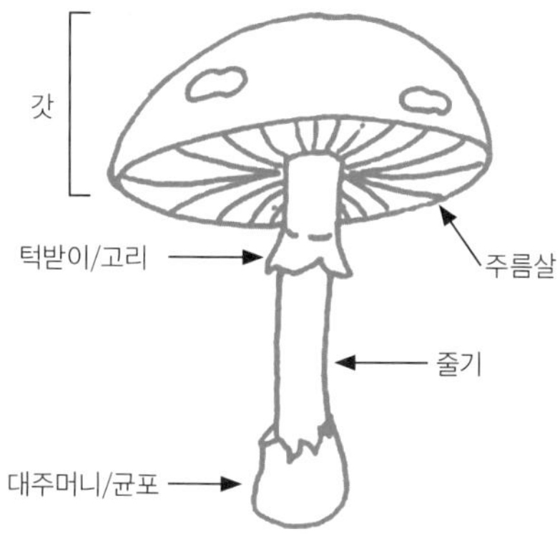

그림 3.18 | 버섯 모양

자, 그러면 코드를 작성하고 mushroom.py 파일로 저장하자.

예제 3.5 | 버섯 데이터를 이용해서 서포트 벡터 머신 만드는 코드 소스코드 mushroom.py

```
# -*- coding: utf-8 -*-

# pandas 모듈 추가
import pandas as pd
from sklearn.model_selection import train_test_split
from sklearn.svm import SVC

# 데이터 세트 로드 ❶
mushroom = pd.read_csv('https://archive.ics.uci.edu/ml/machine-learningdatabases/'
    'mushroom/agaricus-lepiota.data', header = None)
```

```
# 문자를 수치로 치환 ❷
x = []
y = []

for row_index, row in mushroom.iterrows():
    y.append(row.ix[0])
    row_X = []
    for v in row.ix[1:]:
        row_X.append(ord(v)) # ❸
    x.append(row_X)

# 훈련 데이터와 테스트 데이터 나누기 ❹
x_train, x_test, y_train, y_test = train_test_split(x, y)

# 학습 및 테스트 ❺
svc = SVC()
svc.fit(x_train, y_train)

print('훈련 점수 : {: .3f}'.format(svc.score (x_train, y_train)))
print('테스트 점수 : {: .3f}'.format(svc.score (x_test, y_test)))
```

❶ 외부의 데이터를 내려받는다. 이 데이터는 판다스의 `read_csv()` 함수를 통해 읽어올 수 있다. 이 파일에는 헤더 정보가 없기 때문에 `header = None` 옵션을 준다.

❷ 이번 데이터는 문자로 이루어져 있기 때문에 분석하려면 숫자형으로 변환하는 전처리가 필요하다. 여기는 문자를 수치로 변환 처리하는 코드부다.

❸ `ord()` 함수는 하나의 유니코드 문자를 나타내는 문자열이 주어지면 해당 문자의 유니코드 코드 포인트를 나타내는 정수를 돌려준다. 예를 들어, `ord('a')`는 정수 97을 반환한다.

❹ 사이킷런에서 제공하는 `train_test_split()` 함수를 통해 훈련 데이터와 테스트 데이터로 분리한다.

❺ `fit()`라는 함수에 원인에 해당하는 독립변수와 결과값에 해당하는 종속변수를 넣으면 학습이 완료된다.

파일을 다 작성했으면, 콘솔 창에서 다음 명령어로 실행해보자.

```
$ python mushroom.py
```

총 8,124개의 데이터를 가져오고 학습한 결과를 볼 수 있다. 훈련 점수는 100, 테스트 점수는 99. 놀라운 점수가 나왔다. 건수가 많은 관계로 다소 시간이 걸렸다.


```
Train score :  1.000
Test score :  0.995
[Finished in 9.5s]
```

버섯 훈련 데이터 집합은 갓 모양, 갓 표면, 서식지 등을 포함한 22가지 특징으로 이루어져 있고, 목표 변수는 독성의 유무다. 이 데이터 세트를 가지고 서포트 벡터 머신을 수행해 보았다. 특징이 더 많이 있음에도 불구하고 당뇨병 예측 때보다 훨씬 더 높은 점수인 99 %의 점수를 얻었다.

이번 절에서는 서포트 벡터 머신으로 당뇨병 예측과 독버섯의 독성 유무 예측을 학습해보았다. 서포트 벡터 머신은 비교적 간단하면서도 강력한 모델이며 지도학습이 가능한 다양한 데이터 세트에서 잘 작동한다. 이와 비슷한 다른 데이터를 가지고 직접 서포트 벡터 머신을 시도해 보거나 앞서 배운 의사결정나무와 알고리즘으로 변형해서 비교해 보아도 좋을 것이다.

3.4 정리

지금까지 머신러닝 기술에 대해 지도학습과 비지도학습의 두 가지 큰 범주로 나눠서 배워봤다. 적용하려는 데이터의 종류와 상황에 따라 어떠한 알고리즘을 적용할지 선택하는 것이 중요하다. 어려운 알고리즘이라고 해서 무조건 좋은 것이 아니라 적합한 상황에 맞는 알고리즘을 사용하는 것이 더 중요하다. 데이터의 특징이나 해결하고자 하는 문제에 따라 적합한 알고리즘을 선택하기 위해 각 알고리즘의 특징과 활용을 이해할 필요가 있다.

또한 이번 장에서는 파이썬으로 구현된 사이킷런을 통해 간략하게 머신러닝 과정을 살펴봤다. 특히 지도학습인 의사결정나무와 서포트 벡터 머신으로 분류해봤다. 다음 장에서는 비지도학습의 개념을 살펴보고, 군집화하는 과정에 대해 알아볼 것이다.

4장 비지도학습을 이용한 군집화

지도학습supervised learning은 특정 이미지 속에 있는 동물이 개 또는 고양이라고 미리 정답이 정해진 경우에 적용하는 방법이다. 반면, 비지도학습unsupervised learning은 문제는 있지만, 정답 또는 **라벨**label이 없는 데이터로 컴퓨터가 스스로 문제를 보면서 특징을 잡아내는 방법이다. 대량의 데이터 안에서 컴퓨터 스스로가 특징에 해당하는 의미있는 정보를 발견해야 하는 것이다. 그러나 대량의 데이터 자체는 구조화되어 있지 않기 때문에 그 안에서 어떤 정보도 발견하지 못한다. 따라서 비지도학습은 **군집화**clustering를 통해 데이터에 내재된 정보를 찾는다. 군집cluster이란 비슷한 특징을 갖는 데이터들을 그룹으로 나누는 것이다. 예를 들면 한 운동장에 사람이 많이 있을 때 그중에서 안경을 쓴 그룹과 그렇지 않은 그룹으로 나눌 수 있고, 여자와 남자의 그룹으로 나눌 수 있다. 이렇게 그룹으로 나누고 싶을 때 사용하는 알고리즘이 바로 군집화다.

이번 장에서는 머신러닝 중에서 비지도학습에 해당되는 군집화를 살펴본다. 군집화를 구현하는 가장 기본적인 K-평균K-means 알고리즘으로 군집화의 기본적인 개념과 주요 장단점에 대해 알아보고 비지도학습 기법으로 문제를 해결하는 방법을 살펴보자.

4.1 K-평균 알고리즘으로 군집화 개념 이해하기

군집화는 클러스터링clustering이라고도 하며 비지도학습의 일종으로 주어진 데이터를 분석해 카테고리를 구분하는 방법이다. 정답이 미리 주어지지 않기 때문에 알고리즘이 데이터를 기준으로 특징 벡터들의 분산과 거리를 기준으로 카테고리를 자동으로 구성한다.

k-평균 알고리즘이란

군집화 알고리즘 중에서 K-평균이 가장 대표적이고 오래된 알고리즘이다. K-평균에서 K는 군집의 개수를 의미하며, 이 값은 학습할 때 사용자에 의해 입력해야 하는 유일한 입력값이다. K-평균에서 데이터는 군집 안에서 서로 가깝다고 정의한다.

K-평균에서 모든 데이터는 가장 가까운 군집 1개에 속해야 한다. 지정한 군집 개수에 해당하는 임의의 점을 선택한 후 이후 추가되는 새로운 벡터들이 가장 가까운 임의의 점에 할당한 다음, 다시 중심점을 업데이트한다. K-평균 군집을 구성하는 단계별 방법은 다음과 같다.

1. 몇개의 군집으로 분류할 것인지 지정(K의 숫자는 군집의 수)
2. 임의의 각 군집의 중심점을 선택한다.
3. 각 벡터를 가장 가까운 군집 중심점에 연결한다.
4. 각 벡터와 군집 중심점 간의 거리 평균을 계산한다.
5. 3단계의 계산 값을 고려하여 군집 중심점을 업데이트한다.
6. 3~5단계를 특징 조건이 만족할 때까지 반복한다. 단, 중심점이 변경이 없다면 종료한다.

K-평균 알고리즘의 장점은 결과를 해석하기 쉽고 구현하기에 매우 간단하다는 점이다. 각 군집의 중심으로부터 데이터 간에 거리를 구하면 되기 때문에, 데이터가 적은 경우와 군집이 적은 경우 수행 속도도 빠르고 결과에 대한 이해도 쉽다.

반면에 단점은 군집의 개수인 K를 사람이 지정해야 하고, 초기 임의의 중심점이 어디로 선택되느냐에 따라 데이터가 속한 군집이 달라진다는 것이다. 예를 들어 우리나라를 2개의 군집으로 나눈다고 생각해보자. 그러면 우선 각 군집의 초기 중심점을 선택해야 하는데, 그림 4.1처럼 지도상에서 하나의 군집의 중심점이 울산 근처에 있으면 그 중심으로 보면, 부산은 거리상으로 가까워서 같은 군집이라고 할 수 있지만, 반대로 서울은 멀기 때문에 다른 군집에 속해야 한다.

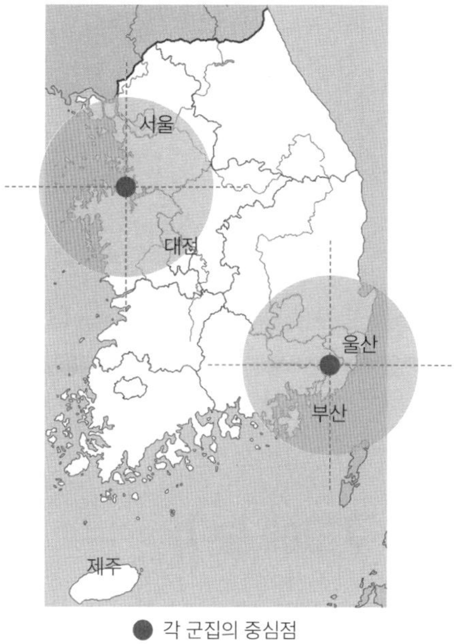

그림 4.1 | **클러스터링 결과**

이미지 출처 CCKorea, *https://ko.m.wikipedia.org/wiki/%ED%8C%8C%EC%9D%BC:South_Korea_location_map.svg*

K-평균 알고리즘은 "각 데이터는 가장 가까운 곳에 속해야 한다"라고 정의하고 있기에 이 같은 현상이 발생한다. 거리 기반 알고리즘으로 군집의 개수가 많은 경우 정확도가 떨어지고, 데이터 양이 많은 경우, 중심에서부터 데이터 간의 거리를 구해야 하므로 수행 시간이 매우 느려진다.

그림 4.2는 K-평균 클러스터링을 수행한 이후 각 군집을 색으로 구분하여 보여주는 예다. 각 군집을 구성하는 데이터의 중심점을 흰색 ×자로 표시된다. 각 점들은 2차원의

속성을 갖는 데이터를 의미하고 각 군집 중심 좌표 중에서 가장 가까운 군집에 속하게 된다.

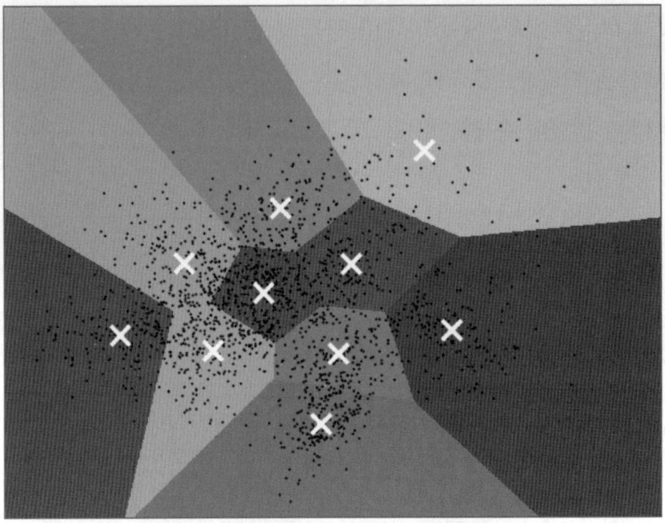

그림 4.2 | K-평균 군집화된 중심점을 표시

출처 *http://scikit-learn.org/stable/auto_examples/cluster/plot_kmeans_digits.html*

4.2 K-평균 직접 구현해 보기

K-평균 알고리즘을 직접 구현해 보기 위한 개발 환경은 다음과 같다.

개발환경
운영체제 : 윈도우 7 이상
개발 플랫폼 : 파이썬 3.6 이상
주요 패키지 : 넘파이(NumPy) 1.6 이상 , 사이파이(SciPy) 0.9 이상, 맷플롯립(Matplotlib) 2.1.0 이상

파이썬에서 K-평균을 실행하기 위해 별도의 모듈 설치가 필요하다. 넘파이는 파이썬에서 수치 연산을 위해 사용되는 가장 대표적인 모듈이다. 이번 장의 실습을 위해 윈도우에서 파이썬은 이미 설치되어 있다는 가정하에 진행되므로 파이썬과 넘파이, 사이파이를 설치하지 않았다면 **부록 A 파이썬 3 설치하기**를 참고하기 바란다.

이번 장에서는 실습을 위해 추가로 맷플롯립matplotlib 라이브러리를 사용한다. 파이썬 자체에는 그림을 그리는 명령이 없다. 따라서 간단한 2차원 그래프와 도표를 그리기 위해 가장 대중적으로 사용되는 것이 바로 맷플롯립이라는 패키지다. 이공계에서 널리 쓰이던 매트랩이라는 프로그램을 기준 삼아 만들었기 때문에 이름도 비슷하다. 맷플롯립 라이브러리는 존 디 헌터John D Hunter가 개발하여 BSD 오픈소스 라이센스하에 제공되고 있으며, 현재 개발 커뮤니티가 활발히 운영되고 있다. 2017년 6월 23일을 기준으로 맷플롯립 2.x 라이브러리는 파이썬 버전 2.6부터 3.6 버전 이상까지 폭넓게 지원하고 있다. 맷플롯립 패키지에는 파이플롯Pyplot과 파이랩Pylab이라는 서브sub 패키지가 있다. 두 서브 패키지는 만들어진 목적이 다르기 때문에 쓰임새가 다르다(표 4.1 참조).

표 4.1 | 맷플롯립의 파이플롯과 파이랩의 차이점

	파이플롯(Pyplot)	파이랩(Pylab)
기능	시각화	시각화 + 넘파이(NumPy)
특징	단순형 (간단한 정보만 입력해서 그래프를 그린다.)	절차형 (비교적 많은 정보를 입력해 그래프를 그린다.)

맷플롯립 모듈 설치

맷플롯립은 시각화된 결과를 확인할 수 있도록 그리는plotting 기능을 제공한다. K-평균 결과인 군집별 데이터와 중심점을 표시하기 위해 사용할 것이다. 설치하는 방법은 관리자 권한으로 실행한 윈도우 커맨드 창에서 다음 명령을 실행하면 된다.

```
$ pip install matplotlib
```

그림 4.3은 설치를 진행한 결과 화면이다.

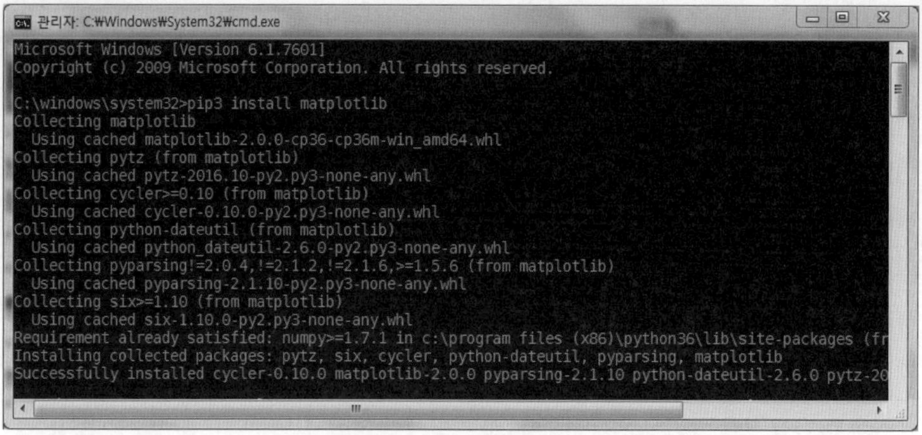

그림 4.3 | 맷플롯립 설치하기

사이파이를 이용해 K-평균 직접 구현해 보기

임의의 수치형 데이터를 이용해 K-평균 군집화를 수행해보겠다. 거리를 계산하기 위해 데이터는 수치화된 데이터여야 한다. 임의의 x, y 좌표에 따라 각 데이터의 군집화가 어떻게 이루어지는지 확인해보자. 예제 4.1과 같이 K-평균 알고리즘을 구현하는 코드를 작성하고 kmeans-test.py 파일로 저장한다.

예제 4.1 | K-평균 테스트 하기 소스코드 kmeans-test.py

```
# -*- coding: utf-8 -*-
# !/usr/bin/python

import sys
import csv
from pylab import plot,show
from numpy import vstack,array
from numpy.random import rand
from scipy.cluster.vq import kmeans,vq
from numpy import genfromtxt

def readData(filename):
    my_data = genfromtxt(filename, delimiter=',')
    return my_data
```

```
if __name__ == "__main__":

    k = sys.argv[1]
    data_filename = sys.argv[2]

    # 데이터 파일 읽기 ❶
    data = readData(data_filename)

    # 입력된 k 갯수 만큼 k-means 계산 ❷
    centroids, _ = kmeans(data, int(k))

    # 각 예제를 양자화를 통해 군집에 할당 ❸
    idx,_ = vq(data, centroids)

    # 결과를 출력 ❹
    for i in range(int(k)):
        plot(data[idx==i, 0], data[idx==i, 1], 'o',  markersize=3)
        plot(centroids[i:,0], centroids[i:,1], '^r', markersize=10)

    show( )
```

❶ readData() 함수를 통해 학습에 사용할 데이터를 numpy.ndarray 타입 변수로 읽어온다.

❷ 훈련 데이터와 생성할 군집 개수를 전달하고 k-평균 학습을 수행한다. 그러면 새로 생성된 군집의 중심점 좌표(vector)와 왜곡 값이 반환된다. 왜곡 값이 작을수록 군집이 중심점을 기준으로 잘 구분된 것으로 볼 수 있다.

❸ 데이터가 어떤 군집으로 속하는지 결정하는 단계다. 데이터를 입력하면 각 중심점 중에 가장 가까운 거리(Euclidean distance)에 해당하는 군집을 찾아 번호를 지정하여 반환한다.

❹ 군집화된 결과를 시각화해서 그래프로 보여주는 코드부다. 이번 테스트에서 사용한 데이터의 차원이 2차원이기 때문에 첫 번째를 x축으로 두 번째를 y축의 값으로 정하여 그리게 되고 각 군집의 중심점을 표시한다.

예제 kmeans-test.py 파일이 저장된 폴더와 동일한 폴더에 iris_data.csv 파일을 생성하고 다음과 같이 값을 입력한다. 데이터 파일은 이 책의 깃헙 페이지에서 내려받을 수 있다.

URL https://github.com/onlybooks/AI-begin/tree/master/chapter04

리스트 4.1 | 붓꽃 데이터 예제 파일 (iris_data.csv)

```
0.59521999, 0.75341246
1.20767875, 0.98046116
1.41011989, 1.05797211
1.27712339, 0.73095155
0.60362620, 1.09613247
1.18456632, 1.46749258
1.38567345, 0.66198345
1.24353822, 0.56510992
1.12928839, 0.86350778
0.87471743, 1.02780962
0.11519725, 0.40379521
0.81034881, 0.23361810
0.48023983, 0.11655667
0.48363740, 0.60013293
0.64655973, 0.12375763
0.15823515, 0.98492685
0.43295959, 0.40324855
0.69352407, 0.54500762
0.48708384, 0.16963470
0.13642197, 0.59226341
```

윈도우 커맨드에서 리스트 4.1 파일이 위치한 폴더로 이동하여 다음 명령을 실행한다.

```
$ python kmeans-test.py 3 iris_data.csv
```

결과는 그림 4.4와 같다. 우리는 K를 3으로 지정했기 때문에 총 3개의 군집이 생성되었고 각 군집의 중심에 삼각형으로 표시되었다. 그 삼각형을 중심으로 군집에 포함된 점들이 위치한 것을 알 수 있다.

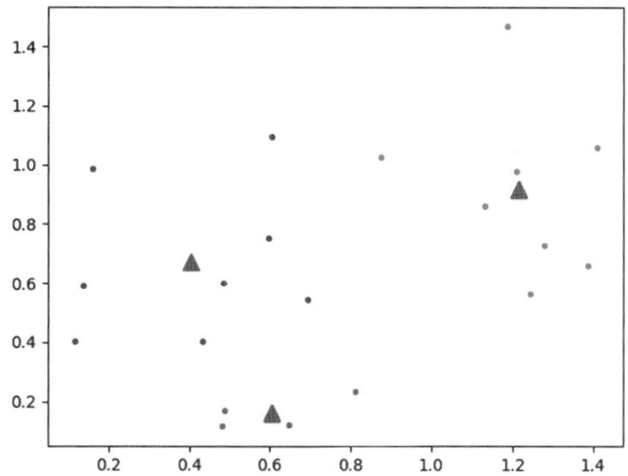

그림 4.4 | Kmeans-test.py 실행 결과

4.3 붓꽃 데이터로 군집화 실습하기

이제 좀 더 많은 다차원의 데이터를 이용해 군집화를 수행해 보겠다. 실습에 사용할 데이터는 앞서 3장의 3.2절에서도 사용했던 붓꽃Iris 데이터다. 앞에서도 살펴본 바와 같이 붓꽃은 모양과 색이 비슷하여 그 세부 분류를 나누기 어렵다고 한다. 여기서는 꽃의 상세 분류를 위해 붓꽃의 꽃받침과 꽃잎의 길이와 폭을 이용해 K-평균으로 분류를 수행해보자. 이전 3.2절과 달리, 여기서는 정답이 없는 데이터로 비슷한 특징을 갖는 품종끼리 그룹을 나누고자 한다.

붓꽃 데이터는 다음과 같은 정보로 구성되어 있다.

표 4.2 | **붓꽃 데이터의 내용**

컬럼 순서	컬럼 내용	설명
1	꽃받침 길이(sepal length)	cm
2	꽃받침 폭(sepal width)	cm
3	꽃잎 길이(petal length)	cm
4	꽃잎 폭(petal width)	cm
5	붓꽃 종 이름	Iris-setosa (세토사) Iris-versicolor (버시칼라) Iris-virginica (버지니카)

붓꽃 데이터는 ICU 홈페이지에 방문해서 다운로드할 수 있다.

URL http://archive.ics.uci.edu/ml/datasets/Iris

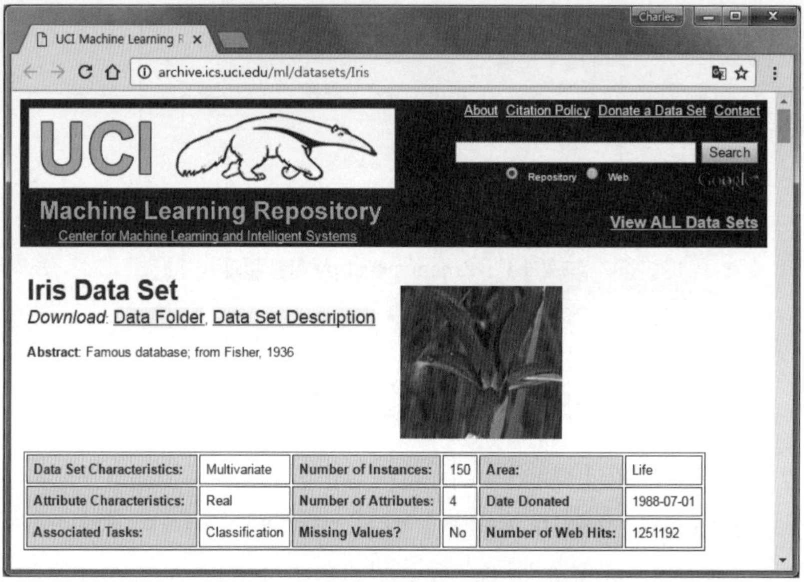

그림 4.5 | UCI 대학교 붓꽃 데이터 저장소 홈페이지

Iris Data Set 제목 밑에 있는 **Download: Data Folder**를 클릭하면 다운로드 페이지로 이동한다. 파일 목록 중에서 iris.data 파일을 내려받아 파이썬 소스코드 파일과 동일한 폴더에 저장한다.

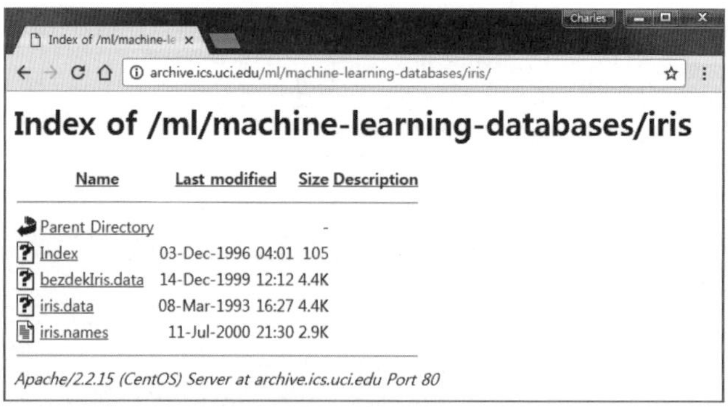

그림 4.6 | 붓꽃 데이터 다운로드 페이지

내려받은 붓꽃 데이터 파일 내용은 아래와 같다.

리스트 4.2 | iris.data 파일의 내용 일부

```
5.1, 3.5, 1.4, 0.2, Iris-setosa
4.9, 3.0, 1.4, 0.2, Iris-setosa
4.7, 3.2, 1.3,0.2, Iris-setosa
4.6, 3.1, 1.5,0.2, Iris-setosa
5.0, 3.6, 1.4,0.2, Iris-setosa
5.4, 3.9, 1.7,0.4, Iris-setosa
4.6, 3.4, 1.4,0.3, Iris-setosa
5.0, 3.4, 1.5,0.2, Iris-setosa
4.4, 2.9, 1.4,0.2, Iris-setosa
4.9, 3.1, 1.5,0.1, Iris-setosa
5.4, 3.7, 1.5,0.2, Iris-setosa
4.8, 3.4, 1.6,0.2, Iris-setosa
4.8, 3.0, 1.4,0.1, Iris-setosa
4.3, 3.0, 1.1,0.1, Iris-setosa
5.8, 4.0, 1.2,0.2, Iris-setosa
5.7, 4.4, 1.5,0.4, Iris-setosa
5.4, 3.9, 1.3,0.4, Iris-setosa
5.1, 3.5, 1.4,0.3, Iris-setosa
5.7, 3.8, 1.7,0.3, Iris-setosa
5.1, 3.8, 1.5,0.3, Iris-setosa
...
```

예제 4.2은 붓꽃 데이터를 이용해 분석하는 데 사용한 프로그램이다. 붓꽃의 꽃받침과 꽃잎 길이와 폭에 따른 품종을 군집화하는 것이다. 꽃받침, 꽃잎의 길이에 따라 각 데이터의 군집화가 어떻게 되는지 확인해보고, 이를 이미지로 출력해보자.

예제 4.2 | k-평균 군집화 소스코드 kmeans-cluster.py

```
# -*- coding: utf-8 -*-
# !/usr/bin/python

import sys
import csv
from pylab import plot,show
from numpy import array
from numpy import vstack
from numpy import genfromtxt
```

```
import numpy as np
from scipy.cluster.vq import kmeans
from scipy.cluster.vq import vq

def readData(filename, columns):
    csv = genfromtxt(filename, delimiter=",",
            usecols=(map(int, columns.split(","))))
    return csv

def writeResult(filename, idx):
    w = open(filename, 'w', encoding="utf-8")

    for i in range(len(idx)):
        w.write("{}\n".format(idx[i]))
    w.close()

if __name__ == "__main__":

    k = sys.argv[1]
    data_filename = sys.argv[2]
    columns = sys.argv[3]
    centroid_filename = sys.argv[4]
    out_filename = sys.argv[5]

    # 데이터 파일에서 읽어오기 ❶
    read_data = readData(data_filename, columns)

    # kmeans 학습 수행하기 ❷
    centroids, _ = kmeans(read_data, int(k))

    # 각 예제를 군집에 할당 ❸
    idx, _ = vq(read_data,centroids)
    writeResult(out_filename, idx)

    np.savetxt(centroid_filename, centroids, delimiter=",")

    # 결과 차트 출력 ❹
    for i in range(int(k)):
        plot(read_data[idx==i, 0], read_data[idx==i, 1], 'o', markersize=3)
        plot(centroids[i:,0], centroids[i:,1],'^r', markersize=10)

    show()
```

❶ readData()함수를 통해 학습에 사용할 데이터를 numpy.ndarray 타입 변수로 읽어온다.

❷ 훈련 데이터와 생성할 군집 개수를 전달하고 k-평균 학습을 수행한다. 그러면 새로 생성된 군집의 중심점 좌표(vector)가 반환된다.

❸ 데이터가 어떤 군집으로 속하는지 결정하는 단계다. 데이터를 입력하면 각 중심점 중에 가장 가까운 직선 거리(Euclidean distance)에 해당하는 군집을 찾아 번호를 지정하여 반환한다.

❹ 군집화된 결과를 시각화해서 그래프로 보여주는 내용이다. 이번 테스트에서 사용한 데이터의 차원이 2차원이기 때문에, 첫 번째를 x축으로 두 번째를 y축의 값으로 정하여 그리게 되고 각 군집의 중심점을 표시한다.

코드를 다 작성했으면, 윈도우 커맨드에서 예제 4.2 파일이 위치한 폴더로 이동하여 실제로 프로그램이 구동되도록 다음 명령을 실행한다.

```
$ python kmeans-cluster.py 3 iris.data "0,1,2,3" iris-centroid.csv result.txt
```

실행하는 명령의 형식은 다음과 같다.

```
$ python kmeans-cluster.py <cluster number> <data filename> <columns> <centroid filename> <result filename>
```

이 명령행에서 사용하는 각 파라미터의 의미는 다음과 같다.

- cluster number: K-평균에서 k 숫자, 즉 군집의 개수
- data filename: 학습에 사용할 데이터 파일명(csv 형태)
- columns: data filename에서 학습에 사용할 컬럼 번호를 목록 형태로 지정
- centroid filename: 학습된 군집의 중심점 생성 결과를 저장할 파일명
- result filename: 훈련 데이터의 군집화 결과를 저장할 파일명

프로그램을 실행하면 그림 4.7과 같이 군집화 결과가 이미지로 출력이 된다. 참고로 데이터의 1번째와 2번째 컬럼의 데이터를 기준으로 보여준다.

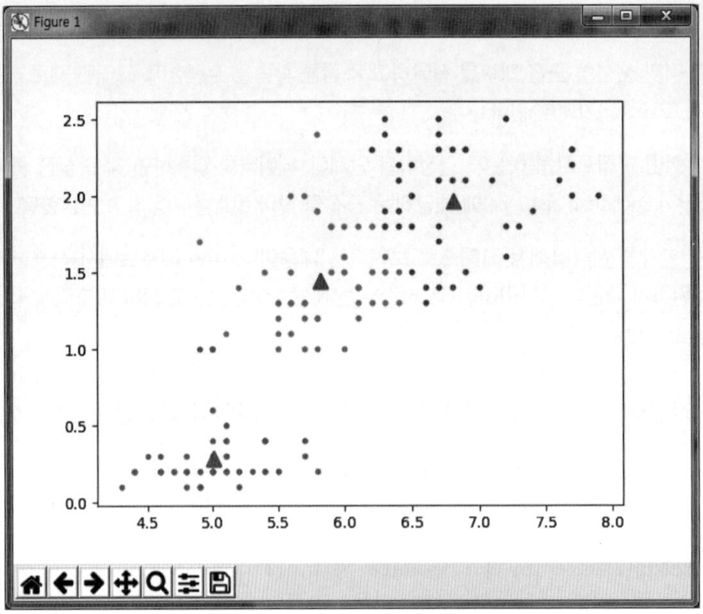

그림 4.7 | 붓꽃 데이터 K-평균 수행 결과

최종적으로 군집화 결과의 정확도는 약 83.3% 정도가 나왔다. 꽤 높은 수치다. 각자 분류가 잘 되는지 직접 확인해 보자.

4.4 와인 데이터로 군집화 실습하기

이번에는 붓꽃과 유사하게 와인 데이터를 이용해 와인의 종류를 분류해보자. 와인을 분류하기 위해 와인의 다양한 속성을 이용해 비슷한 종류끼리 분류를 진행해 보기 위함이다.

데이터는 UCI 대학교 홈페이지에서 `wine.data` 파일을 내려받는다.

URL http://archive.ics.uci.edu/ml/machine-learning-databases/wine/

위치는 kmeans-cluster.py 파일이 있는 동일한 폴더다. 와인 데이터는 표 4.3과 같이 구성되어 있다.

표 4.3 | Wine 데이터의 구성 내용

참조 http://archive.ics.uci.edu/ml/machine-learning-databases/wine/wine.names

컬럼 순서	컬럼 내용	설명
0	Cluster	실제 군집 분류 정답
1	Alcohol	알코올 함유 비율
2	Malic acid	사과산
3	Ash	회분
4	Alcalinity of ash	회분 염기도
5	Magnesium	마그네슘
6	Total phenols	페놀
7	Flavonoids	플라보노이드
8	Nonflavanoid phenols	비플라보노이드 페놀
9	Proanthocyanins	프로안토시아닌
10	Color intensity	색 강도
11	Hue	색상
12	OD280/OD315 of diluted wines	OD280/OD315 희석 정도
13	Proline	프롤린

윈도우 커맨드에서 작성한 프로그램을 실행하기 위해 다음과 같이 명령을 실행한다.

```
$ python kmeans-cluster.py 3 wine.data "1,2,3,4,5,6,7,8,9,10,11,12,13"
wine-centroid.csv wine.out.txt
```

이렇게 실행하고 첫 번째 컬럼(와인 종류)에서 할당한 군집 정보와 비교해 보면 약 70.8%의 정확도를 갖는다. 실행한 결과는 그림 4.8과 같다.

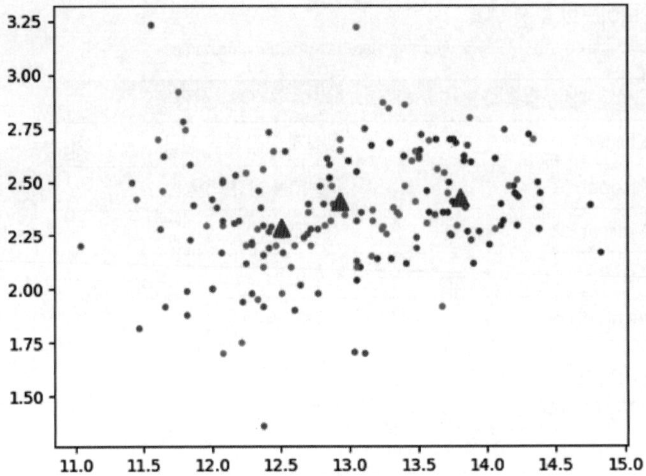

그림 4.8 | 와인 데이터 K-평균 수행 결과

동일한 데이터에 대해 홀수 컬럼만을 사용해서 클러스터링을 해보면 다음과 같다.

```
$ python kmeans-cluster.py 3 wine.data "1,3,5,7,9,11,13"
wine-centroid.csv wine.out.txt
```

이렇게 홀수 컬럼만 실행해 첫 번째 컬럼(와인종류)에서 할당한 군집 정보와 비교해 보면 178개 중 126개가 동일하여 약 70.2%의 정확도를 갖는다. 동일한 데이터에 대해 짝수 컬럼만 사용해서 군집화를 해보면 다음과 같다.

```
$ python kmeans-cluster.py 3 wine.data "2,4,6,8,10,12"
wine-centroid.csv wine.out.txt
```

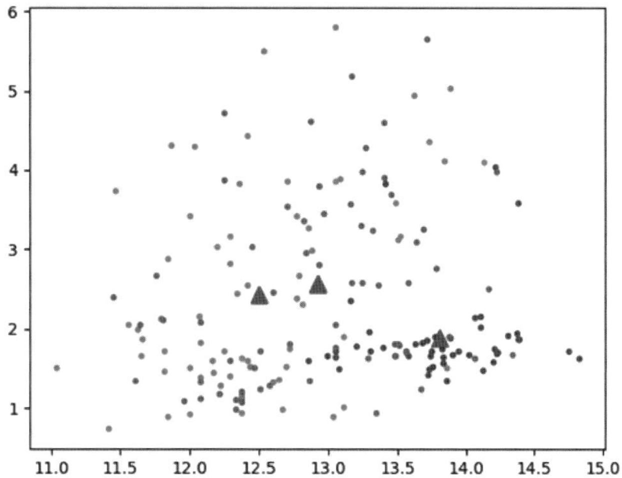

그림 4.9 | 와인 데이터에 대한 K-평균 군집화 결과

이렇게 실행하고 정확도를 확인하려면 wine.data 파일의 첫 번째 컬럼(와인 종류)을 정답으로 하고, wine.out.txt 파일의 값과 같은지 비교하면 되는데 wine.data는 라벨이 1, 2, 3인 반면 wine.out.txt는 0, 1, 2이므로 숫자를 동일하게 1, 2, 3으로 변경한 후 정답률을 계산해 보면 된다. 그러면 약 70% 내외의 정확도를 갖는다는 사실을 확인할 수 있을 것이다.

이와 같이 K-평균 방법은 모든 컬럼을 동일한 가중치로 사용하기 때문에 컬럼 선택에 따라 결과가 달라지게 된다. 그리고 컬럼 선택도 사용자가 직접 해줘야 한다. 따라서, 어떤 컬럼이 원하는 결과에 연관성이 있는지 별도로 분석하여 선정을 해주는 사전 과정이 필요하다.

생성한 군집 모델 정보를 이용해 데이터 테스트하기

앞에서 학습한 wine.data 데이터의 형식을 참고해서 임의의 새로운 데이터를 만들자. 새로운 데이터가 어떤 군집에 속하는지 테스트해보겠다. 기존 와인 데이터는 총 13개의 속성을 가지고 있었기 때문에 컬럼 수를 맞춰서 데이터를 준비하자. 예를 들면 리스트 4.3과 같다.

URL https://github.com/onlybooks/AI_Begin/tree/master/chapter04

리스트 4.3 | wine-test.data 파일 일부 내용

```
14.23,1.71,2.43,15.6,90,2.8,3.06,.28,2.29,5.64,1.04,3.92,1065
13.2,1.78,2.14,11.2,100,2.65,2.70,.26,1.28,4.38,1.05,3.4,1050
13.16,2.36,2.67,18.6,101,2.8,3.19,.3,2.81,5.68,1.03,3.17,1185
14.37,1.95,2.5,16.8,113,3.85,3.49,.24,2.18,7.8,.86,3.45,1480
13.24,2.59,2.87,21,110,2.8,2.69,.39,1.82,4.32,1.04,2.93,735
14.2,1.76,2.40,15.2,112,3.27,3.39,.34,1.97,6.75,1.05,2.85,1450
14.39,1.87,2.45,14.6,96,2.5,2.52,.3,1.98,5.25,1.02,3.58,1290
14.06,2.15,2.61,17.6,121,2.6,2.51,.31,1.25,5.05,1.06,3.58,1295
14.83,1.64,2.17,14,97,2.8,2.98,.29,1.98,5.2,1.08,2.85,1045
13.71,1.86,2.36,16.6,101,2.61,2.88,.27,1.69,3.8,1.11,4,1035
12.85,1.6,2.52,17.8,95,2.48,2.37,.26,1.46,3.93,1.09,3.63,1015
…
```

예제 4.3과 같이 K-평균 군집화를 수행하기 위한 프로그램을 작성하고 kmeans-run.py 파일로 저장한다.

예제 4.3 | 와인 데이터로 군집화하기 소스코드 kmeans-run.py

```
# -*- coding: utf-8 -*-
#

import sys
import numpy as np
from scipy.cluster.vq import kmeans,vq
from numpy import genfromtxt

# 테스트 데이터를 파일에서 읽어오는 함수
def readData(filename, columns):
    csv = genfromtxt(filename, delimiter=",",
            usecols=(map(int, columns.split(","))))
    return csv


if __name__ == "__main__":

    cluster_filename = sys.argv[1]
    test_filename = sys.argv[2]
    columns = sys.argv[3]

    # 모델 읽어오기 ❶
    centroids = np.loadtxt(cluster_filename, delimiter=",")
    read_data = readData(test_filename, columns)
```

```
# 결과 양자화 ❷
idx, _ = vq(read_data, centroids)

print(idx)
```


❶ 앞에서 학습하여 저장한 모델 정보를 읽어온다.

❷ 데이터가 어떤 중심점에 해당되는지 계단처럼 매핑하는 양자화 단계다. 데이터를 입력하면 각 중심점 중에 가장 가까운 거리(Euclidean distance)에 해당하는 군집을 찾아 번호를 지정하여 반환한다.

이제 wine-centroid.csv를 읽어 군집 정보를 준비하고 wine-test.data 데이터를 테스트해 보겠다. 윈도우 커맨드에서 작성한 프로그램을 실행하기 위해 다음과 같은 명령을 실행하자. 그러면, 데이터가 속한 와인 군집 정보가 표시된다.

```
$ python kmeans-run.py wine-centroid.csv wine-test.data
"1,2,3,4,5,6,7,8,9,10,11,12,13"
[0 0 0 0 2 0 0 0 0 0 0 2 2 1 2 1]
```

이와 같이 이제 학습된 모델 파일을 이용해 테스트 데이터를 입력으로 활용해 예측을 해볼 수 있게 되었다. 와인의 종류 결과는 0~2와 같이 숫자로 출력되었다.

4.5 정리

이번 장에서는 비지도학습의 대표적인 군집화 기법에 대해서 알아보았다. K-평균 알고리즘은 거리 기반으로 군집의 중심점을 이동하면서 군집화를 수행한다. 매우 이해하기 쉽고 연산 속도도 빨라서 많이 사용되지만, 특이점 데이터에 너무 민감하거나 복잡한 데이터 구조에 적용하기에는 한계가 있다.

군집화는 특징을 기준으로 분류하는 방법을 말한다. 개발자가 지정하는 것은 군집의 개수 정도다. 비지도학습이기 때문에 특성이나 분류를 미리 예측할 수 없고 주어진 특징들의 값에 따라 자동으로 분류된다. 이러한 특성을 충분히 이해해야 군집화를 제대로 사용할 수 있다. 다시 말해 특징이 어떻게 선정되는지에 따라 군집화 결과가 달라지게 된다. 그러므로 데이터의 유형에 따라 특징과 군집의 수를 변경하면서 최적의 군집을 찾아내야 한다.

군집화의 숨어 있는 기능으로는 새로운 군집을 발견하는 것이다. 수많은 데이터 안에서 이리저리 군집화를 테스트하다 보면, 미처 발견하지 못한 새로운 유형의 데이터를 찾을 수 있다. 마치 동식물 세계에서 새로운 종의 발견을 하는 것처럼 말이다.

5장 딥러닝을 이용한 이미지 분류

이번 장에서는 딥러닝을 이용하여 이미지를 처리하는 방법에 대해 알아 보려고 한다. 딥러닝을 통한 대표적인 성공 사례가 바로 이미지 분류라고 할 수 있다. 구글은 딥러닝을 통해 방대한 이미지를 분류했고 이미지 검색 서비스를 제공하고 있다.

딥러닝 개발을 하기 위한 프레임워크로는 텐서플로, 테아노, CNTK와 파이토치 등 다양한 오픈소스 플랫폼이 존재한다. 이 플랫폼들은 저마다 사용법과 특성이 모두 다르다. 이 장에서는 이러한 플랫폼들을 통합하여 일관되고 상대적으로 쉬운 사용법을 제공하는 파이썬 기반 상위 레벨 플랫폼인 케라스Keras를 사용해 딥러닝을 개발해 보겠다. 아직 케라스 2.x 이상 버전을 설치하지 않았다면 부록을 참고하길 바란다. 자세한 설치 방법은 **부록 C 케라스 설치하기**에 나와 있으니 참고해서 준비하기 바란다.

5.1 딥러닝 기술의 이해

1943년 워렌 맥컬럭Warren McCulloch과 월터 피츠Walter Pitss가 단순화된 뇌 세포의 개념을 처음 발표했다. 워렌 맥컬럭은 인간의 뇌 구조와 유사한 인공 신경망Artificial Neural Network 알고리즘을 최초로 세상에 알렸다. 그리고 1980년대에 입력층Input Layer과 출력층Output Layer 사이에 복수의 은닉층Hidden Layer이 존재하는 심층 신경망Deep Neural Network 이론이 등장했다. 이 심층 신경망이 오늘날 딥러닝의 형태와 유사하다고 말할 수 있다.

그러나 이 기술은 2000년대 초반까지만 하더라도 낮은 PC 성능과 부족한 데이터 양으로 인해 거의 사장되었다. 하지만 최근에 인터넷으로 축적된 수많은 데이터와 처리 속도가 뛰어난 고성능 PC 등장을 비롯한 기술환경의 급격한 변화 덕분에 딥러닝은 화려하게 부활했다.

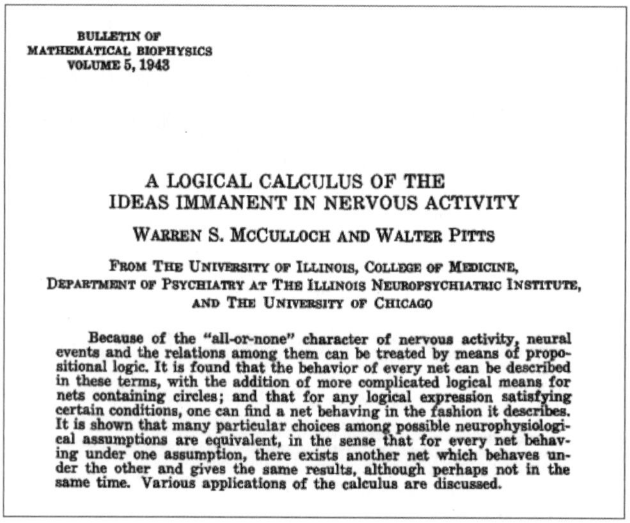

BULLETIN OF
MATHEMATICAL BIOPHYSICS
VOLUME 5, 1943

A LOGICAL CALCULUS OF THE
IDEAS IMMANENT IN NERVOUS ACTIVITY

WARREN S. MCCULLOCH AND WALTER PITTS

FROM THE UNIVERSITY OF ILLINOIS, COLLEGE OF MEDICINE,
DEPARTMENT OF PSYCHIATRY AT THE ILLINOIS NEUROPSYCHIATRIC INSTITUTE,
AND THE UNIVERSITY OF CHICAGO

Because of the "all-or-none" character of nervous activity, neural events and the relations among them can be treated by means of propositional logic. It is found that the behavior of every net can be described in these terms, with the addition of more complicated logical means for nets containing circles; and that for any logical expression satisfying certain conditions, one can find a net behaving in the fashion it describes. It is shown that many particular choices among possible neurophysiological assumptions are equivalent, in the sense that for every net behaving under one assumption, there exists another net which behaves under the other and gives the same results, although perhaps not in the same time. Various applications of the calculus are discussed.

그림 5.1 | 인공 신경망 탄생을 알린 맥컬럭-피츠의 1943년 논문
"A Logical Calculus of the Ideas Immanent in Nervous Activity"

출처 *https://link.springer.com/article/10.1007/BF02478259*

딥러닝이 오늘날 갑작스럽게 각광받게 된 이유를 3가지로 압축하면 다음과 같다.

첫째, 복잡한 구조를 처리할 수 있는 컴퓨팅 파워, 즉 연산 능력이 뒷받침되고 있기 때문이다. CPU와 GPU 성능이 비약적으로 발전해서 연산속도를 월등히 향상시켰다. GPU(그래픽 연산 장치)를 이용한 병렬 분산 처리 기술의 발전은 과거 몇 달이 걸리던 방대한 양의 계산 문제를 단 며칠 만에 해결할 수 있게 만들었다.

둘째, 인터넷을 통해 많은 데이터가 생성되기 때문이다. 각종 포털과 SNS에서 방대한 텍스트와 이미지 동영상 데이터가 생성되기에 이를 통해 학습할 만한 충분한 데이터가 확보되었다.

셋째, 기존 알고리즘보다 뛰어난 혁신적인 딥러닝 알고리즘이 나왔기 때문이다. 최근에는 합성곱 신경망Convolution Neural Networks 기반의 딥러닝 알고리즘이 뛰어난 성능을 발휘하고 있으며, 컴퓨터 비전과 음성 인식 등의 분야에서 특히 더 탁월한 성능을 보이고 있다.

이렇듯 딥러닝의 부활에 맞물려, 구글은 2012년 1,000대의 컴퓨터로 1,000만 개의 유튜브 이미지를 딥러닝으로 분석해 사람과 고양이를 구분해냈다. 이전까지만 해도, 컴퓨터에게 고양이 얼굴의 특징(눈의 크기, 귀의 크기 등)과 사람 얼굴의 특징을 학습시킨 뒤 분류하는 방식이 일반적이었는데, 구글은 입력 데이터만을 가지고 컴퓨터가 스스로 특징을 찾아낸 뒤 분류하게 하는 새로운 방식을 이용했다. 이 방식이 성공했다는 점은 매우 큰 의미를 지닌다. 고양이인 기준과 고양이가 아닌 특징(구별점)을 사람이 정해주지 않아도 컴퓨터가 찾아내기 시작한 것이다.

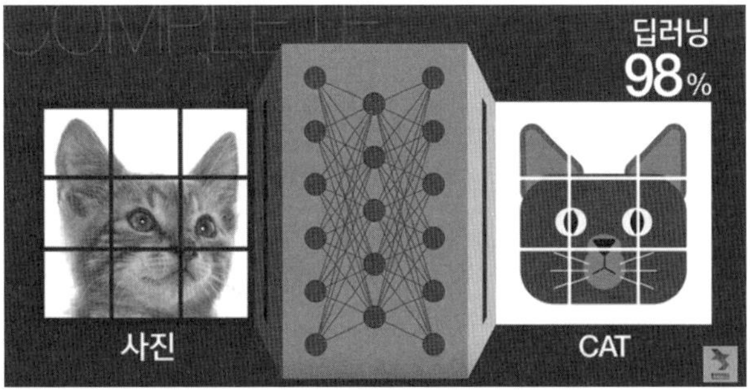

그림 5.2 | 딥러닝 인식 과정

출처 동아 사이언스 유튜브 *https://www.youtube.com/watch?v=S2hvUoJMqhA*

이처럼 컴퓨터가 스스로 구별하는 기준을 찾아내는 단계, 즉 단지 많은 양의 이미지를 관찰하고 학습하는 것만으로도 개체를 인식하는 수준까지 이르게 되었다. 고양이와 강아지의 차이를 컴퓨터 스스로 찾고, 바둑에서 좋은 수와 나쁜 수를 구별하는 기준을 스스로 찾는다.

이와 같이 최근 딥러닝 기술의 발전으로 가장 큰 진전을 보인 대표적인 영역이 바로 이미지 처리 분야라 할 수 있다. 딥러닝이 처리하는 인식의 성능이 이미 사람과 유사한 수준에 도달한 사례도 있다. 주로 대표적인 이미지 처리 영역은 이미지 검색, 이미지 분류 및 태깅, 객체 추출, 얼굴 인식 등 다양하다.

input output

(1) 거리의 라벨 이미지를 실제 사진형태로 변환

input output

(2) 연필 스케치를 실제 사진으로 변환

그림 5.3 | 딥러닝을 이용한 이미지 변환

출처 *https://phillipi.github.io/pix2pix/*

그림 5.3은 이미지에 딥러닝 기술을 적용한 예제들이다. 이미지를 입력하면 딥러닝 알고리즘을 통해 자동으로 흑백 이미지를 컬러로 변경한다거나, 연필로 스케치한 그림을 실제 사진으로 변환하는 예를 볼 수 있다.

다음은 저해상도의 이미지를 고해상도로 복원하거나 사진에서 가려진 특정 부분을 재생하는 예다. 구글은 「Pixel Recursive Super Resolution(픽셀 재귀 슈퍼 해상도)」이라는 논문에서 해상도가 낮은 픽셀 이미지를 좀 더 높은 해상도의 상세한 이미지로 복원하는 연구를 진행했다. 그림 5.4는 얼굴의 해상도를 복원한 사례를 보여준다.

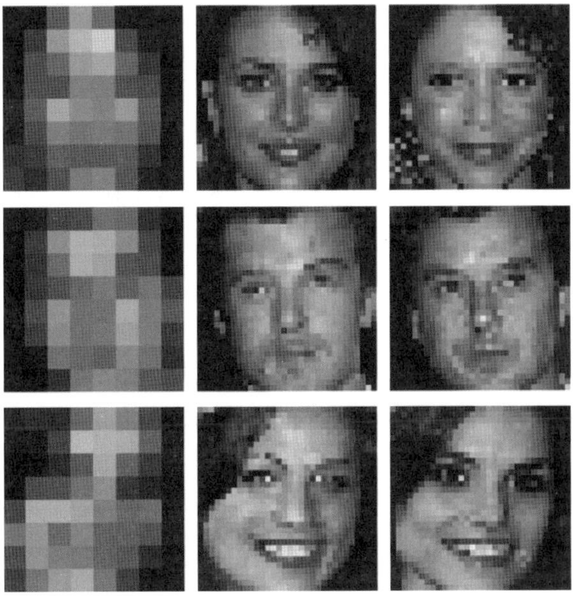

그림 5.4 | 픽셀 재귀 슈퍼 해상도(Pixel Recursive Super Resolution) 사례

참조 *https://arxiv.org/pdf/1702.00783.pdf?xtor=AL-32280680*

이미지 객체 추출은 찾아 내려고 하는 이미지 객체가 어떤 것인지, 어디에 위치하고 크기가 어떻게 되는지에 대한 정보를 추가로 찾아낸다. 비슷한 이미지 처리 방식에는 이미지 분류classification, 이미지 분류 및 위치 검색classification + location, 객체 추출object detection, 개체 분리instance segmentation로 나눌 수 있다.

다음 그림 5.5와 그림 5.6은 이 네 가지 접근이 어떻게 다른지를 보여준다. 그림 5.5는 단일 객체에 대한 이미지를 처리하는 방법으로 좌측의 분류classification에서는 객체의 위치에 대해서는 고려하지 않고 전체 이미지를 대상으로 사전 학습된 이미지들 중 가장 유사한 이미지 분류를 찾는 데 집중한다. 때문에 분류에서 형태를 갖는 객체가 아니라 바다나 풍경, 도로, 무늬나 색감 등 다양한 이미지에 대해 설명하는 태그 생성기로 사용될 수도 있다. 우측의 분류 및 위치 검색Classification + Localization 방법은 분류된 객체가 그림 내 어디에 위치하는지 정보를 갖는 **최소 경계 사각형**MBR, Minimum Bounding Rectangle을 찾는다. MBR은 보통 사각형의 좌상단 x좌표, y좌표와 너비, 높이로 구성한다.

그림 5.5 | **단일 객체 분류**

다음의 그림 5.6은 여러 개의 객체를 포함한 이미지를 분석하는 방법으로, 객체도 여러 개지만 객체의 종류도 여러가지가 올 수 있다. 좌측의 **객체 추출**Object Detection 방법은 이미지 내에서 여러 종류, 여러 개의 객체를 감지해 분류한 태그Tag 정보와 최소 경계 사각형(MBR) 정보를 함께 제공한다. 우측의 **개체 분리**Instance Segmentation는 객체 추출과 유사하나 MBR 대신에 실제 객체의 외곽 좌표를 추출한다는 점에서 차이가 있다.

그림 5.6 | **다중 객체 분류**

출처 https://medium.com/comet-app/review-of-deep-learning-algorithms-for-object-detection-c1f3d437b852

이제부터 대표적인 이미지 처리 기술인 이미지 분류Classification와 객체 추출Object Detection에 대해 좀 더 자세히 알아보고 직접 한번 다뤄보자.

5.2 CNN이란

딥러닝을 구성하는 대표적인 두 가지 기술은 순환 신경망RNN, Recurrent Neural Networks과 합성곱 신경망CNN, Convolutional Neural Network이다. 순환 신경망은 앞에서 처리한 결과를 순환하여 다음 처리에 사용하므로 메모리의 성격을 갖는다. 따라서 데이터 간에 시간적 의미가 있거나 혹은 순서가 중요한 데이터를 분석할 때 많이 활용된다. 텍스트 분석도 앞뒤 단어의 순서 때문에 순환 신경망을 많이 활용한다. 반면, 합성곱 신경망은 순서보다는 동시에 발견된 주변 데이터의 값에 더 무게를 둔다. 예를 들어 이미지의 경우, 각 픽셀 사이에서 순서는 의미가 없으나 주변 픽셀과 색이 같은지, 다른지는 더 의미가 있다.

합성곱 신경망은 이전부터 이미지 처리에서 많이 활용되던 윈도우(또는 이미지 필터) 개념에서부터 출발하면 이해가 쉽다. 이미지에서 경계를 찾거나 블러링을 하는 등 필터링을 할 때 사용하는 2차원 매트릭스와 유사한 형태를 찾는다. 그림 5.7은 간단한 엣지edge 필터를 이용해 이미지에서 경계를 추출한 결과를 보여준다.

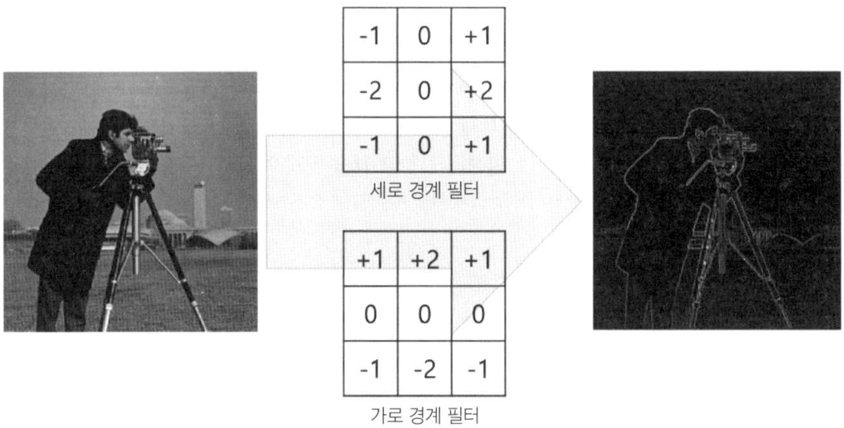

그림 5.7 | 엣지(edge) 필터를 이용한 이미지 경계 추출

출처 http://scikit-image.org/docs/dev/auto_examples/edges/plot_edge_filter.html

그림 5.7과 같이 이미지의 각 RGB값은 위치에 따른 3×3 합성 윈도우Convolution Window와 곱해지고 윈도우는 2차원을 가로와 세로로 슬라이딩sliding하면서 합성곱을 계산해 출력 이미지를 계산한다. 이러한 방법은 기존 머신러닝에서 이미지를 처리하는 대표적인 방법이었고 소벨 엣지sobel edge와 같이 여러가지 특성을 갖는 다양한 윈도우 필터를 개발해 사용해왔다. 어떤 윈도우를 사용할지, 다시 말해 어떤 특징 벡터를 추출할지 선택하는 방법이 머신러닝이고 알고리즘이 스스로 찾아내는 것이 딥러닝이라고 앞서 설명한 바 있다. 딥러닝에서 말하는 합성곱 신경망이 기존 머신러닝의 **이동 윈도우**Sliding Window와 다른 점이 여기에 있다.

그림 5.8은 합성곱 신경망 레이어를 형상화하여 보여주고 있다. 좌측의 레이어는 특징 학습Feature Learning 층으로 이 부분이 앞에서 말한 합성Convolution 영역이고 훈련 데이터에 의해 윈도우들이 정답에 가깝도록 학습되는 부분이다. 이후 오른쪽 부분이 앞에서 추출된 특징값을 이용해 분류 결과를 예측하는 이미지 분류 문제를 해결하기 위한 합성곱 신경망층이다.

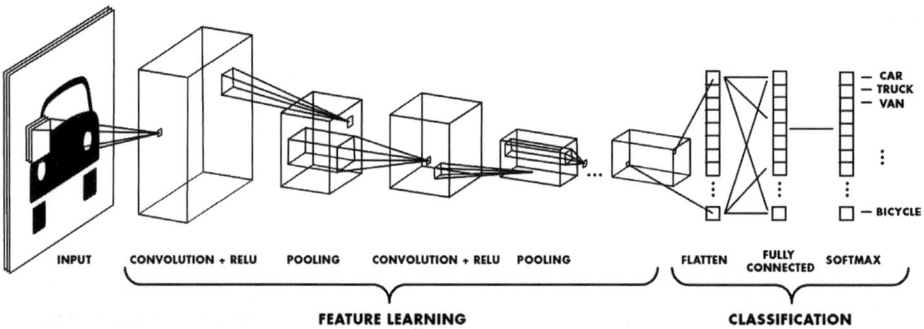

그림 5.8 | **합성곱 신경망 학습 단계 예시**

출처 *https://in.mathworks.com/solutions/deep-learning/convolutional-neural-network.html*

과거 머신러닝을 사용해 사람이 최적의 특징(윈도우)을 선택해 신경망을 학습했을 때보다 스스로 특징을 찾아내는 합성곱 신경망 기반의 이미지 분류 성능이 더 좋게 나온 것은 사실이다. 하지만 오랫동안의 인간의 노하우를 이겨내기 위한 방법이 단순히 알고리즘이 뛰어나다는 사실뿐만 아니라, 엄청난 양의 데이터와 일반인이 쉽게 시도해보기 어려운 엄청난 GPU 성능이 필요하다는 사실을 잊어서는 안 될 것이다.

5.3 손글씨 이미지 인식

이제 직접 이미지 분류를 실행해 보자. MNIST 데이터는 Modified Institute of Standards and Technology 데이터 세트의 약자로서, 인간이 손으로 쓴 숫자에 대한 이미지 데이터 세트로 미국에서 수집되어 원본인 NIST가 개선된 버전이다. 미국 국립표준기술연구소 NIST, National Institute of Standards and Technology는 측정 표준 실험실로 미국 상무부 산하의 비규제 기관이다. MNIST 데이터는 약 6만여 개의 훈련 데이터와 1만여 개의 테스트 이미지를 포함한다. 이 MNIST 데이터는 머신러닝 테스트를 위해 사용되는 대표적인 데이터 세트다. 이 대표적인 데이터 세트를 이용해 손글씨를 한번 분류해보자.

데이터에 대한 더 자세한 내용은 다음의 위키피디아를 참고하기 바란다.

URL https://ko.wikipedia.org/wiki/MNIST_데이터베이스

그림 5.9 | MNIST 데이터 셋

출처 *https://ko.wikipedia.org/wiki/MNIST_*데이터베이스

MNIST 데이터를 케라스를 이용해 딥러닝 분류를 실행하고 평가하는 내용은 예제 5.1과 같다. 이 코드는 케라스에서 제공하는 깃헙 사이트의 샘플 예제를 참고했다.

URL https://github.com/keras-team/keras/blob/master/examples/mnist_cnn.py

예제 5.1 | MNIST 합성곱 신경망 학습 소스코드 mnist_cnn.py

```
# -*- coding: utf-8 -*-

from __future__ import print_function
import h5py  # import 문 추가
import keras
from keras.datasets import mnist
from keras.models import Sequential
from keras.layers import Dense, Dropout, Flatten
from keras.layers import Conv2D, MaxPooling2D
from keras import backend as K

# 반복 횟수와 생성할 cluster의 개수 지정 ❶
batch_size = 128
num_classes = 10
epochs = 12

# input image dimensions
img_rows, img_cols = 28, 28

# the data, shuffled and split between train and test sets ❷
(x_train, y_train), (x_test, y_test) = mnist.load_data()

if K.image_data_format() == 'channels_first':
    # 읽어온 이미지의 크기를 균일하게 조정 ❸
    x_train = x_train.reshape(x_train.shape[0], 1, img_rows, img_cols)
    x_test = x_test.reshape(x_test.shape[0], 1, img_rows, img_cols)
    input_shape = (1, img_rows, img_cols)
else:
    x_train = x_train.reshape(x_train.shape[0], img_rows, img_cols, 1)
    x_test = x_test.reshape(x_test.shape[0], img_rows, img_cols, 1)
    input_shape = (img_rows, img_cols, 1)

x_train = x_train.astype('float32')
x_test = x_test.astype('float32')
x_train /= 255
x_test /= 255
print('x_train shape:', x_train.shape)
print(x_train.shape[0], 'train samples')
print(x_test.shape[0], 'test samples')

# convert class vectors to binary class matrices
y_train = keras.utils.to_categorical(y_train, num_classes)
```

```
y_test = keras.utils.to_categorical(y_test, num_classes)

# 학습에 활용할 모델을 생성한다 ❹
model = Sequential()
model.add(Conv2D(32, kernel_size=(3, 3),
                 activation='relu',
                 input_shape=input_shape))
model.add(Conv2D(64, (3, 3), activation='relu'))
model.add(MaxPooling2D(pool_size=(2, 2)))
model.add(Dropout(0.25))
model.add(Flatten())
model.add(Dense(128, activation='relu'))
model.add(Dropout(0.5))
model.add(Dense(num_classes, activation='softmax'))

# 학습 절차 구성 ❺
model.compile(loss=keras.losses.categorical_crossentropy,
              optimizer=keras.optimizers.Adadelta(),
              metrics=['accuracy'])

# 학습 수행
model.fit(x_train, y_train,
          batch_size=batch_size,
          epochs=epochs,
          verbose=1,
          validation_data=(x_test, y_test))

# 학습한 모델 평가
score = model.evaluate(x_test, y_test, verbose=0)
print('Test loss:', score[0])
print('Test accuracy:', score[1])
```

❶ 군집 학습시 반복할 횟수와 생성할 군집의 개수를 지정한다.

❷ 학습화 테스트에 사용할 MNIST 데이터를 읽어온다. 이 데이터는 케라스 설치할 때 기본으로 제공되는 것으로, 합쳐진 1개의 파일로 되어 있다.

❸ 학습하기 이전에 이미지의 크기를 균일하게 조정한다. 다양한 이미지 크기에 따른 변화를 최소화하고, 합성곱 신경망에서 합성 윈도우 의 이동에 따른 처리를 위해 균일한 크기 조정이 필요하다.

❹ 딥러닝 모델을 구성하기 위해 케라스에서 제공하는 시퀀스 모델을 생성했다. 생성한 모델의 각 레이어를 원하는 방식과 활성화 함수를 지정하여 목적에 따라 구성한다.

❺ 학습하기에 앞서 이전에 구성한 각 설정값을 이용해 절차에 따른 단계별 설정을 작성하여 학습할 준비를 한다.

여기서 주의할 점은 구동시 h5py 관련 오류가 발생하는 경우 3번째 행과 같이 `import h5py`를 추가한 것이다. 코드를 실행하면 그림 5.10과 같이 12번의 **에포크**epoch 동안 학습과 평가를 반복한다. 한번의 에포크를 수행할 때 약 5분 정도가 소요되었고, 평가 결과에서도 오류율을 나타내는 **손실**loss은 처음 0.3386에서 마지막 0.0381로 약 1/10로 줄어들었고, 정확도는 89.72%에서 98.84%로 향상되었다.

```
        epochs=epochs,
        verbose=1,
        validation_data=(x_test, y_test))
score = model.evaluate(x_test, y_test, verbose=0)
print('Test loss:', score[0])
print('Test accuracy:', score[1])

Downloading data from https://s3.amazonaws.com/img-datasets/mnist.npz
11493376/11490434 [==============================] - 8s 1us/step
x_train shape: (60000, 28, 28, 1)
60000 train samples
10000 test samples
Train on 60000 samples, validate on 10000 samples
Epoch 1/12
60000/60000 [==============================] - 286s 5ms/step - loss: 0.3386 - acc: 0.8972 - val_loss: 0.0791 - val_acc: 0.9759
Epoch 2/12
60000/60000 [==============================] - 302s 5ms/step - loss: 0.1134 - acc: 0.9667 - val_loss: 0.0532 - val_acc: 0.9828
Epoch 3/12
60000/60000 [==============================] - 289s 5ms/step - loss: 0.0857 - acc: 0.9749 - val_loss: 0.0446 - val_acc: 0.9852
Epoch 4/12
60000/60000 [==============================] - 294s 5ms/step - loss: 0.0707 - acc: 0.9786 - val_loss: 0.0397 - val_acc: 0.9858
Epoch 5/12
60000/60000 [==============================] - 311s 5ms/step - loss: 0.0631 - acc: 0.9816 - val_loss: 0.0357 - val_acc: 0.9877
Epoch 6/12
60000/60000 [==============================] - 311s 5ms/step - loss: 0.0569 - acc: 0.9835 - val_loss: 0.0339 - val_acc: 0.9884
Epoch 7/12
60000/60000 [==============================] - 309s 5ms/step - loss: 0.0518 - acc: 0.9845 - val_loss: 0.0348 - val_acc: 0.9882
Epoch 8/12
60000/60000 [==============================] - 328s 5ms/step - loss: 0.0481 - acc: 0.9858 - val_loss: 0.0308 - val_acc: 0.9887
Epoch 9/12
60000/60000 [==============================] - 315s 5ms/step - loss: 0.0433 - acc: 0.9866 - val_loss: 0.0312 - val_acc: 0.9888
Epoch 10/12
60000/60000 [==============================] - 348s 6ms/step - loss: 0.0404 - acc: 0.9881 - val_loss: 0.0297 - val_acc: 0.9901
Epoch 11/12
60000/60000 [==============================] - 339s 6ms/step - loss: 0.0405 - acc: 0.9879 - val_loss: 0.0287 - val_acc: 0.9898
Epoch 12/12
60000/60000 [==============================] - 312s 5ms/step - loss: 0.0381 - acc: 0.9884 - val_loss: 0.0276 - val_acc: 0.9910
Test loss: 0.027578724347145908
Test accuracy: 0.991
```

그림 5.10 | MNIST 데이터 분류 모델 학습 진행 결과

학습한 모델 저장하기

이렇게 학습 과정에 따라 생성된 모델은 별도로 저장해 두어야 다시 수행하지 않아도 된다. 예제 5.1 소스 맨 아래쪽에 다음과 같은 리스트 5.1의 코드부를 이어서 입력한 다음 모델을 저장한다. 모델은 'mnist_model_01.h5'라는 이름으로 저장되었다. 추후에 예측prediction을 수행할 때 해당 파일을 읽어서 바로 사용하면 된다.

리스트 5.1 | 모델 저장하기

```
from keras.models import load_model

model.save('mnist_model_01.h5')
```

5장

저장한 모델 읽기

`load_model`이라는 함수를 통해 저장한 mnist_mlp_model.h5 모델을 읽어 올 수 있다.

리스트 5.2 | 모델 읽어오기

```
from keras.models import load_model

model = load_model('mnist_mlp_model.h5')
```

이렇게 모델을 로딩했으면 기존 학습 단계를 다시 할 필요 없이 바로 이미지를 읽어서 손글씨 이미지에서 어떤 숫자인지를 예측할 수 있다.

5.4 음식 이미지 인식

딥러닝 기술을 이용하여 강아지 종 분류, 꽃 종류 분류, 자동차 분류, 사물 구분 등 다양한 사례를 생각해 볼 수 있다. 여기서는 한국인이 많이 먹는 음식을 분류해보겠다.

이미지를 수집하는 방법은 다양하지만, 그 방법은 이 책의 범위를 벗어나므로 별도로 설명하지 않겠다. 이 책에서는 테스트를 위해 검색 엔진에서 이미지를 검색하고 한 장 한 장 일일이 저장하는 방법을 택했다. 독자가 수집해도 되지만, 이미지 파일을 검색해서 내려받으려면 많은 시간이 소요되므로, 저자가 제공한 파일을 사용해서 실습하면 되겠다. 아래 깃허브 페이지에서 이미지 파일을 내려받아 사용하면 된다.

URL https://github.com/onlybooks/Ai_begin/tree/master/chapter05/kfood

여기서 분류하려는 음식의 종류는 다음과 같다.

- 치킨chicken
- 돌솥밥Dolsotbab
- 제육볶음Jeyugbokk-eum
- 김치Kimchi
- 삼겹살Samgyeobsal
- 된장찌개SoybeanPasteStew

각 음식에 대해 별도로 폴더를 생성하고, 각 분류대로 폴더에 맞게 이미지 파일을 저장해 둔다. 이미지 개수는 많을수록 좋으나, 많으면 그만큼 학습하는 시간이 오래 걸릴 것이다. 참고할 점은 수집된 이미지를 훈련 데이터와 테스트 데이터로 나눠 사용해야 하기 때문에 그에 따라 충분히 저장하는 것이 필요하다. 저자가 제공한 압축파일을 풀면 그림 5.11와 같은 폴더 구성으로 되어 있다.

그림 5.11 | 데이터 저장 폴더

각 폴더에는 그림 5.12과 같이 분류에 해당하는 이미지들이 저장되어 있다.

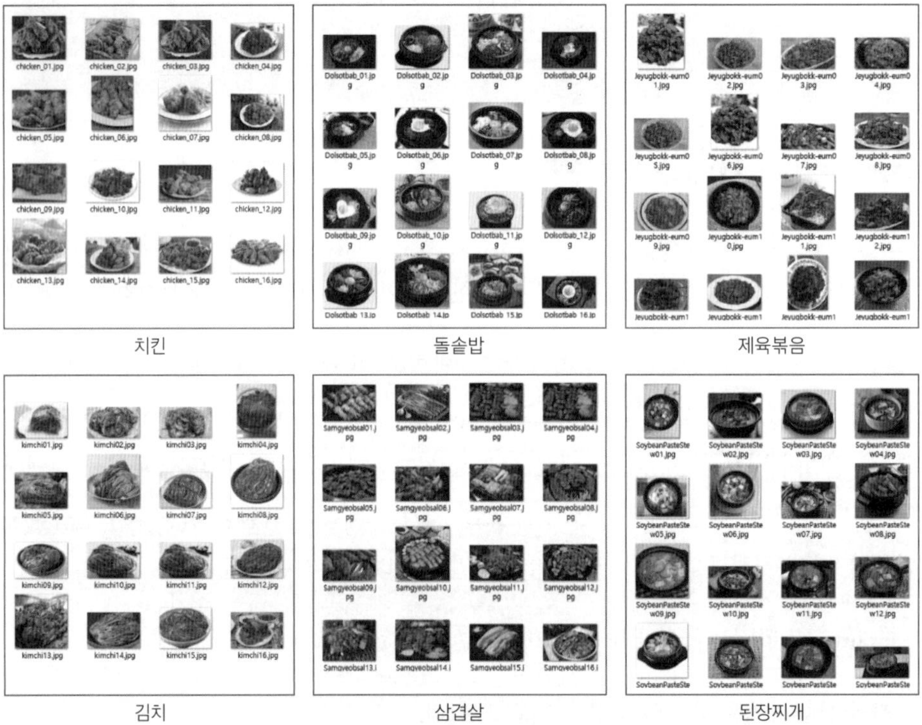

그림 5.12 | 한국인이 좋아하는 음식

학습 및 평가용 데이터 파일 생성하기

이제 MNIST 데이터 파일과 같이 각 이미지를 학습에 용이하도록 이미지 파일을 읽어서 지정된 크기로 이미지 크기를 변경하고 훈련 데이터와 테스트 데이터로 변환하여 하나의 파일로 저장해 두면 이후에 활용하기 편리할 것이다. food_dataset.py이라는 이름의 파이썬 파일을 새롭게 생성하고 예제 5.2처럼 프로그램을 작성한다.

예제 5.2 | 이미지 데이터 세트 만들기 소스코드 food_dataset.py

```
# -*- coding: utf-8 -*-

from sklearn import model_selection
from sklearn.model_selection import train_test_split
from PIL import Image
import os, glob
import numpy as np

# 분류 데이터 로딩

root_dir = "./food/"
# 카테고리 명령 지정 ❶
categories = ["Chicken", "Dolsotbab", "Jeyugbokkeum", "Kimchi",
              "Samgyeobsal", "SoybeanPasteStew"]
nb_classes = len(categories)

# 이미지 크기 지정 ❷
image_width = 64
image_height = 64


# 데이터 변수
X = []  # 이미지 데이터
Y = []  # 레이블 데이터

for idx, category in enumerate(categories):
    image_dir = root_dir + category
    files = glob.glob(image_dir + "/" + "*.jpg")
    print(image_dir + "/" +"*.jpg")

    for i, f in enumerate(files):
        # 이미지 로딩 ❸
        img = Image.open(f)
```

```
        img = img.convert("RGB")
        img = img.resize((image_width, image_height))
        data = np.asarray(img)
        X.append(data)
        Y.append(idx)

X = np.array(X)
Y = np.array(Y)

# 훈련 데이터와 테스트 데이터 나누기 ❹
X_train, X_test, Y_train, Y_test = train_test_split(X, Y)

xy = (X_train, X_test, Y_train, Y_test)
# 데이터 파일 저장 ❺
np.save(root_dir + "kfood.npy", xy)
```

❶ categories에 분류할 카테고리 명칭을 지정한다. 이때 지정한 이름은 이미지를 저장한 폴더 이름과 동일해야 한다.

❷ image_size는 64를 기본으로 하였고, 이미지의 가로 및 세로 크기를 나타낸다. 이미지를 지정한 크기만큼 변경하여 학습에 사용한다.

❸ 파일은 이미지 처리 모듈인 PIL(Pillow)을 이용해 Image 객체로 읽어들이고, RGB의 3개 채널로 변환한 후 이미지 크기를 변경하고 array 데이터로 변경하여 X 변수에 추가한다.

❹ 이렇게 변환하여 추가한 데이터를 train_test_split() 함수를 통해 나눈다.

❺ 훈련 데이터와 테스트 데이터로 분류한 내용은 kfood.npy 파일로 저장한다. .npy는 파이썬의 넘파이(NumPy)로 만들어진 데이터를 외부 파일로 저장할 때 쓰이는 확장자다.

다음과 같이 korea_food.py 파일을 실행한다.

```
$ python food_dataset.py
```

음식 분류 모델 학습하기

예제 5.2에서 생성한 kfood.py 데이터 파일을 이용해 음식을 분류하기 위한 사전 데이터 세트가 완성되었다. 딥러닝으로 학습하기 위한 기본 배열array 데이터가 만들어졌으므로,

이제 이 데이터를 바탕으로 딥러닝으로 학습해서 분류하면 된다. 그러고 나서 최종적으로 이미지 인식을 통해 한국의 음식들을 분류해 볼 것이다.

예제 5.3 | 한국음식 분류기 소스코드 food_classify.py

```
# coding: utf-8

# 사용할 모델 라이브러리 import
import sys, os
from keras.models import Sequential
from keras.layers import Convolution2D
from keras.layers import MaxPooling2D
from keras.layers import Activation
from keras.layers import Dropout
from keras.layers import Flatten
from keras.layers import Dense
from keras.utils import np_utils
import numpy as np

# 초기 설정
root_dir = "./kfood/"
categories = ["Chicken", "Dolsotbab", "Jeyugbokk-eum", "Kimchi",
              "Samgyeobsal", "SoybeanPasteStew"]
nb_classes = len(categories)
image_size = 64

# 데이터 로딩 ❶
def load_dataset():
    x_train, x_test, y_train, y_test = np.load("./food/kfood.npy")
    x_train = x_train.astype("float") / 256
    x_test = x_test.astype("float") / 256
    y_train = np_utils.to_categorical(y_train, nb_classes)
    y_test = np_utils.to_categorical(y_test, nb_classes)
    return  x_train, x_test, y_train, y_test

# 모델 구성 ❷
def build_model(in_shape):
    model = Sequential()
    model.add(Convolution2D(32, 3, 3, border_mode='Same', input_shape=in_
shape))
    model.add(Activation('relu'))
    model.add(MaxPooling2D(pool_size=(2,2)))
    model.add(Dropout(0.25))
```

```
    model.add(Convolution2D(64, 3, 3, border_mode='same'))
    model.add(Activation('relu'))
    model.add(Convolution2D(64, 3, 3))
    model.add(MaxPooling2D(pool_size=(2,2)))
    model.add(Dropout(0.25))
    model.add(Flatten())
    model.add(Dense(512))
    model.add(Activation('relu'))
    model.add(Dropout(0.5))
    model.add(Dense(nb_classes))
    model.add(Activation('softmax'))
    model.compile(loss='binary_crossentropy', optimizer='rmsprop',
                  metrics=['accuracy'])

    return model

# 모델 학습을 수행하고 저장된 모델을 파일로 저장 ❸
def model_train(x, y):
    model = build_model(x.shape[1:])
    model.fit(x, y, batch_size=32, epochs=30)

    return model

# 모델 평가하기 ❹
def model_eval(model, x, y):
    score = model.evaluate(x, y)
    print('loss=', score[0])
    print('accuracy=', score[1])

# 모델 학습 및 평가
x_train, x_test, y_train, y_test = load_dataset()
model = model_train(x_train, y_train)
model_eval(model, x_test, y_test)

# 모델 저장
model.save("./food/kfood_model.h5")
```

❶ 학습과 평가에 사용할 데이터를 읽어 온다. 이 데이터는 바로 앞 장에서 생성한 파일이다.

❷ 학습할 딥러닝 모델을 구성한다. 주된 딥러닝 알고리즘은 합성곱 신경망을 사용하며 **렐루**(ReLU)를 활성화 함수로 사용하며 최종 결과에만 **소프트맥스**(softmax) 함수를 사용한다. 모델을 안정적으로 수렴시키기 위해 `dropout()` 함수를 통해 단계별 필터링을 수행했고 출력 결과의 dimension을 조절해 64×64였던 Spatial 공간 벡터를 512로 줄였다가, 최종적으로 class 개수대로 축소했다.

❸ 모델 생성과 학습을 수행하는 함수다.

❹ 모델의 평가를 통해 정확도와 오류율을 출력한다.

참고 **활성화 함수란?**

활성화 함수란 어떠한 신호를 입력받아 이를 적절하게 처리해 출력해주는 함수다. 이를 통해 출력된 신호가 다음 단계에서 활성화되는지를 결정한다.

쉽게 말해서, 자신 얼굴의 볼을 꼬집었을때 그 아픔의 정도가 처음에는 참을 만했다가 어느 정도가 넘어가면 못 참는 단계가 된다. 아픔을 느낀다는 것은 얼굴의 아픔이 뇌까지 전달되는 것인데, 이런 것이 활성화 함수라고 할 수 있다.

각 활성화 함수에 대해서 그래프를 살펴보면 그 형태에 대해 더욱 이해가 쉬울 것이다.

- **시그모이드(Sigmoid) 함수**

  이 함수는 항상 0과 1 사이의 연속적인 값을 가진 비선형 함수다. 매우 큰 값을 가지면 함수값은 거의 1이며, 매우 작은 값을 가지면 거의 0이다. 이와 같은 시그모이드 함수는 신경망 초기에는 많이 사용되었지만, 최근에는 사용하지 않는다.

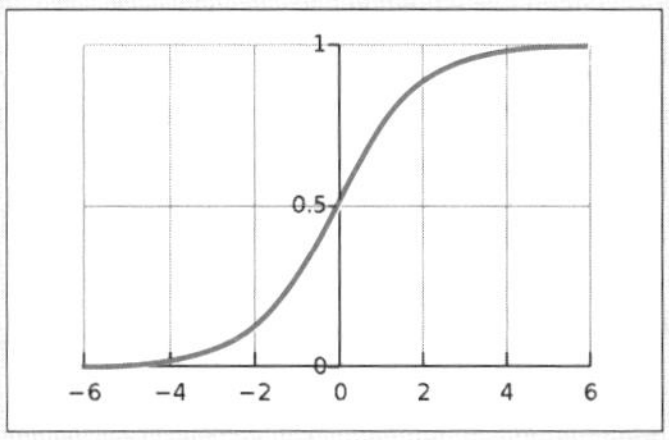

- **ReLU(Rectified Linear Unit) 함수**

  ReLU 함수는 0보다 작은 값에서는 0에 수렴하고, 0보다 큰 선형 함수다. ReLU의 장점은 x가 0 보다 작은 경우 0에 수렴하므로 계산식이 간단해진다. 딥러닝의 경우 기본적으로 계산량이 많아서 느려지는데, 미미한 값들은 아예 계산하지 않는 기법이다.

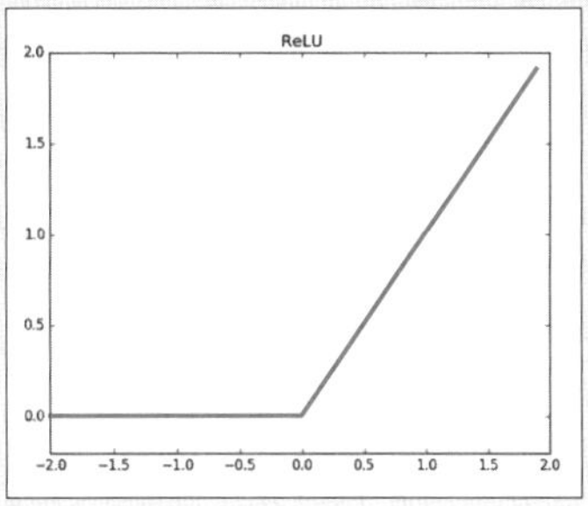

모델 활용해서 예측해 보기

이제 앞에서 생성한 모델 파일을 활용해 이미지를 분류해 보자. 실제 서비스 운영환경에서 학습할 이미지를 저장하고 모델을 학습하는 장비는 용량도 커야 하고 고성능이어야 한다. 하지만 이렇게 생성한 모델 파일을 상대적으로 가벼운 별도의 운영환경에 제공하여 서비스를 제공하면 된다. 다음 예제 5.4에서는 운영환경에서 모델을 활용하는 방법에 대해 알아보자.

예제 5.4 | 만들어진 모델을 활용한 음식 분류기 소스코드 food_classify_run.py

```
# coding: utf-8
import sys, os
from keras.models import Sequential
from keras.layers import Convolution2D, MaxPooling2D
from keras.layers import Activation, Dropout, Flatten, Dense
from keras.utils import np_utils
from keras.models import load_model
from PIL import Image
import numpy as np

# 테스트 이미지 목록 ❶
image_files = ["food/Chicken/chicken_01.jpg",
               "food/Chicken/chicken_02.jpg",
               "food/Kimchi/kimchi15.jpg",
               "food/Kimchi/kimchi07.jpg",
               "food/Samgyeobsal/Samgyeobsal04.jpg"]
image_size = 64
nb_classes = len(image_files)
categories = ["Chicken", "Dolsotbab", "Jeyugbokk-eum", "Kimchi", "Samgyeobsal",
              "SoybeanPasteStew"]

X = []
files = []
# 이미지 불러오기 ❷
for fname in image_files:
    img = Image.open(fname)
    img = img.convert("RGB")
    img = img.resize((image_size, image_size))
    in_data = np.asarray(img)
    in_data = in_data.astype("float") / 256
    X.append(in_data)
    files.append(fname)

X = np.array(X)

# 모델 파일 읽어오기 ❸
model = load_model('./food/kfood_model.h5')
```

```
# 예측 실행 ❹
pre = model.predict(X)

# 예측 결과 출력 ❺
for i, p in enumerate(pre):
    y = p.argmax()
    print("입력:", files[i])
print("예측:", "[", y, "]", categories[y], "/ Score",p[y])
```


❶ 테스트할 이미지 파일 목록을 `image_files` 배열에 지정한다. 실제 운영할 때는 파라미터로 받게 될 것이다.

❷ 각 파일을 읽어서 `Image` 객체로 만들고 이미지 채널을 RGB로 변경, 크기 변경, 데이터를 float형태의 array로 변환하여 X 변수에 추가한다.

❸ 예측하기 위해 이전에 생성했던 모델 파일 kfood_model.h5을 읽어온다

❹ `predict()` 함수를 이용해 앞에서 추가한 X 변수를 평가한다.

❺ 평가 결과에서 신뢰도 값을 최대로 갖는 분류 값을 출력하면 된다. `numpy.argmax`는 다차원 배열의 경우에 차원에 따라 가장 큰 값의 **인덱스**들을 반환해주는 함수다.

출력 결과는 다음과 같다.

```
입력: food/Chicken/chicken_01.jpg
예측: [ 0 ] Chicken / Score: 0.99922717
입력: food/Chicken/chicken_02.jpg
예측: [ 0 ] Chicken / Score: 0.99939287
입력: food/Kimchi/kimchi15.jpg
예측: [ 3 ] Kimchi / Score: 0.99953854
입력: food/Kimchi/kimchi07.jpg
예측: [ 3 ] Kimchi / Score: 0.9998392
입력: food/Samgyeobsal/Samgyeobsal04.jpg
예측: [ 4 ] Samgyeobsal / Score: 0.99999905
```

이와 같이 음식 이미지를 수집하고 분류기를 만들어봤다. 사실 이미지 분류기를 다른 종류의 이미지 분류에 활용하려면 이미지를 수집하는 일이 남아 있다. 앞에서 작성한 예제 코드는 그대로 사용하고 대신 원하는 서비스를 설계하고 그에 맞게 이미지를 수집

하는 일이 더 큰일이다. 일단 데이터가 준비된다면 앞에서 수행한 과정을 반복해 자신만의 이미지 분류기를 만들 수 있다. 예를 들어, 신발 브랜드를 예측한다거나, 꽃의 종류를 분류한다거나 하는 식으로 활용할 수 있을 것이다.

5.5 정리

딥러닝에서 이미지 처리에 많이 활용되는 합성곱 신경망 알고리즘을 이용해 이미지를 분류하는 모델을 개발하고 직접 예측에 활용해 보았다. 이미지 분류를 위한 이미지 구성, 전처리 등의 과정만 서로 다를 뿐 이번 장에서 배운 내용을 참고해 각자가 원하는 종류의 이미지 분류를 수행해볼 수 있을 것이다. 최적의 모델 구성을 위해 데이터를 확대하고 파라미터를 튜닝하는 과정을 통해 각자 성능을 높이는 작업을 해보기 바란다.

6장 텐서플로를 이용한 이미지 객체 추출

이번 장에서는 딥러닝을 이용해 이미지를 처리하는 핵심 기술 중 하나인 객체 추출에 대해 알아보자. 객체 추출은 이미지 분석에서 다양한 응용 과정으로 진화하기 위한 기반 기술이다. 이미지 객체 추출 기술을 적용하는 다양한 사례에 대해 알아보고 구현하는 기술에 대해서도 직접 실습해 볼 것이다. 딥러닝 기술을 통해 이미지 객체를 추출하는 모델을 학습하는 데는 방대한 이미지와 많은 수의 컴퓨터가 필요하다. 때문에 직접 학습을 수행하기보다는 기존에 학습해 배포한 모델을 확보해 활용하거나 전이 학습Transfer Learning을 통해 수정해서 사용하는 편이 더욱 효과적이다.

6.1 객체 추출 개요

객체 인식이란 이미지 또는 비디오상의 객체를 식별하는 컴퓨터 비전 기술로, 객체는 화면상의 인물이나 동물, 자동차, 자전거와 같이 형태를 가지고 있는 대상을 구별해 사전 정의된 유형 라벨과 위치를 나타내는 최소 경계 사각형MBR, Minimum Bounding Rectangle을 구하는 것이다.

텔레비전 화면에 뜨는 상품을 판매하기 위해 옷이나 가방 같은 상품의 객체를 인식하고 텔레비전을 보고 있는 시청자에게 상품에 대한 정보를 제공하고 구매할 것을 유도한다. 물리 보안PSIM, Physical Security Information Management 영역에서 자동차나 사람의 행동 패턴을 추적할 때도 객체의 이동을 추적하며 행동 양식을 파악해 대처할 수 있다.

얼굴 인식 Face Recognition과 같은 기술도 이미지 내에서 얼굴이라는 객체의 영역을 찾는 것부터 시작이고 그 다음에 성별, 나이, 표정 등 정보를 추가로 분류한다. 자동차의 **번호판 인식**Number Plate Recognition도 번호판 객체 영역을 인식하고 나서 번호판상의 숫자 혹은 **문자 인식**Offline Character Recognition을 수행한다.

객체 추출을 위해 딥러닝을 활용한 연구들이 활발히 진행되고 있다. 최신 딥러닝 기법인 R-CNN, Fast R-CNN, Faster R-CNN, R-FCN, YOLO, SSD와 같은 딥러닝을 이용한 객체 인식 방법들이 다양하게 공개되어 있다. 이 책에서는 이와 같은 딥러닝 모델에 대해 일일이 설명하지는 않겠다. 하지만 이러한 모델들은 엄청난 규모의 라벨링된 이미지 데이터와 방대한 컴퓨터 자원을 필요로 하므로 일반인이 이러한 모델을 직접 학습하기에 한계가 있다. 다양한 객체 인식 방법에 대한 내용은 에트리ETRI에서 정리한 「딥러닝 기반 객체 인식 기술 동향」[1]이라는 자료를 참고하기 바란다.

이제 이미지 객체 추출에 대한 몇 가지 사례를 직접 확인해 보자. 그림 6.1은 냉장고 내부를 찍은 사진이다. 최근 좀 더 똑똑한 기능을 갖춘 스마트 냉장고에 대한 광고를 TV에서 흔히 볼 수 있다. 그림과 같이 냉장고 내부에 카메라를 설치해 문을 열지 않더라도

1 *https://ettrends.etri.re.kr/ettrends/172/0905172003/33-4_23-32.pdf*

내용을 확인하거나, 혹은 스마트폰을 통해 원격으로 냉장고 안에 있는 물건들을 볼 수 있다면 음식을 만들거나 장보기를 할 때 매우 도움이 될 것이다. 물론 단순히 카메라 영상을 보여주는 것보다는 재료나 음료 등의 내용물을 파악한다면 더욱 좋을 것이다.

그림 6.1 | 냉장고에 들어 있는 객체 파악

이미지 출처 마이크로소프트의 객체 추출 기술 소개 홈페이지
https://docs.microsoft.com/en-us/cognitive-toolkit/object-detection-using-fast-r-cnn-brainscript

다음은 무인 자동차에서 활용되는 사례다. 그림 6.2는 **욜로**YOLO 모델을 이용해 도로에서 객체를 인식한 사례다. 앞에서 다가오는 자동차와 자전거, 행인을 인식하고 이동을 예측하는 것은 무인 자동차에서 없어서는 안될 중요한 기능이다. 여기서 욜로YOLO란 You Only Look Once라는 문구의 약자로, 이미지에서 객체 인식을 위해 학습된 대표적인 모델이다. R-CNN 기반의 알고리즘이 많이 활용되던 시기에 공개되어 4배 이상의 처리

속도를 나타냈다고 한다. 욜로는 처리과정이 간단해 속도가 빠르고 이미지 전체를 한번에 검토하므로 맥락을 이해하는 능력이 좋다. 하지만 작은 객체를 이해하는 능력은 상대적으로 좋지 않은 경향이 있다.

그림 6.2 | **도로에서 객체 인식**

출처 개인 블로그 *https://medium.com/@jonathan_hui/real-time-object-detection-with-yolo-yolov2-28b1b93e2088*

6.2 객체 인식 사용해보기

텐서플로TensorFlow는 가장 인기 있는 딥러닝 오픈소스 프레임워크로서, 객체 인식을 위해 텐서플로 객체 추출 API[2]라는 객체 추출 모델을 라이브러리 형태로 제공하고 있다. 이 라이브러리를 이용하면 기존에 학습한 객체에 대해 바로 인식이 가능하다. 또한 사용자가 추가적인 객체를 직접 학습할 수도 있다. 이 텐서플로 객체 추출 API를 사용하기 위한 개발 환경을 구성해 보자. 먼저 프로토콜 버퍼protocol buffer, protoc는 구글 오픈소스로 제공하는 것으로 구조화된 데이터를 직렬화하는 모듈이다. 이 모듈을 윈도우 환경에 설치

2 *https://github.com/tensorflow/models/tree/master/research/object_detection*

하는 방법은 다음과 같다. 그에 앞서 프로토콜 버퍼의 깃헙[3]에서 최신 버전을 확인한다. 이 글을 쓰는 현재 기준으로 최신 버전은 3.7.1이다.

객체 인식을 실습하기 위한 개발 환경은 다음과 같다.

> **개발환경** 운영체제 : 윈도우 7 이상
> 개발 플랫폼 : 파이썬 3.6 이상
> 주요 패키지 : 프로토콜 버퍼(protoc) 3.6.1 이상, 필로우(Pillow), lxml, 텐서플로(Tensor Flow) 1.2.0 이상, 맷플롯립(Matplotlib) 2.1.0 이상

프로토콜 버퍼의 깃헙 페이지로 이동하면 그림 6.3과 같이 protoc 파일을 플랫폼 종류별로 제공해준다.

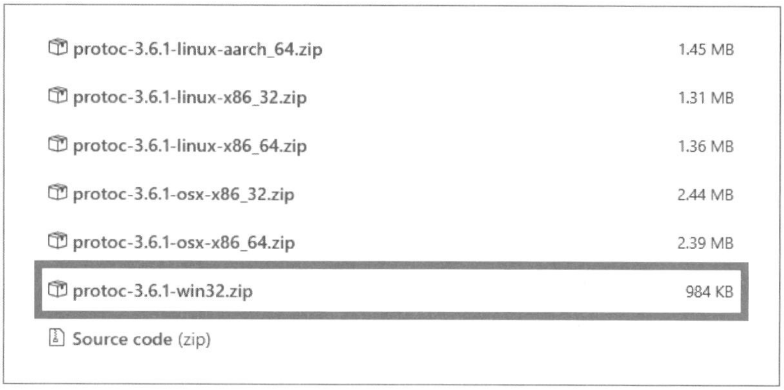

그림 6.3 | 최신 protoc 다운로드 파일 목록

깃헙 페이지에서 확인되는 가장 최근 버전의 win32 파일인 protoc-3.6.1-win32.zip 파일을 적당한 곳에 내려받는다(그림 6.4 참조).

3 https://github.com/protocolbuffers/protobuf/releases/

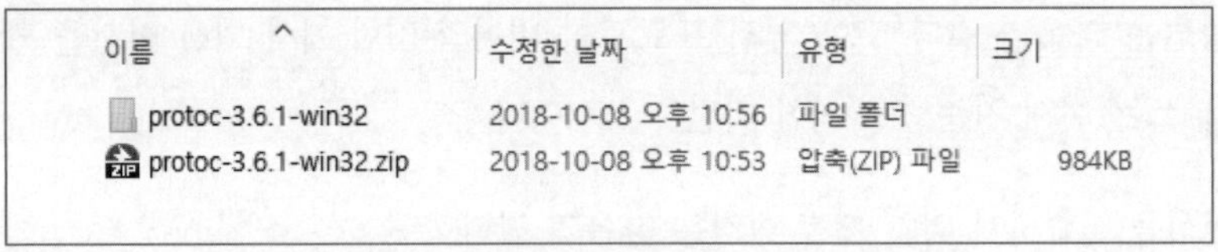

그림 6.4 | protoc 압축 파일 다운로드

이제 압축을 해제한 경로를 시스템 환경변수에 등록하자. 윈도우 찾기에서 **시스템 환경 변수 편집**이라고 입력하면 그림 6.5와 같은 화면이 나온다. Path 변수를 선택한 후 편집을 눌러 **환경 변수 편집** 창을 띄운 후 **새로 만들기**를 클릭해 프로토콜 버퍼의 압축 파일을 해제한 경로를 등록해 준다. 이때 bin 경로까지 지정해야 문제가 없다. 값 설정이 완료되면 **확인** 버튼을 눌러 적용하면 설정이 완료된다.

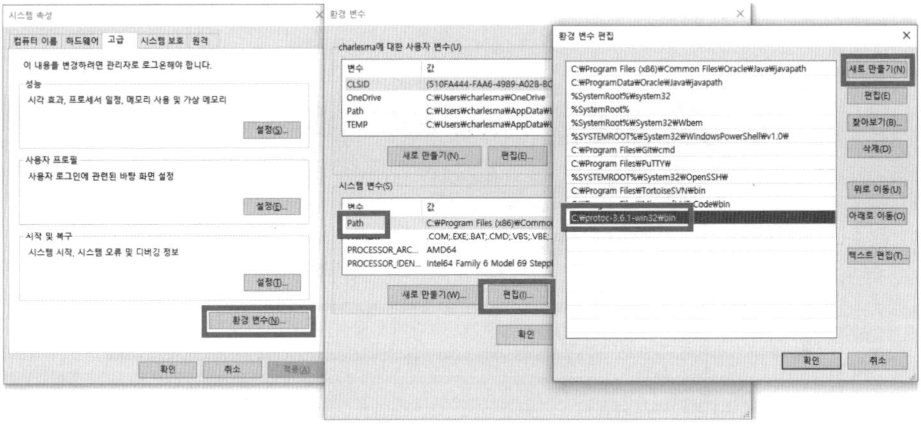

그림 6.5 | 시스템 환경변수에 Protocol Buffer 경로 설정

정상적으로 설치되었는지 확인하려면 커맨드창에서 확인하면 된다. 다음과 같이 프로토콜 버퍼의 버전을 확인해서 값이 표시된다면 정상적으로 설치된 것이다.

```
$ protoc --version
libprotoc 3.6.1
```

이제 파이썬 모듈을 설치해보자. 앞에서 여러 번 파이썬 패키지를 설치했듯이 커맨드창에서 `pip install` 명령을 사용하면 된다. Pillow는 파이썬에서 이미지 처리를 위한 패키지다. 주의할 점은 PIL 패키지와 동시에 설치해 사용할 수 없다는 점이다. Lxml은 파이썬의 대표적인 XML 파서다. 맷플롯립Matplotlib은 파이썬의 대표적인 시각화 도구로 차트 등을 그릴 때 사용한다.


```
$ pip install pillow
$ pip install lxml
$ pip install matplotlib
```

하지만 우리는 이번 장에서 텐서플로 객체 추출의 기본 예제를 주피터 노트북을 통해 실행하게 되므로 아나콘다Anaconda에서 패키지를 설치하는 것을 권장한다.

이제 텐서플로 객체 추출 API를 설치할 차례다. 커맨드상에서 설치할 위치로 이동해 객체 추출 모델 파일을 깃헙에서 복제clone한다. 이 책에서는 tensorflow라는 폴더를 만들어 그 안에 파일을 내려받을 것이다. 다음과 같이 콘솔 창에서 깃헙의 소스코드를 복제해서 다운로드한다.

```
$ git clone https://github.com/tensorflow/models/
```

탐색기에서 소스코드를 다운로드한 위치로 이동해서 정상적으로 모델 파일이 저장되었는지 확인해 보자.

- tensorflow\models\research\object_detection

이제 다운로드한 tensorflow/models/research/ 디렉토리로 이동해 프로토콜 버퍼를 사용하기 위해 컴파일을 수행해보자.

```
$ protoc object_detection/protos/*.proto --python_out=.
```

이 명령어가 윈도우에서는 “No such file or directory”와 같은 오류를 발생시킨다고 보고되어 있다. 이런 경우 파일을 한 개씩 직접 실행하면 된다. 다음과 같이 배치 파일을 만들어 실행하면 편리하다.

리스트 6.1 | protoc_batch.bat

```
protoc object_detection/protos/anchor_generator.proto --python_out=.
protoc object_detection/protos/argmax_matcher.proto --python_out=.
protoc object_detection/protos/bipartite_matcher.proto --python_out=.
protoc object_detection/protos/box_coder.proto --python_out=.
protoc object_detection/protos/box_predictor.proto --python_out=.
protoc object_detection/protos/eval.proto --python_out=.
….
```

이제 설정이 완료되었으니 테스트 코드를 실행해 보자. 먼저 모듈을 정상적으로 사용하기 위해 PYTHONPATH를 설정해줘야 한다. tensorflow/models/research/ 디렉토리로 이동해 다음 명령을 실행한다. 현재의 경로와 slim 서브 폴더를 경로에 추가하는 명령이다. 이 명령을 실행하면 로컬 변수로 설정되므로 커맨드 창을 띄울 때마다 매번 실행해야 한다. 만일 항상 설정하기 원한다면 시스템 환경변수에 설정해두기 바란다.

- `SET PYTHONPATH=%cd%;%cd%\slim`

tensorflow\models\research\models\ 디렉토리로 이동해 다음과 같이 파이썬 프로그램을 실행해 보자.

```
$ python object_detection/builders/model_builder_test.py
```

실행 결과가 다음 그림과 같이 OK로 표시되면 설치에 성공한 것이다.

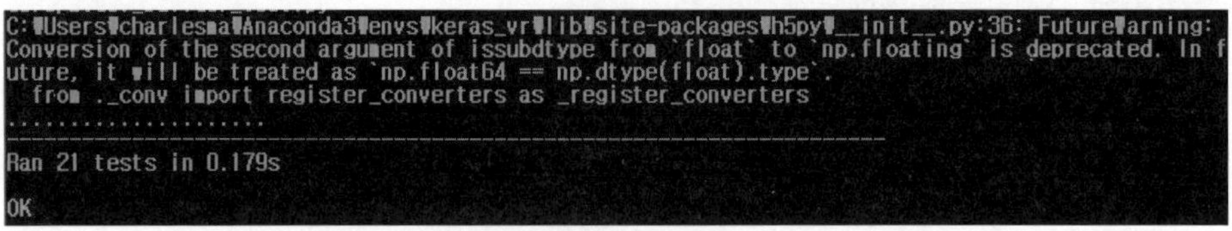

이제 텐서플로의 객체 추출에서 제공하는 기본적인 예제를 실행해 보자. 먼저 아나콘다 내비게이터에서 주피터 노트북을 실행한다. 폴더에서 models\research\object_detection\object_detection_tutorial.ipynb 파일을 클릭해 실행하면 그림 6.6과 같이 예제가 보인다.

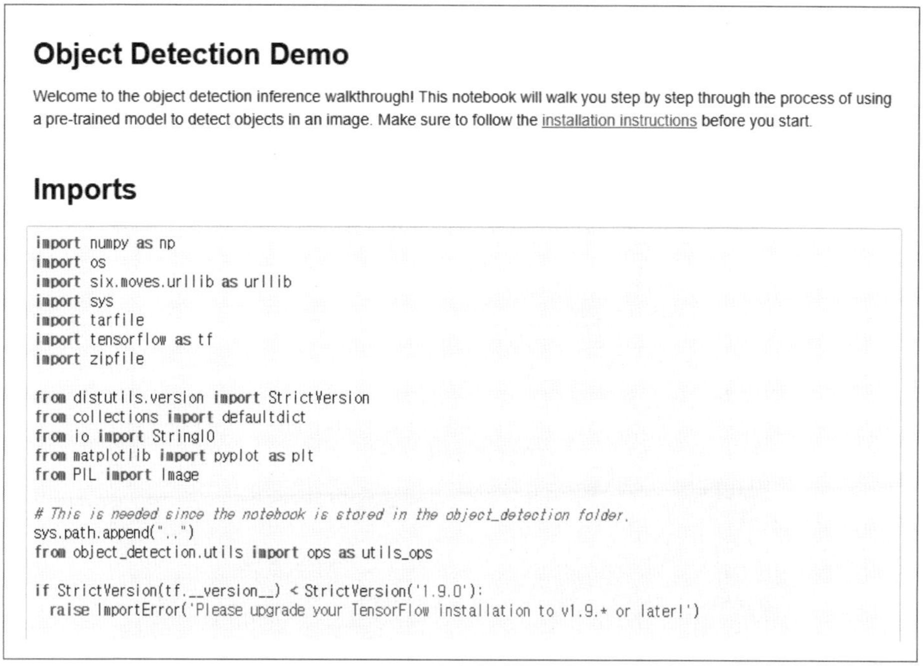

Object Detection Demo

Welcome to the object detection inference walkthrough! This notebook will walk you step by step through the process of using a pre-trained model to detect objects in an image. Make sure to follow the installation instructions before you start.

Imports

```
import numpy as np
import os
import six.moves.urllib as urllib
import sys
import tarfile
import tensorflow as tf
import zipfile

from distutils.version import StrictVersion
from collections import defaultdict
from io import StringIO
from matplotlib import pyplot as plt
from PIL import Image

# This is needed since the notebook is stored in the object_detection folder.
sys.path.append("..")
from object_detection.utils import ops as utils_ops

if StrictVersion(tf.__version__) < StrictVersion('1.9.0'):
  raise ImportError('Please upgrade your TensorFlow installation to v1.9.* or later!')
```

그림 6.6 | 주피터 노트북에서 object_detection_tutorial.ipynb 파일 열기

이제 맨 위의 Run 버튼을 클릭하면 전체 코드 블록을 순차적으로 실행하고 성공적으로 완료되면 그림 6.7과 같이 샘플 이미지에 대해 추출된 객체의 결과를 신뢰값을 퍼센트 값으로 함께 보여준다. 첫 번째 이미지는 두 마리의 강아지dog를 각각 찾은 것이고 두 번째 이미지는 바닷가를 거니는 사람person이나 연kite 등 객체를 감지해 추출한 것이다.

그림 6.7 | 기본 제공하는 샘플 이미지의 객체 인식 결과

6.3 객체 인식 응용하기

다음은 직접 다운로드한 이미지에 대한 객체 인식 결과를 확인하는 방법에 대해 알아보자. 사용자가 직접 다운받은 파일을 테스트하려면 파일 이름을 규칙에 맞게 변경해서 ~/research/object_detection/test_images/ 폴더에 위치시켜야 한다. 파일명은 image1.jpg, image2.jpg와 같이 image{번호}.jpg로 바꾸어 폴더 안에 위치시키면 된다. 소스 코드는

앞에서 사용하던 주피터 노트북의 object_detection_tutorial.ipynb 코드이고 `Detection` 블록의 코드를 찾아 아래처럼 range(1,6)과 같이 숫자를 바꾸어 주면 된다. 숫자는 이미지 개수만큼 숫자를 바꾸어준다. 책에서는 5개 이미지를 사용하므로 6으로 지정했다. `range()` 함수는 두 번째 인자 값보다 작은 값까지 반복하기 때문이다.

리스트 6.2 | object_detection_tutorial.ipynb 파일의 Dectection 코드 블록

```
Detection

# For the sake of simplicity we will use only 2 images:
# image1.jpg
# image2.jpg
# If you want to test the code with your images, just add path to the images to
the TEST_IMAGE_PATHS.
PATH_TO_TEST_IMAGES_DIR = 'test_images'
TEST_IMAGE_PATHS = [ os.path.join(PATH_TO_TEST_IMAGES_DIR,
        'image{}.jpg'.format(i)) for i in range(1, 6) ]  # ⬅ 파일 번호를 수정

# Size, in inches, of the output images.
IMAGE_SIZE = (12, 8)
```

추가한 파일의 객체 인식 결과는 그림 6.8과 같다.

그림 6.8 | 추가 샘플 이미지에 대한 객체 인식 결과

출처 *https://en.wikipedia.org/wiki/Sport*

다음은 미리 학습해 놓은 모델 파일을 사용하는 방법에 대해 알아보겠다. 추가 모델에 대한 목록은 다음과 같은 텐서플로의 깃헙 페이지를 참고하면 된다.

URL https://github.com/tensorflow/models/blob/master/research/object_detection/g3doc/detection_model_zoo.md

홈페이지에는 표 6.1과 같이 여러 버전의 모델을 확인할 수 있다.

표 6.1 | **객체 모델 목록**

Model Name	Speed(ms)	COCO mAP
ssd_mobilenet_v1_coco	30	21
ssd_mobilenet_v1_0.75_depth_coco	26	18
ssd_mobilenet_v1_quantized_coco	29	18
… (생략)		
ssd_mobilenet_v1_fpn_coco	56	32
… (생략)		

속도speed 값은 모델의 성능을 나타내며 COCO는 평가 결과, 즉 성능을 나타낸다. 속도 값은 작을수록 좋은 모델이며 COCO 값은 클수록 좋은 모델이라고 볼 수 있다. 여러 모델을 내려받아 성능을 테스트해보고 적합한 모델을 선택하면 된다. Model Name 항목의 링크를 클릭하면 압축 파일을 다운로드할 수 있다. 내려받은 파일은 압축을 풀어서 다음과 같이 되도록 파일을 위치시킨다.

```
~/models/research/object_detection/{모델 폴더명}
/frozen_inference_graph.pb
```

그리고 주피터 노트북 코드에서 **Variables**로 이동해 `MODEL_NAME` 값을 변경된 모델로 수정하고 코드를 다시 실행하면 된다. 리스트 6.3에서 2행의 `MODEL_NAME` 뒤의 모델 이름을 확인하자.

리스트 6.3 | **환경 설정 파일**

```
# What model to download.
MODEL_NAME = 'ssd_resnet50_v1_fpn_shared_box_predictor_640x640_coco14_sync_
2018_07_03'
MODEL_FILE = MODEL_NAME + '.tar.gz'
DOWNLOAD_BASE = 'http://download.tensorflow.org/models/object_detection/'

# Path to frozen detection graph. This is the actual model that is used for
the object detection.
PATH_TO_FROZEN_GRAPH = MODEL_NAME + '/frozen_inference_graph.pb'
```

```
# List of the strings that is used to add correct label for each box.
PATH_TO_LABELS = os.path.join('data', 'mscoco_label_map.pbtxt')
print(PATH_TO_FROZEN_GRAPH)
```

우리는 테스트로 resnet을 활용해 학습한 모델에 대해 동일한 테스트를 실행해 그 결과를 비교해보자. 선택한 모델 이름은 다음과 같다.

```
ssd_resnet50_v1_fpn_shared_box_predictor_640x640_coco14_sync_2018_07_03
```

실행한 결과를 확인해 보자. 그림 6.8의 기본 모델에서의 결과와 비교하면 신뢰도 값이 조금씩 낮아지고 두 번째 자동차는 인식에 실패했다.

그림 6.9 | 레즈넷 모델을 통한 객체 추출 결과

6.4 객체 인식을 위한 이미지 라벨링 도구

사용자가 직접 새로운 객체를 인식하려면 가장 먼저 준비해야 하는 것은 학습과 테스트에 활용할 데이터다. 객체 인식에 사용할 데이터는 당연히 추가하려는 객체 분류에 해당하는 이미지와 이미지 내에서 객체의 위치 정보를 제공하는 메타 파일이다. 데이터를 준비하는 방법은 이미 라벨링된 공개된 데이터를 찾아 활용하는 방법과 이미지를 직접 준비하고 메타 정보를 직접 만드는 것이다. 먼저 몇 개의 공개 데이터를 소개하면 다음과 같다.

- Visual Object Classes Challenge 2012 (VOC2012)

  URL http://host.robots.ox.ac.uk/pascal/VOC/voc2012/

- Common Object in Context (COCO): 구글이 텐서플로 객체 추출 API 학습을 위해 활용한 데이터로 Object Detection, Segmentation, Captioning 등의 학습에 사용할 수 있는 데이터 세트며 약 25GB의 크기다.

  URL http://cocodataset.org/

- ImageNet: 객체 인식을 위해 설계된 데이터 세트로 약 150GB 규모의 이미지를 제공한다. 2010년부터 이 데이터를 활용한 이미지 인식 챌린지인 ILSVRC ImageNet Large Scale Visual Recognition Challenge가 열리고 있다.

- Open Image Dataset V4[4]: 500GB 이상의 라벨링된 이미지 데이터 세트를 제공하며 캐글Kaggle을 통해 매년 챌린지를 열고 있다.

  URL http://www.image-net.org/

이와 같이 다양한 공개 데이터를 활용할 수도 있지만 이에 포함되지 않은 객체를 인식하려면 직접 이미지를 준비하고 객체 정보를 추출해야 한다. 하지만 이미지에 객체별 라벨을 다는 작업은 상당히 귀찮은 일인데 이를 좀 더 쉽게 작업할 수 있도록 해주는 도구를 소개하겠다. 대런 츠탈린Darren Tzutalin이라는 엔지니어가 개발해서 제공하고 있는

4 https://storage.googleapis.com/openimages/web/index.html

LabelImg라는 도구를 사용하면 쉽게 이미지에 객체를 라벨링할 수 있다. 깃헙 페이지(*https://github.com/tzutalin/labelImg*)을 참고해 패키지를 직접 설치할 수도 있지만 사전 패키징된 설치파일을 사용해도 된다. 설치 파일은 깃헙(*https://tzutalin.github.io/labelImg/*)에서 내려받을 수 있다. 깃헙 페이지로 이동해 최신 버전의 윈도우용 압축 파일을 받아 압축을 해제한다.

labelImg.exe 파일을 실행하면 그림 6.10과 같은 화면을 볼 수 있다.

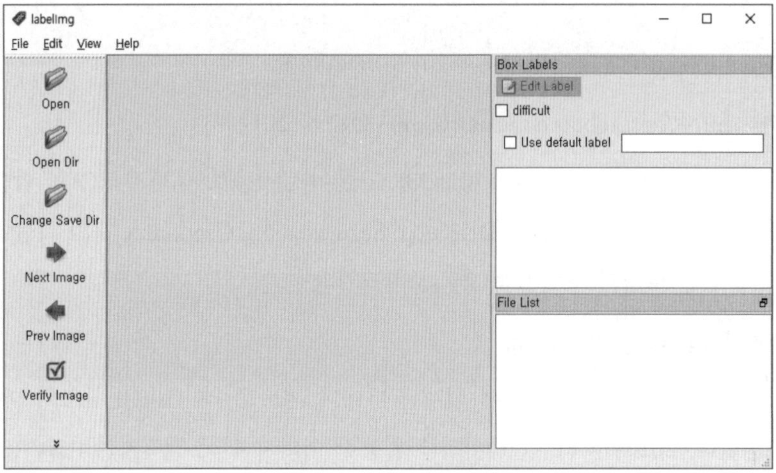

그림 6.10 | labelImg 실행 화면

작업을 쉽게 하기 위해 먼저 /data 폴더에 있는 predefined_classes.txt 파일에 새로 추가할 객체 분류명을 추가해 놓으면 편하다. 만약 한국 음식 종류 비빔밥, 김치, 갈비, 빈대떡, 떡볶이 등 라벨링하려면 다음과 같이 추가하면 된다.

```
bibimbap
gimchi
galbi
bindaetteok
ddeokbokki
dog
person
cat
```

```
tv
car
meatballs
….
```

predefined_classes.txt 파일을 수정하고 labelImg 프로그램을 재시작한다. 그림 6.11과 같이 이미지를 연 후에 좌측 메뉴에서 **Create RectBox** 버튼을 클릭하고 마우스를 드래그해서 원하는 객체를 포함하도록 사각형을 조정한다.

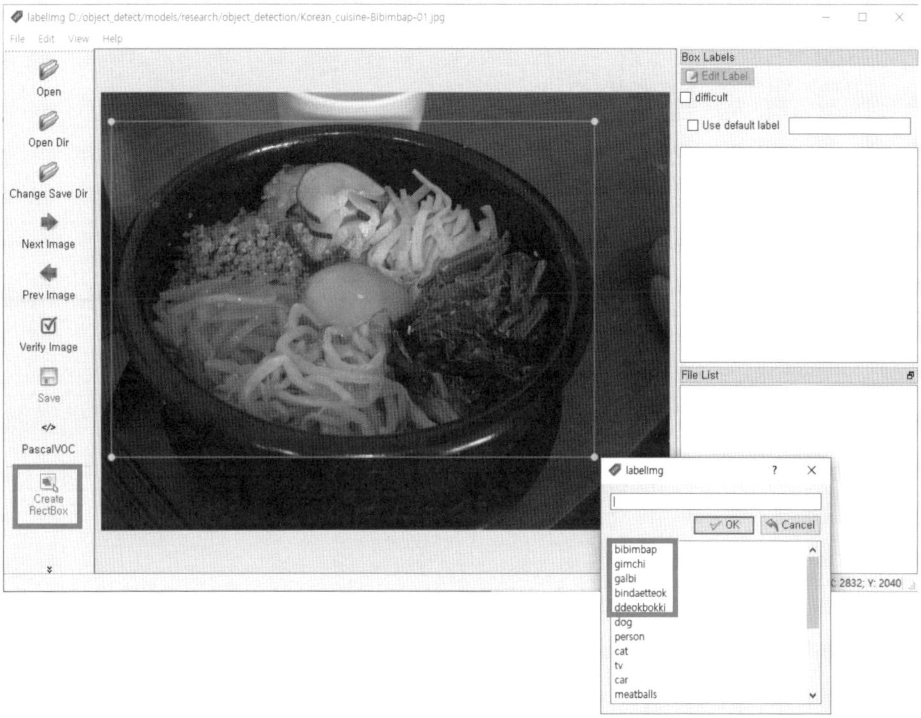

그림 6.11 | **사각형 생성**

라벨을 선택한 후 파일을 저장하면 xml 형식으로 저장된다. 저장된 결과 예제는 다음 리스트 6.3과 같다.

리스트 6.3 | Korean_cuisine-Bibimbap-01.xml

```
<annotation>
    <folder>test_images</folder>
    <filename>Korean_cuisine-Bibimbap-01.jpg</filename>
    <path>D:/object_detect/models/research/object_detection/test_images/
Korean_cuisine-Bibimbap-01.jpg</path>
    <source>
        <database>Unknown</database>
    </source>
    <size>
        <width>3264</width>
        <height>2448</height>
        <depth>3</depth>
    </size>
    <segmented>0</segmented>
    <object>
        <name>bibimbap</name>
        <pose>Unspecified</pose>
        <truncated>0</truncated>
        <difficult>0</difficult>
        <bndbox>
            <xmin>60</xmin>
            <ymin>164</ymin>
            <xmax>2832</xmax>
            <ymax>2040</ymax>
        </bndbox>
    </object>
</annotation>
```

이와 같이 PascalVOC 형식의 객체 라벨링된 파일을 확인할 수 있다. 이렇게 생성된 xml 파일들을 한 폴더에 위치시키고 학습을 위한 csv 파일로 변환해야 한다. 변환하는 프로그램은 다음 예제 6.1과 같다. 예제는 텐서플로를 이용해 이미지 라쿤 이미지를 객체 추출하는 깃헙의 소스코드[5]를 참고하였다.

5 *https://github.com/datitran/raccoon_dataset/blob/master/xml_to_csv.py*

예제 6.1 | 라벨링된 XML 파일을 CSV로 변환 소스코드 xml_to_csv.py

```
# -*- coding: utf-8 -*-

import os
import glob
import pandas as pd
import xml.etree.ElementTree as ET


def xml_to_csv(path):
    print(path)
    xml_list = []
    for xml_file in glob.glob(path + '/*.xml'):
        tree = ET.parse(xml_file)
        root = tree.getroot()
        for member in root.findall('object'):
            value = (root.find('filename').text,
                     int(root.find('size')[0].text),
                     int(root.find('size')[1].text),
                     member[0].text,
                     int(member[4][0].text),
                     int(member[4][1].text),
                     int(member[4][2].text),
                     int(member[4][3].text)
                     )
            xml_list.append(value)
    column_name = ['filename', 'width', 'height', 'class', 'xmin', 'ymin',
                   'xmax', 'ymax']
    xml_df = pd.DataFrame(xml_list, columns=column_name)
    return xml_df


def main():
    print(os.sys.argv[0])
    image_path = os.sys.argv[1]
    csv_path = os.sys.argv[2]
    image_path = os.path.join(os.getcwd(), 'annotations')
    xml_df = xml_to_csv(image_path)
    xml_df.to_csv(csv_path, index=None)
    print('Successfully converted xml to csv.')


main()
```

이와 같은 작업은 이미지 객체 추출을 수행하기 위한 단순한 작업이지만, 머신러닝에서 데이터를 준비하는 것이 얼마나 중요한지는 이미 알고 있을 것이라고 생각한다. 더군다나 사람이 수행하는 가장 많은 일은 데이터를 준비하는 일이다. 이와 같이 생산성을 높일 수 있는 도구들을 활용해 사람의 작업 시간을 단축할 수 있게 노력하는 것도 중요한 일일 것이다.

6.5 정리

지금까지 텐서플로를 이용한 이미지 객체 추출에 대해 알아봤다. 이미지 분류에 비해 객체 추출은 연산량이 훨씬 많아 실제 사례에 적용하려면 대량의 컴퓨팅 자원이 필요하다. 객체 추출은 이미지 분류보다는 좀 더 전문적이고 구체적인 사례에 적용될 수 있다. 사진이나 영상에서 상품을 인식하거나 자동차 번호판을 인식하고 최근 자율주행 자동차에서 걸어가는 행인이나 주변의 사물을 인식하는 등 이미지 인식 관련 기술은 더욱더 중요해지고 있다. 유통이나 자율주행차, 헬스케어 등 다양한 분야에 이미지 객체 추출 기술이 활용되고 있으니 더 관심을 기울일 필요가 있다.

3부

자연어 처리 기술의 이해

7장 한글 자연어 처리

인간은 언어를 통해 대화하고 그 숨은 의미를 이해하며 해석한다. 인간에게는 매우 쉬운 일처럼 보이지만, 컴퓨터는 인간의 언어를 이해하기가 매우 어려울 뿐만 아니라, 우리가 의도하지 않는 방향으로 작동한다. 예를 들어 웹에서 정보를 찾을 때 우리는 검색창에 문자를 입력하지만 그것에 대한 의미를 컴퓨터는 잘 알지 못한다. 단지 정보가 저장된 데이터베이스에서 텍스트가 포함된 결과를 보여줄 뿐이다.

최근에 머신러닝 및 자연어 처리NLP, Natural Language Processing 기술은 상당한 발전을 이뤘다. 딥러닝은 특히 음성 인식 영역 및 이미지 분석 영역을 크게 개선시켰다. 특히 이 딥러닝 알고리즘이 자연어 처리에 도입되면서 기존에 단어 단위로 의미 분석을 했던 것에서 벗어나 구문 전체를 분석해 의미를 추론할 수 있는 수준으로 향상되었다. 자연어 처리 기술NLP, Natural Language Processing은 사람이 말하는 언어를 기계적으로 분석해 컴퓨터가 이해할 수 있는 형태로 만드는 기술을 의미한다.

과거의 자연어 처리 방식은 `if ~ else` 문으로 가능한 한 많은 경우의 수를 조건문으로 형성해서 기계적으로 A라는 단어를 B로 변경하는 방식이었다. 이 경우 무한대에 가까운 경우의 수가 발생하고, 새로운 것이 나올 때마다 일일이 작성해야 했다. 굉장히 비효율적이다. 그다음에 나온 방식이 데이터베이스에서 수천, 수만의 번역 예시를 저장하고,

가장 유사한 결과를 출력하는 방식이다. 이 경우는 효율적인 측면에서 조금은 나아졌지만, 정확도가 매우 낮을 뿐만 아니라 문장이 길어질수록 엉뚱한 결과가 나왔다. 이런 문제는 최근 들어 딥러닝 기법을 이용한 이후부터는 정확도가 높아지고 결과 또한 문장 길이와 무관해지는 등 크게 개선되었다. 오늘날 이런 자연어 처리 기술은 대화형 로봇인 챗봇, 기계 번역, 음성 인식 등 다양한 분야에서 활용되고 있다.

이 장에서는 최근 주목받는 자연어 처리방법에 대해서 알아보자. **워드투벡**word to vector이라는 딥러닝 모델을 통해 단어의 의미를 훈련하고 유추해 볼 것이다.

7.1 자연어 처리의 개요

자연어를 다루는 인공지능의 기술은 역사가 상당히 오래 됐다. 최초의 기계 번역Machine Translation의 첫 시도는 1954년 IBM이 러시아 언어로 된 화학 문장을 영어로 번역하는 것이었다. 당시 다룬 단어 수가 250여 개로 상당히 제한적이었고 오늘날과 같이 딥러닝을 이용한 방식이 아닌 통계적 방식을 사용했지만 사람이 개입하지 않고 특정 언어를 다른 언어로 번역할 수 있다는 개념은 매우 새로운 가능성을 여는 계기가 되었다.

자연어 처리는 말 그대로 사람이 작성한 자연 언어, 즉 텍스트를 처리하는 기술이다. 자연 언어는 사람이 사용하는 말을 텍스트로 기록된 것을 대상으로 하며 다양한 언어 종류를 다룬다. 물론 가장 방대한 데이터를 보유하고 가장 광범위하게 사용되는 영어에 대한 자연어 처리 기술이 가장 앞서 나가고 있다. 그에 비해 한국어는 연구 목적으로 활용 가능한 공공 데이터가 상당히 부족한 상황인 데다 영어에 비해 처리하기 어려운 언어에 속하기 때문에 아직 개선되어야 할 부분이 많은 편이다. 한국어가 영어보다 왜 어려운지는 차차 설명해보겠다.

자연어를 처리하는 분야는 데이터의 종류와 적용 사례에 따라 다음과 같이 다양하게 나눌 수 있다.

정보 검색

가장 널리 사용되고 있는 상용화된 자연어 처리 영역으로 구글이나 네이버와 같은 정보 검색Information Retrieval 서비스가 있다. 사용자가 입력한 용어나 문장에 대해 가장 유사한 문서를 찾아 순위를 매겨 사용자에게 제시하는 시스템이다. 이 정보 검색 시스템의 핵심은 에이전트Agent라고 하는 로봇이 인터넷상의 웹 페이지를 방문하여 검색 가능하도록 인덱싱indexing하는 정보 수집 과정과 수집된 정보에 대해 사용자의 검색어와 연관성을 계산하는 랭킹 모델이다. 초기 검색 엔진은 주로 대상 사이트를 찾기 위한 검색이 주류를 이뤘다면, 지금은 연관된 문서를 찾는 데 집중하거나 혹은 관련 블로그나 카페 글을 찾는 데 집중하는 등 검색 서비스의 성향이 다양해지고 있다.

기업 입장에서의 정보 검색 서비스는 주로 기업이 보유한 지식이나 자료, 기존에 작성된 보고서 등에서 업무와 관련된 문서를 찾아 빠르게 업무에 활용할 수 있게 하는 것이다. 따라서, 공개 정보 검색 서비스가 아닌 기업 내에서 활용되는 임직원 검색 엔진을 도입하고 있으며, 단순히 키워드 검색뿐 아니라 문맥, 산업별 전문용어 및 유사어, 관련성 등을 고려한 업무에 최적화된 검색 서비스에 대한 요구가 증가하는 추세다.

정보 추출

정보 추출Information Extraction은 방대한 데이터에서 원하는 주요한 정보를 찾아내는 기술이다. 대표적인 기술이 개체명 추출Named Entity Extraction인데 문장 내에서 사람, 위치, 날짜, 조직명, 직업 같은 사전에 정의된 분류의 단어를 찾는것이다.

개체명 추출 기술 적용 사례로는 기사 내에서 특정 기업에 대한 내용이 포함되었는지, 특정 유명인의 내용이 포함되었는지를 찾아 평판 분석이나 감정 분석의 과정으로 응용하는 방법이 있다. 산업에서는 영역에 맞는 개체명을 정의해 전문 연구 자료 등을 분석하는 용도로 활용하고 있다. 예를 들어 신약을 개발하기 위해 방대한 분량의 논문을 대상으로 화합물질, 증상, 효능 등을 추출하여 문서 내에서 각 용어의 연관성을 분석하면 최근 특정 증상에 많이 활용되는 신약 물질 연구에 대한 트렌드를 분석할 수 있다. 다음은 키워드 추출을 들 수 있다. 일별로 새롭게 작성되는 뉴스에서 가장 핫한 용어를 찾는다면 주요 뉴스와 기술, 관심사의 트렌드를 분석할 수 있다.

기계 번역

기계 번역은 서로 다른 언어를 사용하는 인류가 바벨탑을 허물기 위해 늘 풀고자 원하는 숙원 중 하나다. 누구나 자유롭게 세계 여행을 떠나고, 소셜미디어를 통해 언제든 다른 나라 사람들과도 대화할 기회가 많으며, 전세계 인터넷 쇼핑몰에서 물건을 구매하는 사람이 많아진 오늘날의 사회에서는 더욱 그 필요성이 높아지고 있다. 물론 이러한 요구가 있기 전에도 연구 목적으로 다양한 자료를 검토하기 위해, 혹은 뉴스를 보고 국제 정세를 파악하기 위해, 그리고 냉전 시대에는 적국의 상황과 정보를 파악하기 위한 용도로도 활용된 바 있다.

초기에는 통계적 기계 번역Statistical Machine Translation이 주류를 이뤘으나 최근 구글에서 촉발시킨 딥러닝을 활용한 **신경망 기반 기계 번역**Neural Machine Translation이 상당한 성능의 진전을 가져왔다. 물론 아직 뉴스나 대화와 같은 공공 데이터에 대한 성능 개선이 우선이지만 앞으로 나아가 전문 영역에서도 활용 가능한 성능의 번역 시스템이 나오기를 기대하고 있다. 사람도 전문성에 따라 용어를 이해하는 능력이 다르듯이 기계 번역도 일반 영역에서 전문 영역으로 특화될 것이고, 처리 속도도 점차 빨라져 실시간 대화에도 활용 가능하며 접근성이 향상된 방향으로 발전될 것이다.

대화 시스템

자연어 처리 기술은 주로 대화형 로봇인 챗봇, 음성 인식 분야 등에서 적극적으로 활용되고 있다. 이 같은 기술에서 시리Siri 등의 인공지능AI 비서는 사람의 질문을 받으면 그에 해당하는 답변을 적절히 내보내 마치 AI가 대화를 할 수 있는 것처럼 연출한다. 그러나 아이러니하게도 실상 AI 비서는 인간의 말을 한마디도 이해하지 못한다.

최근 스마트 디바이스를 통해 음성 대화 기능을 수행하는 서비스들이 많이 출시되었다. 물론 음성으로 사람과 기기 간 인터페이스를 하지만 대화 내용에 대한 부분은 대화 시스템Dialog Management의 도움을 받는다. 이와 같은 대화 시스템은 흔히 챗봇Chat-bot이라고도 부른다. 스마트 기기뿐만 아니라 기존에 전화로만 지원하던 컨택 센터 업무를 최근에는 챗봇으로 전환하는 사례가 늘어나고 있다.

챗봇은 소셜 미디어가 익숙한 현대인들에게 쉽게 다가갈 수 있는 채널로 활용될 수 있다. 평소 자주 사용하는 메신저에 챗봇을 친구로 등록해 묻고 답하는 상황을 생각해보면 별로 이질감이 느껴지지 않는다. 사실 챗봇은 기존 컨택 센터를 완벽히 대체한다기보다는 보완한다는 관점에서 보는 편이 좋겠다. 챗봇은 상담원의 단순 업무, 대기 업무를 최소화함으로써 직원이 좀 더 전문화된 업무에 집중할 수 있다. 또한 챗봇은 365일 24시간 체제로 대응이 가능하다. 야간이나 주말에도 업무 처리가 가능하다는 큰 장점이 있다.

감정 분석

감정 분석Sentiment Analysis은 텍스트 문장 내에서 표현하는 긍정 및 부정의 문맥을 판별해 내는 것이다. 보통 긍정/부정/중립의 상태로 표현하며 그 정도에 따라 강도를 나누기도 한다. 흔히 평점을 매기는 것과 비슷하다고 생각하면 된다.

감정 분석의 사례는 특히 대화 시스템에서 이해하기 쉽다. 고객과 진행한 대화에서 고객의 감정을 이해하면 그에 따라 대화 내용을 변경하거나 혹은 추후에 고객 분석 자료로 활용할 수도 있다. 특정 업무 영역에 대해 감정 분포가 두드러진다면 그에 따라 서비스를 개선할 수도 있다. 예를 들어 특정 상품 출시 후, 관련된 내용에 대해 고객이 긍정적인 신호를 많이 보낸다면 성공적인 서비스 출시로 판단할 수 있으나 부정적인 신호가 많다면 그에 따른 대안을 빠르게 찾아봐야 할 것이다.

또 다른 대표적 감정 분석의 사례로 시장 분석을 들 수 있다. 특정 상품이나 기업에 대해 어떤 뉴스 기사가 많이 작성되고 있는지를 분석하면 시장을 예측하거나 주식, 상품 투자를 할 때 이 결과를 반영할 수도 있다. 대부분의 금융 상품 예측을 위한 로보 어드바이저는 과거의 지수 데이터만을 분석해 미래를 예측한다. 하지만 뉴스는 일반적으로 현재나 미래에 대한 시장의 감정을 분석할 수 있다. 이처럼 추가 정보를 활용하면 주식, 곡물, 원자재 등에 대한 시장의 반응을 확인할 수 있다.

단어 및 문장 분류

작성된 글이나 뉴스를 정제하고 분석하기 위해서는 분류Classification가 필수적이다. 글을 산업별, 업무별로 분류해 정리하면 추후 검색과 분석 단계에 활용할 때 큰 도움이 된다.

가장 흔한 사례는 컨택 센터에서 받은 고객 콜에 대해 업무 분류를 하는 것이다. 보통 음성 통화 후 음성 인식을 통해 텍스트로 전환하여 저장한다. 업무 분석을 위해서는 업무를 분류해서 태깅해야 시간, 나이, 성별 등으로 특화된 고객 분석이 가능하다. 이를 직접 사람이 모두 작성한다고 생각해보자. 시간도 많이 들겠지만 너무나 귀찮은 일이어서 품질을 유지하기도 어려울 것이다.

품사 태깅 및 구문 분석

두 가지 모두 텍스트 분석을 위한 기반이 되는 기능이다. 품사 태깅POS Tagging, Part-of-Speech Tagging은 문장 내에서 단어의 품사(명사, 동사, 형용사, 부사, 대명사 등)를 찾아내 태그를 다는 과정이다. 품사 태깅은 단순히 사전으로 해결하기 어려운데, 동일한 단어가 문장의 문맥에 따라 품사가 달라질 수 있기 때문이다(예를들어 "공부하자"의 '하자'와 "건물에 하자가 있다"의 '하자'는 동사와 명사로 서로 다르다). 이런 모호성을 해소하기 위해 보통 단어 사전만 사용하지 않고 앞뒤 단어를 고려하는 엔그램N-gram을 참고한다. 엔그램에 대해서는 7.3절에서 더 자세히 설명하겠다.

구문 분석Syntactic Analysis은 문장을 잘 이해하기 위해 문장을 트리 형태로 구성해 주절과 종속적을 구분하거나 주어와 목적어, 혹은 지시어에 대한 해석 등을 통해 구문을 정확하게 해석하는 기술이다. 품사 태깅에서 한 단계 더 나아간 것이기에 그만큼 더 어렵다고 볼 수 있다. 특히 주어가 자주 생략되고 단어가 중의성을 갖는 한글은 더욱 그렇다.

음성 인식

음성 인식Speech Recognition은 사실 자연어 처리라기보다 음성 신호를 이해하는 기능이라고 생각할 수 있으나 최종 결과는 텍스트이기 때문에 자연어 기술이 포함된다. 음성 신호 정보를 음소 단위로 해석하는 음성 모델Accoustic Model 단의 처리가 끝나고 나면 이후에는 언어 모델Language Model 단에서 음소를 단어로, 단어들을 문장으로 구성한다. 이때 언어 모델을 학습해야 하며 통계적 모델을 통해 가장 가능성 높은 문장을 예측한다. 이전에는 이 두 단계를 순차적으로 적용하는 통계적 방식을 많이 사용했다면 최근에는 음성 신호 특징 정보로 입력하고 바로 문장을 예측하는 딥러닝 기반의 방식으로 진화되고 있다.

7.2 텍스트 데이터 전처리

텍스트를 분석하거나 활용하기 전에 필요한 것은 전처리preprocessing다. 전처리란 텍스트 처리 성능을 높이기 위해 잡음이나 불규칙한 내용을 정제하는 과정이다. 그래야 이후에 진행할 자연어 처리에서 정확도를 높일 수 있다. 한글의 경우 문장 공백이 불규칙하거나 약어를 사용하는 등 변형이 많은 언어라서 그만큼 전처리 과정이 매우 중요하다.

7.2.1 텍스트 전처리 단계

대표적인 전처리 과정에는 다음과 같은 단계가 있다.

불용어 제거

문장의 단어 중에서 큰 의미를 가지지 않는 용어를 불용어Stop word라고 하는데, 불용어는 정리해 삭제하는 편이 도움된다. 불용어는 문장의 구성에서 중요한 의미를 가지지 않아 삭제되어도 무방하거나, 흔히 출현해 정보 해석에 어려움을 주곤 한다. 또한, 일반적인 텍스트 모델은 통계 모델이든 딥러닝 모델이든 무엇이든 엔그램을 많이 이용하는데 불용어가 문장에 포함되어 있으면 모델을 학습할 때도 잡음으로 영향을 미친다. 따라서, 불용어는 미리 사전으로 관리하고 문장에서 제거하는 과정을 거쳐야 한다.

공백 교정

텍스트 분석에서 토큰을 추출하는 가장 쉬운 방법은 공백을 기준으로 단어를 추출하는 공백 교정Space Correction 방법이다. 영어의 경우 공백을 기준으로 해도 토큰을 쉽게 구분해 낼 수 있다. 하지만 한글은 문장 내에서 공백을 불규칙하게 사용하거나 틀리기 쉬운 언어다. 따라서 문장 내에서 공백을 미리 교정해야 품사 태깅이나 개체명 인식 같은 처리를 잘 수행할 수 있다.

문장 분리

보통 뉴스나 보고서의 경우 문장 단위로 줄바꿈이 되어 있지 않는 경우가 많다. 문단은 보통 여러 문장으로 구성되며, 문장은 평문일 수도 있고 의문문일 수도 있다. 문장을 잘 구분해야 구문 분석이 정확해질 수 있다. 이 방법을 문장 분리Sentence Split라고 한다. 보통 단순히 마침표를 기준으로 나누면 될 것이라고 생각할 수 있으나 소수점(예 1.414)이나 약어(예 N.Y)의 경우에도 마침표를 사용하므로 주의해야 한다. 이런 문장 분리는 보통 규칙 기반으로 처리하는 게 일반적이다. NLTK나 오픈소스로 제공하는 한글 토크나이저를 이용한다. NLTK에 대해서는 9.3절에서 자세히 다루겠다.

이와 같은 대표적인 방법 이외에도 텍스트 분석을 수행하고 평가하며 삭제하거나 정정해야 할 내용을 경우에 따라 적용할 수 있다.

7.2.2 텍스트 처리에서 활용되는 주요 용어

텍스트 처리 과정에서 추가적으로 알아야 할 중요한 용어는 토큰token이다. 자연어를 처리할 때 다루는 데이터의 가장 작은 단위를 토큰이라고 한다. 문장 내에서 토큰을 추출하면 각 토큰을 기준으로 불용어를 처리하거나 불필요한 품사를 제거하는 등 필터링을 한 후 알고리즘에 전달한다. 이렇게 사용되는 토큰도 경우에 따라 여러가지 형태를 갖는다. 자연어 처리 과정에서 많이 만나게 되는 토큰의 종류에 대해 알아보자.

자소

자소Phoneme는 낱소리라고도 한다. 위키백과(*https://ko.wikipedia.org/wiki/낱소리*)를 찾아보면 '낱소리'를 '소리 내는 언어의 낱말을 구분시켜주는 이론적인 낱낱의 소리'라고 풀이했다. 이와 같은 자소는 음성을 구분하는 기준이기 때문에 문자 하나 하나보다는 음성을 기준으로 나뉜다. 한글의 경우에는 음성의 구성이 명확하기 때문에 초성, 중성, 종성으로 구분하면 된다. 한글에서 자소와 음소에 대해 혼동하는 경우가 있는데 둘의 차이는 음성학적으로 발음상의 생략된 'ㅇ' 모음 차이 정도이나 여기서는 우선 동일하게 각 자음과 모음을 구분하는 단위라고 생각하자. 영어의 경우에는 그러한 구분이 없기 때문에 보통 자음과 모음을 분리한다. 이와 같이 언어마다 자소를 구분하는 방식은 다를 수 있다. 한글에서 단어를 자소로 분리하는 예는 다음과 같다.

```
학교 → ㅎ, ㅏ, ㄱ, ㄱ, ㅛ
```

음절

한글에서 음절Syllable은 각 낱자가 합쳐진 글자를 의미한다. 현대에서 한글의 음절은 모두 11,172자라고 한다(*https://ko.wikipedia.org/wiki* 한글_음절 참조). 다음의 예를 확인하면 이해하기 쉽다.

```
학교 → 학, 교
```


단어

단어Word 혹은 낱말은 스스로 의미를 담고 있는 최소의 단위다. 하나 이상의 형태소로 구성되며 자립성이 있어서 앞뒤로 띄어쓰기가 가능하다. 쉽게 단어를 구성하려면 다음 예와 같이 공백을 기준으로 나눠볼 수 있다.

```
학교에 간다 → 학교에, 간다
```

표제어

표제어Lemma는 단어의 기본형을 의미한다. 표제어는 단어의 기본형을 추출하는 과정으로 어미의 다양성 때문에 발생될 수 있는 어려움을 최소화할 수 있다.

```
학교에 간다 → 학교, 가다
```

어간

어간은 영어로 스템Stem이라고 하고 어간을 추출하는 과정을 스테밍stemming이라고 부른다. 어간은 실제 단어가 아닌 어간 일부를 추출한 것이기 때문에 다음 예와 같이 실제 사전에 존재하지 않을 수도 있다.

```
학교에 간다 → 학교, 간
```

이와 같은 토큰화 방법들은 자연어 처리를 위한 다양한 알고리즘에 활용되고 있으며 언어마다 그 내용도 조금씩 다르다.

7.3 텍스트 데이터의 벡터화

텍스트는 사람을 위해 작성된 언어이기 때문에, 분석하고 의미를 추적하는 경우 텍스트 형태일 때가 사람에게는 이해하기 쉽다. 하지만 컴퓨터는 문자 자체를 이해하지 못하기 때문에 처리하기 편하도록 숫자 형태의 데이터, 즉 벡터vector화를 수행해서 알고리즘의 입력으로 전달해야 한다. 이는 통계 모델을 사용하든 머신러닝 알고리즘을 사용하든 마찬가지다. 기왕에 텍스트를 컴퓨터가 이해하기 쉬운 벡터 데이터로 변환하려면 알고리즘에 적합한 데이터를 작성해 전달하는 편이 좋을 것이다. 텍스트를 벡터화하는 방법들은 그 사용에 따라 다음과 같은 여러 방법이 사용된다. 각각의 의미와 특성에 대해 알아두면 도움이 될 것이다.

단어 사전

문서나 문장 내에서 사용되는 모든 단어를 목록화하고 각 단어에 인덱스를 부여해 숫자를 할당해 단어 사전Dictionary을 생성한다. 다음 예와 같이 문장에서 단어를 추출해서 사전을 검색해 해당하는 숫자로 텍스트를 변환하면 된다.

> 문서가 다음의 두 개의 문장으로 이루어진다고 생각해보자.
>
> - 문장: "나는 학교에 간다 나는 회사에 간다"
>
> 이 문장으로 단어 사전을 구성하면 다음과 같다. 순서는 중요하지 않으나 우리는 오름차순의 가나다순으로 정렬했다.
>
> - 사전: **{간다:1, 나는:2, 학교에:3, 회사에:4}**
>
> 이 사전에 따라 문장을 사전의 인덱스로 매칭한다면 다음과 같다.
>
> - 나는 학교에 간다 → **[나는, 학교에, 간다]** → [2, 3, 1]
> - 나는 회사에 간다 → **[나는, 회사에, 간다]** → [2, 4, 1]

N-gram

엔그램N-gram은 통계와 확률을 바탕으로 한 색인 분석에 널리 사용되는 방식이다. 매우 직관적이어서 이해하기 쉽기 때문에 다양한 자연어 처리 알고리즘에 많이 사용된다. 엔그램은 입력한 문자열을 N개의 기준 단위로 절단하는 방법이다. N개의 단어만큼 옆으로 이동하면서 각 그램gram을 하나의 단위로 벡터화하거나 빈도를 계산한다. N은 경우에 따라 선택하면 되는데 N이 2인 경우 바이그램bi-gram, 3인 경우 트라이그램tri-gram이라고 한다. 바이그램의 예는 다음과 같다.


```
입력 문장: "나는 학교에 공부하러 갑니다."
출력 bi-gram: 나는 학교에, 학교에 공부하러, 공부하러 갑니다.
```

Bag-of-words

Bag-of-words는 줄여서 BOW라고도 한다. 말 그대로 '단어가 들어 있는 가방'이라고 할 수 있는데 앞에서 설명한 사전의 출력 결과와 비슷하지만 큰 차이점은 문장에서의 단어들의 순서 정보가 보존되지 않는다는 점이다. 사전의 인덱스를 이용해 단어 열을 숫자열로 변경하면 문장의 길이에 따라 출력 데이터의 길이가 달라진다. 이렇게 길이가 다른 데이터는 통계나 딥러닝 학습의 입력으로 사용하기가 어렵다. 이런 이유로 문장 길이가 서로 다르더라도 균일한 길이의 출력 결과를 얻어내기 위한 방법이 bag-of-words다.

사전을 구성할 때와 같이 발견한 모든 단어가 포함되는 사전을 구성하고 단어별로 숫자형 인덱스를 할당한다. 해당 인덱스 순서를 유지한 채로 문장에서 발생한 단어에 해당하는 숫자를 증가해 빈도 수를 누적시킨다. 결과를 파악해보면 문서 내, 혹은 문장 내에서 어떤 단어가 많이 발견되는지를 확인할 수 있다. 이런 이유로 문서 분류를 하기 위해 bag-of-words를 많이 사용한다. 문장에서 토큰을 인덱싱하는 예를 한번 살펴보자.

문서가 다음의 두 개의 문장으로 이루어 진다고 생각해보자.

- 문장: **"나는 학교에 간다. 나는 회사에 간다."**

이 문장으로 단어 사전을 구성하면 다음과 같다. 단어는 오름차순의 가나다 순으로 정렬했다.

- 사전: **{간다:1, 나는:2, 학교에:3, 회사에:4}**

이 사전을 이용해 다음의 문장을 단어별로 색인 번호로 매칭해 보면 다음과 같이 표현할 수 있다. 사전 순서에 따라 각 단어가 문장에서 몇 번 발생했는지 빈도 수를 기록한다.

- 나는 학교에 간다. **나는 회사에 간다.** → [2, 2, 1, 1]

이 예에 따르면 문서 내에 '간다'와 '나는'은 2번 발견되었고 '**학교에**'와 '**회사에**'는 1번씩 발견되었다.

TF-IDF

TF-IDFTerm Frequency-Inverse Document Frequency는 우리말로 '단어 빈도-역문서 빈도'라고 하며, 특정 단어가 문서 내에서 나타내는 중요도를 평가하기 위해 계산을 통해 정보 검색이나 텍스트 마이닝에 사용되는 수치다. 여기서 TFTerm Frequency란 단어 빈도를 나타내며 문서 내에서 특정 단어가 몇 번 발견되었는지를 계산한다. 문서 내에서 빈도가 높은 단어는 그만큼 중요한 단어일 수 있다. 하지만 크게 중요하지 않지만 많이 사용되는 단어도 있을 것이다. 이런 단점을 보완하기 위해 IDFInverse Document Frequency 값도 함께 계산하면 도움이 된다. IDF는 DF의 역수이며, DFDocument Frequency는 특정 단어가 발견되는 문서의 수를 뜻한다. 다시 말해 특정 문서가 아닌 대부분의 문서에서 발견되는 단어는 그만큼 흔하게 사용되어 중요한 의미를 갖지 않는다고 볼 수 있다.

이렇게 문서 빈도 수를 역수를 취해 계산된 IDF 값을 TF 값과 곱하면 TF-IDF 값이 나온다. 특정 문서에서 TF-IDF 값이 큰 단어는 전체적으로 빈도 수는 높지 않지만 해당 문서에서만 빈도가 높은 단어이므로, 문서 분류를 고려할 때 큰 도움이 되는 수치가 될 수 있다.

지금까지 알아본 벡터 값들은 다양한 텍스트 분석 알고리즘에서 입력값으로 사용된다. 물론 최근에 기술이 크게 발전되고 있는 딥러닝 알고리즘에서도 사용되는 방법이니 잘 이해하고 넘어가기 바란다.

7.4 한글 자연어 처리 과정

자연어 분석 단계는 그림 7.1과 같이 보통 4단계로 분류된다. 좌측부터 기본적인 처리 단계를 의미하고 우측으로 갈수록 분석한 내용을 참고해 난이도가 높은 의미 분석 및 응용 단계로 볼 수 있다.

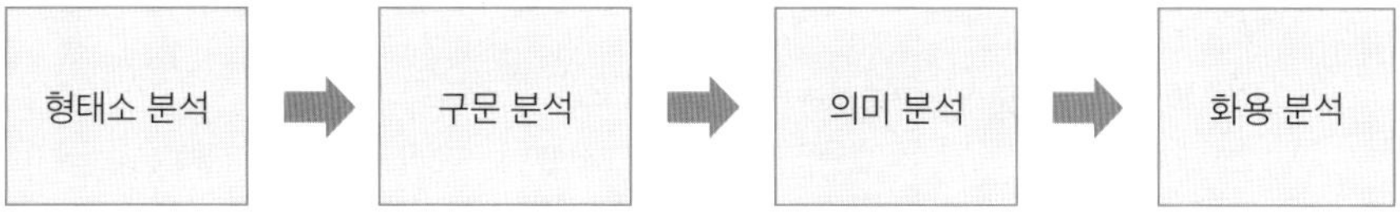

그림 7.1 | 자연어 처리 단계

각 단계에 대해 좀 더 자세히 알아보자.

형태소 분석

형태소 분석Morphological Analysis이란 입력된 문자열을 분석하여 형태소morpheme라는, 의미를 갖는 최소 단위로 쪼개는 것이다. '학교에'라는 단어는 '학교'라는 명사와 '에'라는 조사로 나눌 수 있다. 학교를 '학'과 '교'로 더 나누면 그 의미를 알 수 없으니 '학교'가 최소 단위가 된다. 형태소 분석에서의 어려운 점은 보통 사전을 기반으로 최소 단위 단어를 구분하므로 신조어는 사전에 누락된 경우 처리가 어려울 수 있다.

구문 분석

구문 분석Syntax Analysis이란 문장을 구조적 상태로 분석하는 것을 의미한다. 문법을 이용해 문장 구조를 해석하고 문장 내의 주절과 종속절을 구분하고 문장 내에서 주어와 동사 등의 구성을 해석하는 것이다. 그림 7.2는 "만 6세 이하의 초등학교 취학 전 자녀를 양육하기 위해서는"이라는 문장에 대해 구문 분석을 수행한 결과를 보여준다.

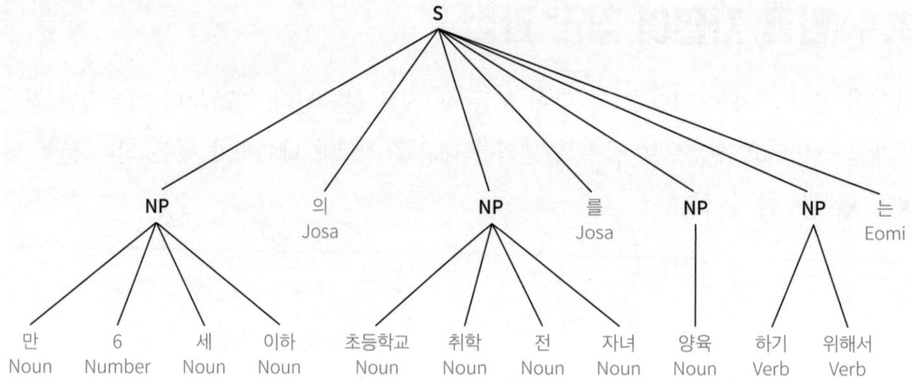

그림 7.2 | **구문 분석 사례**

출처 https://konlpy-ko.readthedocs.io/ko/v0.4.3/examples/chunking/

의미 분석

의미 분석Semantic Analysis은 구문 분석 단계에서 생긴 의미적 모호성을 각 어절의 정보를 이용하여 해소하고 의미의 구조를 설정하는 단계다. 언어공학연구회 자연어처리 튜토리얼 2018년 자료[1]를 보면 그림 7.3과 같은 예를 확인할 수 있다.

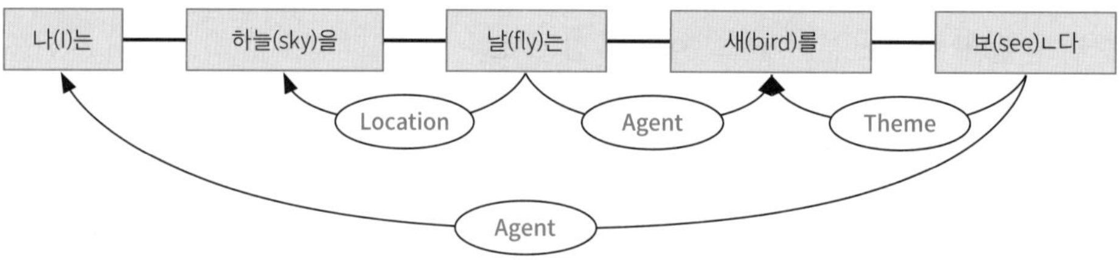

그림 7.3 | **한글 의미 분석 사례**

그림 7.3에서 Agent, Location 등은 의미역이라고 하는데 의미역에 대한 내용은 박철우, 김종명이 작성한 논문인 「한국어 용언 사전 기술을 위한 의미역 기본 문제들」[2]에 자세히 설명하고 있으니 참조해보기 바란다. 간단히, 의미역의 목록은 다음과 같다.

1 *http://www.hclt.kr/symp/?intpg=1&lnb=tutorial*

2 *http://s-space.snu.ac.kr/bitstream/10371/86363/1/3.%202231646.pdf*

- 행위주역Agent, 피행위주역Patient, 경험주역Experiencer, 동반주역Companion, 대상역Theme, 장소역Location, 도착점역Goal, 결과상태역Resultant State, 출발점역Source, 도구역Instrument, 영향주역Effector, 기준치역Criterion, 내용역Contents, 경로역Path, 자격역Eligibility

화용 분석

화용 분석Pragmatic Analysis이란 문장이 실세계에서 가지는 연관관계를 분석하는 방법을 말한다. 쉽게 말해 주어진 문장에 대해 분석해 필요한 정보를 구조화하고, 그에 대한 답변이 정확한지 판단해야 한다. 화자의 질문 의도와 중요 정보를 추출하고, 그에 대한 답변을 찾아 제시해야 하므로 인공지능과 담화를 나누는 수준으로 이해할 수 있다.

7.5 한글 형태소 분석기 알아보기

이제 한글 자연어 처리를 직접 수행해 보자. 한글을 처리하기 위해서는 기본적인 문법을 해석할 수 있는 형태소 분석기를 사용해야 한다. 한글을 처리할 수 있는 형태소 분석기는 매우 다양한 종류가 개발되어 대부분 오픈소스 형태로 제공되고 있다. 이 오픈소스로 상용 서비스나 상용 솔루션을 만드는 경우, 오픈소스 공개 정책을 꼭 확인해야 한다. 모든 오픈소스 사용시 주의해야 할 문제이기도 하다. 다음은 한글 처리에서 많이 활용되고 있는 대표적인 형태소 분석기들이다.

- **한나눔**Hannanum

  카이스트에서 개발한 형태소 분석기로 형태소 분석 및 품사 태깅 기능을 제공한다. 자바와 C를 지원한다.

  URL http://kldp.net/hannanum/

- **꼬꼬마**Kkma

  서울대학교에서 개발한 형태소 분석기다. 자바 기반으로 개발되었으며, 품질 대비 속도가 느린 편이다. 문장 분리기를 제공하며 GPL 라이선스를 따른다.

  URL http://kkma.snu.ac.kr/documents/index.jsp

- **코모란**Komoran

  샤인웨어(Shineware)에서 개발한 자바 기반의 형태소 분석기로 아파치 라이선스 2.0을 따른다. 현재 3.0 버전까지 출시되어 있다.

  URL https://github.com/shin285/KOMORAN

- **은전한잎**mecab-ko

  원래 일본어 형태소 분석기인데 한글을 지원하도록 포팅 개발되었다. C++ 언어로 개발되었으며, 라이선스는 메캅mecab 일본어 버전 정책인 GPL, LGPL, BSD 정책을 그대로 따른다. 처리 성능이나 속도에서 좋은 평을 받고 있다.

  URL https://bitbucket.org/eunjeon/mecab-ko/

- **트위터**Twitter

  트위터에서 소셜 분석을 위해 개발한 형태소 분석기다. 품질이 뛰어나지는 않으나 소셜 분석을 대상으로 하다 보니 비형식어나 신조어 등을 상대적으로 잘 찾아내고 처리 속도가 빨라 실시간 처리 등에 많이 활용된다. 사용자 사전을 추가할 수 있는 기능도 제공한다. 트위터 형태소 분석기는 2017년 이후 Open-Korean-Text 라는 이름으로 변경되어 운영되고 있다.

  URL https://openkoreantext.org/

각 형태소 분석기에 대한 성능 비교한 내용은 KoNlpy(*http://konlpy.org/ko/latest/*)에서 제공하는 자료를 참고하기 바란다. 형태소 분석기별로 태깅하는 품사의 종류와 이름도 각양각색이다. 각 형태소 분석기의 태그를 비교한 자료는 역시 KoNlpy에서 제공하는 '형태소 분석기 태그 비교'[3] 자료를 참조하기 바란다.

3 *http://konlpy.org/ko/latest/morph/#comparison-between-pos-tagging-classes*

7.6 한글 형태소 분석기 사용해보기

한글을 처리하기 위해 앞서 설명한 다양한 형태소 분석기를 직접 하나씩 모두 사용해보면 좋겠지만 서로 간의 성능을 비교하거나 동시에 여러 개를 사용하려고 한다면 설치부터 사용 방법까지 알아야 할 것이 너무 많다. 때문에 여러 개의 형태소 분석기를 표준화된 인터페이스를 통해 동시에 사용할 수 있도록 제공하는 패키지를 사용하면 훨씬 수월할 것이다.

한글에 대해서는 KoNlpy(코엔엘파이)와 KoalaNLP(코알라엔엘피)가 이러한 기능을 제공한다. 두 패키지 모두 파이썬을 지원하며, 자바로 개발된 형태소 분석기도 파이썬으로 통일되게 사용할 수 있도록 래핑되어 있어서 사용이 일관적이다. 딥러닝 엔진을 래핑하여 사용성을 편하게 한 케라스Keras와 그 성격이 비슷하다. 두 패키지의 목적은 한글 형태소 분석기를 쉽고 편하게 사용하는 면에서는 동일하지만 지원하는 기능 측면에서는 조금 차이가 있다. 우선 지원하는 형태소 분석기의 종류를 비교해보면 표 7.1과 같다.

표 7.1 | KoNlpy와 KoalaNLP의 형태소 분석기 지원 현황 비교

형태소 분석기	KoNlpy	KoalaNLP
한나눔	지원	지원
꼬꼬마	지원	지원
코모란	지원	지원
트위터	지원	지원
은전한잎	지원	지원
아리랑	미지원	지원
라이노	미지원	지원

- 꼬꼬마: *http://kkma.snu.ac.kr/*
- 한나눔: *http://semanticweb.kaist.ac.kr/hannanum/*
- 트위터: *https://github.com/twitter/twitter-korean-text/*
- 코모란: *http://shineware.tistory.com/entry/KOMORAN-ver-24*
- Mecab: *https://bitbucket.org/eunjeon/mecab-ko-dic*

KoNlpy는 각 형태소 분석기마다 별도의 클래스를 제공한다. 각 형태소 분석기마다 Tag 패키지를 생성하면 다음과 같은 메소드를 사용할 수 있는데 표 7.2와 같이 각 특성에 따라 지원하는 내용이 조금씩 다르다.

표 7.2 | KoNlpy의 품사 태거가 제공하는 기능 비교

메소드	내용	한나눔	꼬꼬마	코모란	은전한닢	트위터
analyze	구문 분석	○				
morphs	형태소 분리	○	○	○	○	○
nouns	명사 추출	○	○	○	○	○
pos	품사 태깅	○	○	○	○	○
sentence	문장 분리		○			○
phrases	문단 분리					

우리는 두 가지 패키지 중에서 한글 처리에 가장 대표적으로 많이 활용되는 KoNlpy를 활용해 한글을 분석하는 과정을 직접 실습 해보겠다.

KoNlpy는 Korean National Language Processing in Python의 약어로서, 그 뜻 그대로 한국어를 파이썬으로 처리할 때 사용된다. KoNlpy는 서울대학교 산업공학과에서 개발한 한국어 형태소 분석기 래퍼wrapper 패키지다. KoNlpy는 이미 잘 만들어진 형태소 엔진을 파이썬에서 사용할 수 있게 해주는 장점이 있으며, 꼬꼬마Kkma, 한나눔Hannanum, 코모란Komoran, 은전한닢 프로젝트Mecab, 트위터 등의 형태소 분석기를 쉽게 사용할 수 있다. 이중에서 트위터 형태소 분석기를 사용해보겠다.

> **개발환경**
> 운영체제 : 우분투 14.04
> 개발 플랫폼 : 파이썬 3.5 이상
> 주요 패키지 : KoNlpy 0.4 이상

한글 자연어 전처리를 위해서는 한글 형태소 분석기가 필수적이다. 한국어 문장을 분석하는 형태소 분석에 대해 앞서 7.4절에서 간단하게 설명했지만, 좀 더 구체적으로 알아보자. 형태소 분석Morphological Analysis은 자연어 문장을 의미를 갖는 가장 작은 단위로 분할하고, 각 단어의 품사를 구분하는 과정이다. 영어 형태소 분석의 경우 "I love you"라는 문장을 공백으로 잘라 쉽게 단어를 구분할 수 있다. I, love, you로 각 단어를 분할하고, 이를 명사, 동사, 명사로 구분하는 과정이다.

그러나 한국어 문장을 형태소 분석하는 것은 어려운 작업이다. 영어는 공백으로 쉽게 단어를 구분할 수 있지만, 한국어에는 조사가 붙어 있으므로 단순히 공백으로 잘라서는 단어를 구분할 수 없다. 예를 들어 "나는 학교에 간다"라는 문장과 "하늘을 나는 비행기"에서 모두 '나는'이라는 단어가 나오는데, '나는'은 각 문장 안에서 전혀 다른 의미를 지닌다. 이처럼 한글만의 특색이으로 인해 한글은 영어보다 전처리하기가 까다롭다.

- 나는 → **나**(인칭대명사) + **는**(조사)
- 나는 → **날**(동사) + **는**(관형사형어미)

들어가기에 앞서서 기본적인 실습 환경의 구성은 이전 장들과 동일하나, 이번에는 특별히 윈도우 운영체제를 쓰지 않고 연구소나 기업 현장에서 많이 쓰는 운영체제인 우분투로 실습을 해보겠다. KoNlpy가 윈도우보다는 우분투에서 설치가 용이하며, 윈도우에서는 설치가 까다롭고 설치 후에도 PC 환경에 따라 오류가 날 가능성이 많기 때문이다.

일단 다음 명령어로 우분투에서 KoNlpy를 설치해보자. 좀 더 자세한 설치 방법이 궁금하다면 *http://konlpy.org/ko/latest/install/#ubuntu*를 참고하자.

```
$ sudo apt-get install g++ openjdk-7-jdk python-dev python3-dev
$ pip install konlpy
```

윈도우에서는 동일하나 라이브러리 설치가 다소 다를 수 있다. 윈도우에서 라이브러리 설치는 아래 내용을 참고하기 바란다.

> **참고** **윈도우 OS에서 KoNlpy 설치하기**
>
> ```
> $ pip install konlpy
> ```
>
> 윈도우에서는 KoNlpy를 설치하려면, 설치과정이 조금 까다롭다. 우선 첫 번째로, 마이크로소프트 비주얼 Visual C++ 14.0이 필요하다. 마이크로소프트 비주얼 C++ 빌드 도구는 다음 주소에서 내려받을 수 있다.
>
> - *https://visualstudio.microsoft.com/ko/downloads/*커뮤니티 버전 다운로드
>
> 두 번째로 JDK 1.8을 설치한다. 그러고 나서 컴퓨터 시스템 변수에 JAVA_HOME 설정을 한다.
>
> - JDK 1.8 다운로드 경로: *https://www.oracle.com/technetwork/java/javase/downloads/jdk8-downloads-2133151.html*
>
> 추가로, 운영체제의 비트 버전(32비트 혹은 64비트)과 파이썬이 제공하는 비트를 맞추어 설치해야 하니 주의하기 바란다. 그 밖에도 설치할 때 다양한 문제가 발생할 수 있는데, 자세한 사항은 *http://konlpy.org/ko/latest/install/#id2*를 참조하자.

우리는 KoNlpy의 형태소분석기 중에서 꼬꼬마와 KoNlpy를 통해서 토큰화를 수행해보겠다. 앞서 7.2.2절에서 언급했듯이 토큰$_{\text{token}}$이란 의미를 가지는 가장 작은 단위를 뜻하며, 토큰화$_{\text{tokenizing}}$란 문서나 문장을 분석하기 좋도록 토큰으로 나누는 작업이다. 영어의 경우 공백만으로도 충분히 토큰을 나눌 수 있다.

```
입력: Time is gold
```

이러한 입력으로부터 토큰화 작업의 결과는 다음과 같습니다.

```
출력: "Time", "is", "gold"
```

하지만 한글의 경우 문장 내에서 공백을 불규칙하게 사용하거나 틀리기 쉬운 언어고, 공백만으로 나뉘었을 때 그 의미가 달라질거나 토큰 자체가 의미를 가질 수 없게 된다. 자, 그러면 KoNlpy를 통해서 토큰화를 수행하도록 예제 7.1과 같이 코드를 작성하고, tagger.py 이름으로 저장하자.

예제 7.1 | 품사 태깅 실습 소스코드 tagger.py

```
# -*- coding: utf-8 -*-
# ❶
from konlpy.tag import Kkma
kkma = Kkma()

# ❷
print('kkma 문장분리 : ', kkma.sentences(u'안녕하세요. 반갑습니다. 저는 인공지능입니다.'))
# sentences : 문장 분리
print('kkma 명사만 추출 : ', kkma.nouns(u'을지로 3가역 주변 첨단빌딩숲 사이에 자리 잡은 커피집'))
# nouns : 명사 추출

print('='*80)

# ❸
from konlpy.tag import Twitter
tagger = Twitter()

# ❹
print('Twitter 명사만 추출 : ',
        tagger.nouns(u'을지로 3가역 주변 첨단빌딩숲 사이에 자리 잡은 커피집'))
print('Twitter 품사 추출 : ',
        tagger.pos(u'이것도 되나욬ㅋㅋ')) #pos : 품사 부착(Part-of-speech tagging)
print('Twitter 오타와 원형처리 : ',
        tagger.pos(u'이것도 되나욬ㅋㅋ', norm=True, stem=True))  #nouns : 명사 추출
```

❶ KoNlpy 중에서 꼬꼬마 형태소분석기 사용을 위해 선언하고 이름을 kkma라는 객체를 생성한다.

❷ sentences는 마침표(.)와 공백을 기준해서 문장을 분리해준다. .nouns는 문장 내에서 명사만 추출해준다.

❸ KoNlpy 중에서 트위터 형태소 분석기 사용을 위해서 선언하고 이름이 tagger라는 객체를 생성한다(v0.5.0 이후로 Twitter( )가 Okt( )로 변경되었다).

❹ .nouns는 문장내에서 명사만 추출해준다. .pos 문자 뒤에 ('도', 'Josa') 형식으로 출력해주며, 조사는 Josa, 동사(Verb), 관형사(Determiner), 명사(Noun), 부사(Adverb)다. ㅋㅋ 같은 것은 KoreanParticle으로 표시된다. norm 옵션은 '샤릉해' → '사랑해'처럼 단어의 오타를 자동으로 정정해주는 기능이고, stem 옵션은 '입니다' → '이다'처럼 원형을 리턴하는 기능이다. 기본값은 False다.

tagger.py를 다음의 명령으로 실행해 보자.

```
$ python tagger.py
```

문장 토큰화 수행 결과 화면은 다음과 같다.

```
kkma 문장분리 :  ['안녕하세요.', '반갑습니다.', '저는 인공지능입니다.']
kkma 명사만 추출 :  ['을지', '3', '역', '주변', '첨단', '첨단빌딩숲', '빌딩', '숲', '사이', '자리', '커피', '커피집', '집']
==============================================================================
Twitter 명사만 추출 :  ['을지로', '역', '주변', '첨단', '빌딩', '숲', '사이', '자리', '커피집']
Twitter 품사 추출 :  [('이', 'Determiner'), ('것', 'Noun'), ('도', 'Josa'), ('되나욬', 'Noun'), ('ㅋㅋ', 'KoreanParticle')]
Twitter 오타와 원형처리 :  [('이', 'Determiner'), ('것', 'Noun'), ('도', 'Josa'), ('되다', 'Verb'), ('ㅋㅋ', 'KoreanParticle')]
[Finished in 6.6s]
```

꼬꼬마와 트위터 형태소 분석기를 살펴보았다. 꼬꼬마 형태소 분석기의 결과는 다음과 같다.

- 원문: "을지로 3가역 주변 첨단빌딩숲 사이에 자리 잡은 커피집"
- 명사: ['을지', '3', '역', '주변', '첨단', '첨단빌딩숲', '빌딩', '숲', '사이', '자리', '커피', '커피집', '집']

다음은 트위터 형태소 분석기의 결과다.

- 원문: "을지로 3가역 주변 첨단빌딩숲 사이에 자리 잡은 커피집"
- 명사: ['을지로', '역', '주변', '첨단', '빌딩', '숲', '사이', '자리', '커피집']

꼬꼬마에는 3이라는 숫자도 포함되어 있는데 트위터에서는 보이지 않고, 꼬꼬마는 '을지로'에서 '로'를 조사로 인식해 제거했다. 트위터 분석기는 '커피집' 단어를 '커피집'으로 구분했는데, 꼬꼬마는 '커피', '커피집', '집' 등으로 너무 세분하게 나눴다. 그리고 트위터에 대해선 세부적으로 품사 추출 및 오타와 원형 처리까지 수행해보았다. 비교적 잘 처리되는 편이다.

각 형태소 분석기는 성능과 결과가 다르게 나오기 때문에, 형태소 분석기의 선택은 사용하고자 하는 필요 용도에 어떤 형태소 분석기가 가장 적절한지를 판단하고 사용하면 된다. 주로 트위터를 많이 쓴다.

7.7 토픽 모델링

자연어 처리와 정보 검색 분야에서 **토픽 모델링**topic modeling이라는 기법이 있다. 토픽 모델링은 문서에서 숨겨진 토픽을 발견하고, 많은 양의 비정형 데이터를 정리하는 데 사용한다. 토픽 모델링의 중요한 특징은 레이블이 된 데이터가 필요 없다는 점이다. 토픽 모델링은 스스로 패턴을 식별하는 비지도학습 방식이다(비지도학습에 대해서는 3장을 살펴보길 바란다). 토픽 모델링은 매우 어려운 방법이지만 파이썬에서는 젠심gensim이라는 라이브러리를 사용하여 쉽게 수행할 수 있다.

토픽 모델링에 대한 사용 사례는 다음과 같다.

- **문서 토픽 요약**: 문서의 토픽을 요약할 수 있어서 신속하게 분류할 수 있도록 도와준다.
- **검색엔진 최적화**: 토픽과 관련 키워드를 식별하여 온라인 기사, 블로그 및 문서를 쉽게 태그할 수 있으므로 검색 결과 최적화가 향상된다.
- **고객 지원 개선**: 제품 및 서비스 사양, 부서 등 고객 불만이나 피드백에 관련해 토픽과 관련 키워드를 발견할 수 있다.

이번 절에서는 대표적인 토픽 모델링 알고리즘인 **잠재 디리클레 할당**Latent Dirichlet allocation, LDA을 사용해보겠다. LDA는 주어진 문서에 대해 각 문서에 어떤 주제들이 존재하는지에 대한 확률 모델이다. 예를 들어 우리가 '야구'를 주제로 글을 쓴다고 생각하면, 그 문서 안에는 '선발', '마무리', '홈런', '안타' 등 야구와 관련된 단어들이 많이 등장하게 된다. 이제 반대 방향으로 생각해보자. 문서 안에 있는 단어들만 보고 주제를 유추해야 하는 경우도 있다. '선발', '마무리', '홈런', '안타' 단어와 '전설', '사고', '시속'이 있다면 어느 단어를 보았는지에 따라 다양한 주제가 나올 수 있다. 이처럼 이면에 존재하는 정보를 가지고 문서가 어떤 주제를 다루는지를 추론할 수 있다.

LDA라는 이름은 이런 잠재 정보를 알아내는 방법에서 잠재latent라는 단어를 따왔고, 이때 각 토픽들이 나올 확률이 디리클레Dirichlet 분포를 따른다는 가정을 하기 때문에 디리클레라는 단어가 붙었다. 무엇보다도 LDA는 "문서의 토픽은 단 하나 정해지는 것이 아니라 여러 토픽의 비율로 표현할 수 있다"는 가정에서 출발했다는 점이 중요하다. 예를 들어, '알파고AlphaGo'에 관한 기사들에서 '바둑'이라는 주제는 60%, '인공지능'이라는 주제는 40%를 다룬다라는 느낌을 말한다.

다음과 같은 문장 집합이 있다고 가정해 보자.

- "나는 아침에 라면을 자주 먹는다."
- "나는 아침에 밥 대신에 라면을 자주 먹는다."
- "현대인의 삶에서 스마트폰은 필수품이 되었다."
- "현대인들 중에서 스마트폰을 사용하지 않는 사람은 거의 없다."
- "점심시간에 스마트폰을 이용해 영어회화 공부를 하느라 혼자 밥을 먹는다."

이제 LDA가 토픽topic을 자동으로 찾는 방법을 설명하겠다. 예를 들어 이 문장들에서 2가지 토픽을 요구하면, LDA는 토픽 A와 토픽 B가 혼재되어 있다고 말할 것이다. 만약 LDA를 수행한 결과가 다음과 같이 나왔다고 가정해보자. 각 토픽별로 가장 많이 등장할 확률이 많은 단어를 순서대로 나열했다고 하자.

1. 토픽 A: 아침 30%, 자주 15%, 라면을 5%…
2. 토픽 B: 현대인 20%, 필수품이 10%, 먹는다 5% …

토픽 A를 '아침'이라고 해석할 수 있고, 토픽 B는 '현대인'이라고 해석할 수 있다.

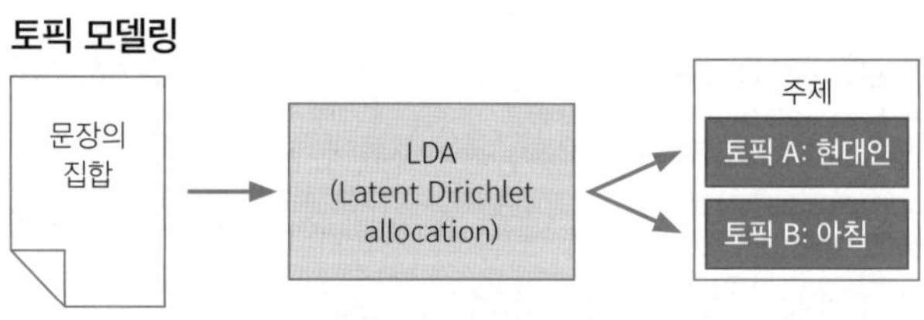

그림 7.4 | 토픽모델링 예시

앞으로 실습할 문서에 LDA를 통해서 주제를 뽑아내는 절차는 다음과 같다.

1. 사전과 말뭉치 만들기

우선 파일을 사전Dictionary과 말뭉치corpus를 만든다. 단어는 문자열의 상태로는 처리할 수 없기 때문에, 단어를 고유 ID(숫자)로 매핑하기 위해서 사전을 준비한다. `doc2bow` 함수로 문서를 [(<단어 ID>, <출현횟수>), ...] 같은 형식의 bag-of-words로 변환 말뭉치corpus를 만든다. 문서를 벡터로 변환하기 위해 여기서 Bag-of-words라는 문서의 표현 방법을 사용한다. 이 표현 방법은 하나의 벡터의 각 요소는 다음과 같은 단어-출현 횟수의 쌍이다 (예를 들면 'system'이라는 단어가 몇 번 출현하는지).

2. 모델 생성하기

사전과 말뭉치를 사용하여 LDA 모델을 만든다.

3. 모델을 사용해 결과 출력하기

Topic 0: 아침 30%, 자주 15%, 라면을 5%... 이런 식의 표현 방법으로 나타낼 수 있게 된다.

4. 시각화하기

맷플롯립matplotlib과 워드클라우드wordcloud를 사용하면 LdaModel 토픽 내용을 워드클라우드 형태로 시각화한다. 워드클라우드란 문서의 핵심 단어를 시각화하는 기법이다.

토픽 모델링 실습을 위한 개발환경 구성은 다음과 같다.

개발환경
운영체제 : 윈도우 혹은 우분투
개발 플랫폼 : 파이썬 3.6 이상
주요 패키지 : 젠심

실습에 앞서 다음과 같이 pip을 이용해 맷플롯립과 워드 클라우드를 설치하자.

```
$ pip install matplotlib
$ pip install wordcloud
```

자, 그러면 다음 예제 7.2와 같이 코드를 작성하고, lda.py라는 파일 이름으로 저장하자. 이 실습에서는 매우 단순화된 문서 세트를 사용하여 LDA 모델을 생성하는 과정을 설명하겠다. 이번 예제에서도 토픽 모델링을 쉽게 수행할 수 있는 젠심Gensim 라이브러리를 사용하겠다.

예제 7.2 | LDA를 통해서 토픽모델링을 하는 코드 소스코드 lda.py

```
# -*- coding: utf-8 -*-
# 젠심(gensim) 모듈 추가 ❶
from gensim import corpora
from gensim import models

documents=[
'나는 아침에 라면을 자주 먹는다.',
'나는 아침에 밥 대신에 라면을 자주 먹는다.',
'현대인의 삶에서 스마트폰은 필수품이 되었다.',
'현대인들 중에서 스마트폰을 사용하지 않는 사람은 거의 없다.',
'점심시간에 스마트폰을 이용해 영어 회화 공부를 하느라 혼자 밥을 먹는다.'
]

# 문자열에서 구두점 제거 ❷
import re, string
regex = re.compile('[%s]' % re.escape(string.punctuation))

def remove_punctuation(s):
    return regex.sub('', s)

texts = [[remove_punctuation(word) for word in document.split() ] for document
    in documents]

# 사전과 코퍼스 만들기 ❸
# 사전 만들기
dictionary = corpora.Dictionary(texts)

# 코퍼스 만들기(벡터화)
corpus = [dictionary.doc2bow(text) for text in texts]
print ('corpus : {}'.format(corpus))

# 모델 구축 ❹
lda = models.ldamodel.LdaModel(corpus=corpus, id2word=dictionary,
        num_topics=2, random_state = 1)

# 주제마다 출현 확률이 높은 단어 순으로 출력 ❺
for t in lda.show_topics():
    print(t)
```

```
# 주제를 워드 크라우드로 시각화하기 ❻
import matplotlib.pyplot as plt
from wordcloud import WordCloud

# 윈도우 OS의 폰트 경로 예시
# font_path = 'C:/Windows/Fonts/malgun.ttf';
# 우분투 OS의 폰트 경로 예시
# font_path='/Library/Fonts/AppleGothic.ttf'

wc = WordCloud(background_color='white',
        font_path='C:/Windows/Fonts/malgun.ttf')

plt.figure(figsize=(30,30))
for t in range(lda.num_topics):
    plt.subplot(5,4,t+1)
    x = dict(lda.show_topic(t,200))
    im = wc.generate_from_frequencies(x)
    plt.imshow(im)
    plt.axis("off")
    plt.title("Topic #" + str(t))

# 이미지 저장 ❼
plt.savefig('LDA_wordcloud.png', bbox_inches='tight')
```


❶ 젠심의 필요한 모듈을 임포트(import)한다.

❷ 전처리 과정으로 분석할 때 필요 없는 문자들을 제거한다.

❸ 사전과 말뭉치를 만든다. `dictionary`는 `bag-of-words`를 이용하여 생성된 단어와 그 발생 횟수를 나열한다. 또한 고유 ID도 매겨져 있다. `doc2bow()`는 유니크한 결과에서 단어의 출현 횟수를 계산한다. 말뭉치는 문서마다 단어 ID와 그 발생 빈도를 가지는 튜플 형태다. 이것을 사용하여 그대로 문서 데이터를 젠심에서 사용할 수 있는 형태로 변환한다.

❹ LDA 모델을 정의한다. 여기서 주제 개수 `num_topics` 값이 중요하다. `num_topics` 값이 너무 많으면 어떤 문서에도 해당하지 않는 불필요한 항목을 만들어 버리고, 반대로 너무 적으면 특징이 없는 항목이 되어서 유용한 결과를 얻을 수 없다. `LdaModel` 클래스를 사용하려면 최소 3개의 매개변수(`corpus`, `num_topics`, `id2word`)를 설정해야 한다. `num_topics` 수는 사용자가 결정해야 하므로 여기에서는 `int` 형으로 지정한다. `random_state`를 지정하지 않으면 임의의 값이 적용된다. 실행 때마다 결과가 달라진다.

❺ 주제마다 출현 확률이 높은 단어 순으로 다음 표처럼 출력된다.

topics	0번째	1번째	2번째	3번째	4번째	…
0	먹는다	자주	나는	라면을	아침에	…
1	스마트폰은	필수품이	먹는다	되었다	삶에서	…

❻ 주제를 워드클라우드 형태로 시각화하자. 한글출력을 위해서 폰트지정을 해줘야 한다. 윈도우와 우분투의 각각 폰트의 위치를 지정한다.

❼ 이미지를 *.png 파일 형태로 저장한다.

lda.py 파일을 다 작성했으면, 콘솔 창에서 다음 명령어로 실행하면 그림 7.5와 같이 워드 클라우드 형태로 나타난다.

```
$ python lda.py
```

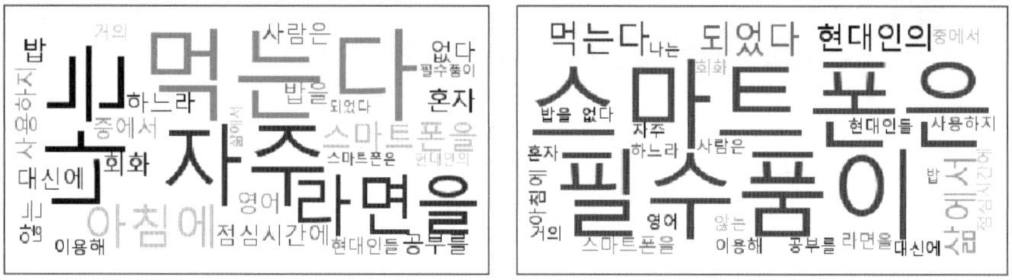

Topic #0 Topic #1

그림 7.5 | LDA 워드클라우드 결과

그림 7.5에서 워드클라우드 이미지에서 단어의 크기는 그 토픽에 해당 단어가 나타날 확률의 크기를 보여준다. 왼쪽이 Topic0, 오른쪽이 Topic1이다. 각 토픽 내에서 그 토픽에 나타날 가장 가능성 있는 n가지 단어가 있다.

토픽 0은 '라면을', '자주', '먹는다', '아침에'와 같은 단어를 포함하며 아침식사와 관련된 토픽이라 할 수 있겠다. 토픽 1은 '스마트폰을', '필수품이', '되었다'와 같은 단어를 포함하며 스마트폰과 관련된 토픽이라 할 수 있겠다. 토픽으로 구별하는 게 도움이 되더라도 학습방식은 비지도학습이므로 문서의 주제에 대해서 사용자의 검증이 필요하다.

아침식사와 스마트폰이라는 두 가지 주제로 데이터를 분류하는 편이 맞을 것 같다. 텍스트를 보면 각 문장이 아침식사와 스마트폰을 주제로 하고 있음을 알 수 있다.

지금까지 예제를 통해 토픽 모델링을 살펴보았다. 토픽 모델링을 통해 우리는 문서가 가지고 있는 토픽의 분포를 알 수 있으며, 각 토픽을 구성하고 있는 단어들의 분포 또한 알 수 있었다. 토픽 모델링의 방법론 중에서 현재 널리 사용되는 것은 잠재 디리클레 할당Latent Dirichlet Allocation, LDA이다. 토픽 모델링은 비교적 적은 수의 잠재 토픽으로 압축하여 그 내용을 간결하게 보여줄 수 있다는 특징 덕분에 대량의 사용자 리뷰를 분석하여 분류하거나, 온톨로지와 함께 쓰여 지식 베이스를 구축하는 데 사용되는 등 다양한 자연어 처리 분야에 응용되고 있다.

참고 **윈도우 아나콘다 환경에서 워드클라우드 실행시 "ImportError: DLL load failed: 지정된 모듈을 찾을 수 없습니다"라는 오류가 발생한다면?**

워드클라우드(wordcloud) 패키지를 설치하면 해당 패키지를 작동하는 데에 요구되는 pillow 패키지도 자동으로 설치된다. 그런데 conda로 wordcloud 패키지를 설치한 경우에는 때때로 pillow만 최신 버전으로 설치가 되지 않아 패키지를 불러오지 못하는 오류가 발생한다. 5.1.1 버전 대신 5.1.0 버전이 깔리는 것이다. 그리고 이후에 pip로 최신 버전을 설치하려고 해도, 이미 패키지가 설치가 되어있기 때문에 설치를 건너뛰게 된다. 따라서 pip를 이용하여 최신 버전의 pillow 패키지를 먼저 받고, 이후에 wordcloud 패키지를 받아주어야 한다. 이전에 wordcloud를 설치한 적이 있다면 ①부터, 설치한 적이 없다면 ⑤부터 다음과 같은 과정을 참고하면 된다.

① 터미널 또는 아나콘다 프롬프트에서 wordcloud의 설치 여부를 확인한다.

```
$ conda list wordcloud
# packages in environment at /usr/local/anaconda3:
#
wordcloud                 1.4.1                 py36_0    <pip>
```

② pip uninstall wordcloud 과 conda remove wordcloud을 통해 먼저 패키지를 깨끗하게 지운다.

```
$ pip uninstall wordcloud
...
$ conda remove wordcloud
...
```

③ pillow 패키지도 깨끗하게 지워준다. 먼저 어떻게 설치되어 있는지 확인한다.

```
$ conda list pillow
# packages in environment at /usr/local/anaconda3:
#
pillow                  4.2.1                 py36h0263179_0
```

④ 같은 방식으로 지워준다.

```
$ conda remove pillow
```

⑤ 이제 두 패키지들을 다시 설치해야 한다. 먼저 pillow를 반드시 pip를 이용해 깔아준다. 그러면 자동으로 가장 최신 버전의 pillow 패키지가 설치될 것이다(2018.6.25 기준 5.1.0 버전).

```
$ pip install pillow
Collecting pillow
  Downloading https://files.pythonhosted.org/packages/9c/7b/f22381dec311
c2771541e6d37dd47c8a3000c4b8f61c578bf48585422c11/
Pillow-5.1.0-cp36-cp36m-macosx_10_6_intel.macosx_10_9_intel.macosx_10_9_
x86_64.macosx_10_10_intel.macosx_10_10_x86_64.whl (3.6MB)
 100% |████████████████████████████████| 3.6MB 664kB/s
Installing collected packages: pillow
Successfully installed pillow-5.1.0
```

⑥ 다음으로 wordcloud를 설치하는데, 이번에는 conda-forge를 이용한다.

```
$ conda install -c conda-forge wordcloud
```

⑦ 1.4.1 버전의 wordcloud 패키지와 5.1.0 버전의 pillow 패키지가 잘 깔려 있는지 확인한다.

```
$ conda list wordcloud
# packages in environment at /usr/local/anaconda3:
#
wordcloud               1.4.1                  py36_0    conda-forge
$ conda list pillow
# packages in environment at /usr/local/anaconda3:
#
Pillow                  5.1.0                 <pip>
pillow                  5.0.0                 py36_0    conda-forge
```

⑧ 문제 없이 import가 되는지 확인한다.

```
$ python
Python 3.6.5 |Anaconda custom (64-bit)| (default, Apr 26 2018, 08:42:37)
[GCC 4.2.1 Compatible Clang 4.0.1 (tags/RELEASE_401/final)] on darwin
Type "help", "copyright", "credits" or "license" for more information.
>>> import wordcloud
>>> exit()
```


7.8 정리

이번 장에서는 자연어 처리가 무엇인지 이해하는 데 도움이 되는 기본적인 내용에 대해 알아봤다. 특히 이 장 전반에 걸쳐 설명한 용어들은 자연어 처리 기술을 언급할 때 자주 등장하는 것들이니 잘 익혀두면 도움이 될 것이다. 자연어 처리는 비정형 데이터를 다루는 기술이다. 알고리즘에 대한 이해도 중요하지만 그 전에 데이터를 수집하고 정제하고 특징 정보로 바꾸는 과정이 상당히 중요하다. 특히 한글은 데이터도 많이 부족하고 처리하기 어려운 언어라는 점을 이해하고 충분한 시간과 노력이 필요하다는 점도 기억하기 바란다.

또한 이 장에서는 한글 처리의 특징을 알아보고 한국어 처리를 위한 형태소 분석에는 어떤 것이 있는지, 어떻게 사용하는지를 살펴봤다. KoNlpy라는 한국어 형태소 분석기와 사용방법도 알 수 있었다. 단어 임베딩 모델에서 유사한 단어를 찾는 코드도 만들었다. 독자 여러분도 다양한 질문을 넣어보고 어떠한 결과가 나오는지 각자 확인해 보길 바란다. 젠심을 활용해서 토픽 모델링에 대해서 알아봤으며, 특히 LDA를 사용해 생성된 토픽에 대해 배웠다. 토픽 모델링을 이용하여 여러분 자신의 데이터 세트를 분석할 수 있기를 바란다. 다음 장에서는 딥러닝을 이용해 자연어 처리를 하는 방법을 소개한다.

8장 워드투벡을 이용한 자연어 처리

기존의 단어 임베딩Word Embedding은 원핫 인코딩one-hot encoding 방식을 사용했다. 원핫 인코딩이란 모든 단어 n개짜리 단어 사전Dictionary을 만들고 해당되는 자리에 1을 넣고 나머지에 0을 넣는 방식이다. 이 방식은 단어 사전이 무한대로 길어지는 단점이 있고, 대부분이 0으로 표시된다. 또한 이러한 원핫 인코딩 방식은 단어 간의 의미론적 차이와 연관 관계를 이해할 수 없다는 문제점이 생긴다. 이러한 여러 문제점을 해결하기 위해 단어를 다차원 공간에서 벡터화하는 방식까지 이르게 되었다. 단어 임베딩을 했을 때 비슷한 분포를 가진 단어들은 비슷한 의미를 가진다는 사실을 발견한 것이다.

이번 8장에서는 단어의 분산 표현인 단어 임베딩에 대해 배워보고, 단어 임베딩을 하기 위한 word2vec(워드투벡터, 줄여서 워드투벡이라 부름) 알고리즘을 자세히 알아보겠다. word2vec은 문자 그대로 단어를 벡터 형태로 수치화시키는 딥러닝 방법이다. word2vec의 유형 두가지 모델을 배우고, word2vec의 활용 분야와 한계점도 살펴본다.

대용량 영어 말뭉치를 통해 단어를 벡터 공간에 배치하고 이로써 유사도를 구하는 실습도 해보겠다. 단어가 서로 동일한 의미라고 볼 수 없지만, 벡터 공간상에 가까운 위치에 있으면 연관 관계가 있다고 볼 수 있다.

8.1 자연어 처리의 꽃, 단어 임베딩 이해하기

앞서 7장 도입부에서도 이야기했듯이 컴퓨터가 인간의 언어를 이해하게 만드는 것은 참으로 어려운 일이다. 컴퓨터에게 '프로그래머'라는 단어를 보여준다면 과연 컴퓨터는 이 단어의 개념적인 의미를 이해할 수 있을까? 컴퓨터는 단순히 '프로그래머'라는 단어에 해당하는 유니코드Unicode의 집합으로만 생각할 것이다.

기본적으로 컴퓨터에 무언가를 지시하기 위해서는 수치화가 필수다. 컴퓨터는 0과 1로 이루어져 있기 때문이다. 마찬가지로 단어도 컴퓨터로 하여금 인지시키기 위해서는 수치적인 방식으로 표현할 수 있어야 한다.

이를 표현하는 자연어 처리 방법인 '원핫 인코딩one-hot encoding'은 사전이 [야구, 프로그래머, 피아노, 딸기, 바다]로 구성되어 있다면 '프로그래머'를 표현하는 벡터는 그림 8.1처럼 [0, 1, 0, 0, 0]이 되는 식이다.

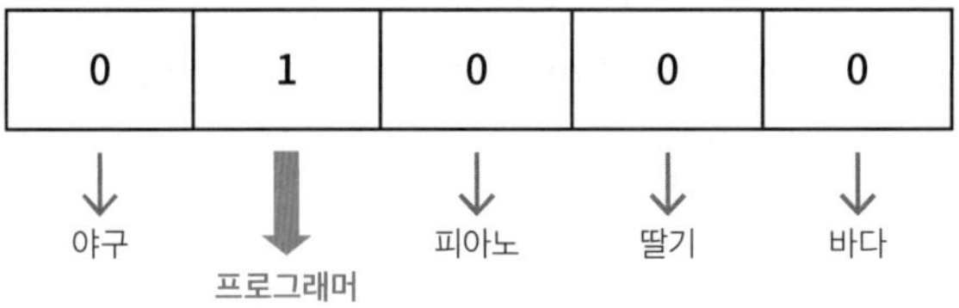

그림 8.1 | 원핫 인코딩 표기법

자연어 처리 작업이 있을 때 우리는 텍스트 입력을 구조화된 방식으로 표현하기를 원한다. 여기서 N은 어휘의 총 단어 수를 나타낸다. N 길이 벡터의 각 색인은 특정 단어에 속할 것이므로 각 단어에 대해 해당 색인만 1의 값을 갖고 나머지는 0이다.

우리가 가진 어휘에 단어가 3개만 있다고 가정해보자.

"나는 너를 사랑해"

다음은 각각의 고유한 단어를 원핫 인코딩 방식으로 표현하는 방법이다.

```
나는: [1, 0, 0]
너를: [0, 1, 0]
사랑해: [0, 0, 1]
```

요약하자면, 원핫 인코딩 방식에서는 텍스트의 단어를 벡터로 표현하며, 단어에 해당하는 항목만이 1이고 다른 모든 항목은 0으로 표기한다. 이 방식에서는 단어가 같은 단어인지 아닌지를 비교하는 작업만 할 수 있다. 이것은 좋은 생각처럼 보일지 모르나 많은 말을 담으려고 할 경우라면 어떨까? 게다가 단어가 있는지 여부만 파악할 뿐이고, 단어와 단어 사이의 관계를 이해할 수는 없다.

8장

또한 새로운 단어를 추가하려고 하면 벡터의 차원이 증가된다. 그래서 연구자들은 이러한 단점을 극복하기 위해 단어를 다차원 공간에서 '벡터화'하는 방식을 고안하게 되었다. 더 나아가 다차원에서 벡터화하는 것뿐만 아니라 연산 처리까지 할 수 있게 하는 단어의 분산 표현인 **단어 임베딩**Word Embedding이라는 방식을 제안하게 된다. 일반적인 텍스트로부터 이러한 단어 임베딩을 학습하기 위해서 만들어진 효율적인 예측 모델이 바로 word2vec이다. 우리가 이제부터 구체적으로 살펴볼 내용이다.

word2vec은 구글에서 만든 알고리즘으로서 각 단어 간의 앞뒤 관계를 보고 근접도를 정하는 방식이며, 딥러닝을 통한 비지도학습 알고리즘이다.

예를 들어 문서에 나온 모든 단어를 벡터화하면 수많은 단어들이 벡터 공간에 흩어지게 되지만 각 단어 간의 앞뒤 관계가 계속 겹치는 것들은 비슷한 공간에 몰려 있게 된다. 그래서 그림 8.1에서 'france'란 단어를 찾게 되면 근접하는 단어로 'spain', 'belgium'이라는 결과가 나온다. 벡터 공간에서 서로 가까운 곳에 위치해 있기 때문에 이런 결과가 나온 것이다.

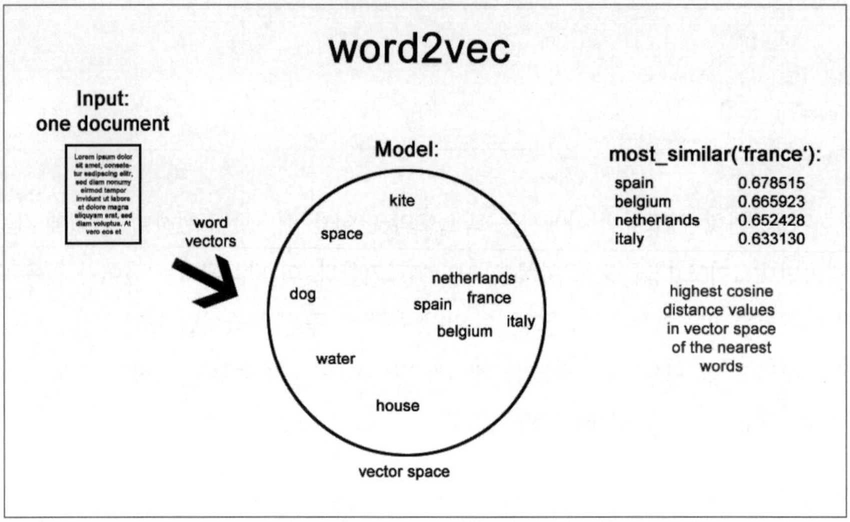

그림 8.2 | word2vec 표현 방법

출처 "Graphic Representations of word2vec and doc2vec", 젠심 홈페이지, *http://gensim.narkive.com/RavqZorK/gensim-4914-graphic-representations-of-word2vec-and-doc2vec*

word2vec은 그 이름이 나타내는 대로, 단어를 벡터 형태로 표현하는 정량화 기법이다. 예를 들어 현대인이 일상적으로 사용하는 어휘 수는 수만에서 수십만이라고 한다. 현대인이 사용하는 모든 어휘를 분석할 수 없기에 word2vec에서는 각 단어를 200~1000차원 정도의 공간 내에서의 벡터로 표현하고 이를 분석한다.

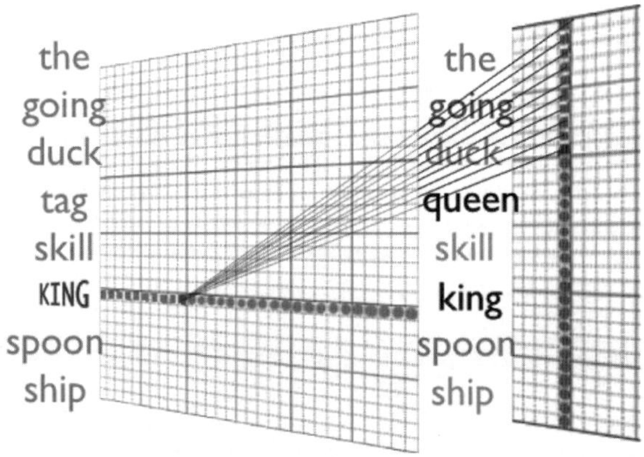

그림 8.3 | word2vec의 벡터 공간

이미지 출처 *insightdatascience.com*

사실 word2vec은 "같은 맥락에 있는 단어는 서로 가까운 의미를 가지고 있다"라는 매우 간단한 전제를 바탕으로 구축되어 있다. 단어가 주어졌을 때 근처(전후 5-10단어 정도)에 출현하는 다른 단어는 비슷한 의미의 단어일 가능성이 높다. 이 성질을 수치화해서 학습하고 단어 간의 관련성 정도를 나타내는 것이다. 이것은 본래 매우 계산량이 많은 문제이지만, 구글 연구원인 토마스 미콜로프Tomas Mikolov와 카이 첸Kai Chen, 그레그 코라도Greg Corrado, 제프리 딘Jeffrey Dean 등의 연구를 통해 그 계산 효율도 크게 향상됐다. 연구원 중에서 제프리 딘은 구글의 전설적인 프로그래머로 맵리듀스MapReduce를 만든 사람이기도 하다. word2vec은 기존의 알고리즘에 비해 자연어 처리 분야에서 비약적인 정밀도 향상을 가능하게 했다. word2vec의 알고리즘에 대한 자세한 내용은 「Efficient Estimation of Word Representations in Vector Space(벡터 공간상에서 단어 의미의 효율적인 추정)」(*https://arxiv.org/pdf/1301.3781.pdf*)을 참조하기 바란다.

word2vec은 충분한 데이터 컨텍스트context가 주어지면 과거의 출현 예를 바탕으로 단어의 의미를 추측할 수 있다. 예를 들어, "man(남자)과 boy(소년)의 관계는 woman(여성)과 girl(소녀)의 관계에 해당하는 것이다"라고 정의할 수 있다. 여기서 컨텍스트란 한 문장 안에 기술된 단어나 구, 문 사이에 성립하는 의미적, 논리적 관계를 말한다.

word2vec은 현재 다양한 언어에서 활용 가능하다. C, 파이썬, 자바, Go, 스칼라뿐만 아니라 아파치 스파크Apache Spark 등의 빅데이터 처리 엔진도 가능하다. 학습에 사용되는 문서의 양에 따라 계산에 다소 시간이 들겠지만 문장을 프로그램에 전달하는 것만으로도 동작시킬 수 있기 때문에 기본적인 프로그래밍 기술 지식을 가지고 있으면 누구나 쉽게 이용할 수 있다.

word2vec 기술 이해하기

word2vec 모델은 크게 두 가지로 구분이 되는데, CBOWContinuous Bag-of-Words model와 Skip-Gram 모델이다. 이 두 가지는 주어진 단어들을 가지고 목표하는 단어를 예측할 것인지, 목표하는 단어를 기준으로 주어진 단어들을 예측할 것인지에 대한 방향만 다르고 그 외에는 비슷한 방식의 모델이다.

- **CBOW**: 문맥에서 단어에서 대상 단어가 나타나는 조건부 확률을 극대화하는 것이다. 즉 전후의 단어에서 대상 단어를 추측해 나간다. 예를 들어 다음과 같은 문장이 있을 때 전후의 단어를 통해서 '중국'이라는 단어를 찾아내는 것이다.

사드 배치 때문에 **중국** 관광객들이 줄어들다.

- **Skip-Gram**: CBoW의 반대 개념이다. 타깃target 단어에서 주변 단어를 예측한다. 즉 출력 계층의 주변 단어 예측 오류의 합을 최소화하는 것이다. 다음의 예문을 통해 생각해 보자.

나는 매일 아침에 사과를 **먹습니다**.

여기서 주어진 단어가 '먹습니다'였다고 가정한다. 이 단어에 주목하면 단어 주변에 음식의 종류가 나타날 수 있다. '사과' 또는 '오렌지', '우유', '빵' 등이 나타날 수 있을 것이다. 즉 주어진 단어의 주변에 어떤 단어가 가능한 것인가를 확률로 나타낼 수 있다. 위의 경우 '사과' 또는 '오렌지' 같은 음식 관련성이 높은 단어가 주변에 나타나는 확률이 높고, '아파트' 또는 '컴퓨터'와 같은 관련성이 낮은 단어는 출현할 확률이 낮다.

작동방식 때문에 CBOW 모델은 전체 컨텍스트context를 통해서 목표하는 타깃target 단어를 예측하기 때문에 작은 데이터 세트에 유용하게 사용 할 수 있고, Skip-Gram 모델은 목표하는 타깃 단어와 주어진 단어 쌍을 통해서 예측하기 때문에 큰 데이터 세트에 유용하게 사용되는 특성이 발생한다. 주로 사용되는 모델은 Skip-Gram 모델이다.

다시 정리하면, 연관된 의미의 단어들은 문서상 가까운 곳에 출현할 가능성이 높기 때문에 학습을 반복해 나가는 과정에서 두 단어는 점차 가까운 벡터를 지니게 되는 것이다. 예를 들어, 파리와 프랑스는 베를린과 독일이 같은 방식으로 관련되어 있다. 서로 수도와 국가의 관계를 가지기 때문이다. 그림 8.4는 비지도학습으로, 많은 뉴스 기사를 읽음으로써 국가와 수도의 개념을 얼마나 잘 배울 수 있는지 보여준다.

이 모델은 국가와 수도를 서로 나란히 배치했다. 여기서 가장 흥미로운 부분은 사용자의 개입 없이 컴퓨터가 스스로 데이터의 학습을 통해 패턴이 추출되었다는 점이다.

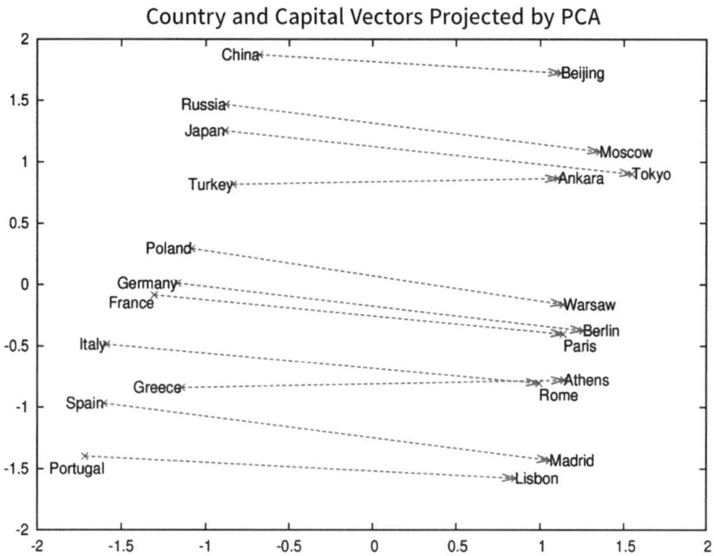

그림 8.4 | word2vec 의 연관관계

출처 "Learning the meaning behind words", Google Open Source 사이트
https://opensource.googleblog.com/2013/08/learning-meaning-behind-words.html

word2vec의 활용 분야

word2vec을 어떤 분야에 응용할 수 있을까? word2vec을 발명한 토마스 미콜로프는 "의미적인 관계를 표현할 수 있는 단어 벡터를 사용하여 자연 언어 처리의 많은 시스템을 개선할 수 있을지도 모른다."라고 말한 바 있다. 그의 말대로, word2vec을 활용하면 번역, 추천, 챗봇, 감정 분석 등 매우 다양한 응용 분야에서 사용될 수 있다.

- word2vec은 명사와 성별 또는 국가 이름의 의미 관계를 모델링하는 놀라운 능력이 있다. 이를 이용해서 챗봇에 쓰이는 개체명 인식(NER)에서 유사성 단어를 찾는 데 유용하다.
- word2vec을 사용하면 사람들이 쓰는 문구나 단어가 비슷한 벡터 공간에 있으므로, 이를 이용해서 사람의 감정을 나타내는 단어의 의미론적 유사성을 찾을 수 있다. 감정 분석에서 좀 더 나은 감정 결과를 도출해낸다.
- 문구를 word2vec으로 고정 길이의 벡터로 만들고, RNN 기술을 이용해서 기계번역을 수행한다.

word2vec의 한계

만능 같아 보이지만, 이런 word2vec에도 한계는 존재한다. word2vec의 기본 개념대로, "문맥에는 비슷한 단어가 존재한다." 이 개념에 상충되는 문장이 나오면 약하게 되는 것이다. 이유는 간단하다. "나는 당신을 좋아합니다."라는 문장과 "나는 당신이 싫어요."라는 의미상 상충된 문장이 같은 글의 맥락에서 등장할 수 있기 때문이다(예를 들어 "나는 당신을 좋아하지만, 싫어한다."라는 문장도 있을 수 있다). 따라서 word2vec로 대칭된 의미를 가진 문장이 많은 문서를 학습하게 된다면 엉뚱한 결과가 나오게 된다.

또 다른 한계로, word2vec은 중심 단어를 통해 주변 단어를 예측하거나 주변 단어를 통해 중심 단어를 예측하는 알고리즘이므로, 문장이나 문서 단위의 의미를 반영하지는 못한다는 점이다. 즉 전체 문맥에 따른 의미를 충분히 반영하지 못한다.

word2vec와 비교되는 알고리즘

word2vec과 같이 단어 벡터 표현 분야의 다른 모델을 살펴보도록 하자.

- **GloVe**: Global Vectors for Word Representation의 약어다. 일반적으로 word2vec보다 성능이 좋다. 학습이 빠르고 큰 말뭉치corpus에서도 대응할 수 있으며, 작은 말뭉치에서도 성능을 낸다. 자세한 내용은 스탠포드대학교의 GloVe 소개 페이지[1]에서 확인할 수 있다.
- **WordNet**: 의미상 유사한 관계를 분류한 사전을 구축하여 동의어를 얻을 수 있다. word2vec처럼 자동으로 분류하고, 연산할 수 있는 것은 아니다.
- **Doc2Vec**: word2vec을 기반으로 하여 '단어'가 아닌 '문장'에 의미를 갖고 벡터 연산할 수 있게 만든 것이다. 단어 벡터와 단락 벡터를 만들어 평균화와 결합, 추정을 거쳐서 구축된다. 이렇게 하면 뉴스 기사나 문학 작품 등의 유사도를 판정할 수 있게 된다.

---

1 "GloVe: Global Vectors for Word Representation", 스탠포드 대학교 (*http://www-nlp.stanford.edu/projects/glove*)

- **fasttext**: 페이스북의 인공지능연구소가 공개한 자연어 처리를 고속화하는 라이브러리다. word2vec과 같이 단어의 분산 표현을 구축할 수 있다. word2vec을 만든 토마스 미콜로프가 만든 라이브러리인데, 미콜로프가 구글에서 페이스북으로 회사를 옮긴 후 새롭게 공개한 것이다. 표기 흔들림이나 접두어 등에도 강한 알고리즘이다.

8.2 word2vec을 이용한 실습 해보기

word2vec을 실습하기 위한 환경은 다음과 같다.

개발환경
운영체제 : 윈도우 7 이상 또는 우분투 14 이상
개발 플랫폼 : 파이썬 3.6 이상
주요 패키지 : 넘파이(NumPy) 1.6 이상, 사이파이(SciPy) 0.9 이상

이제 자연어 처리를 수행해 보기 위해 파이썬의 word2vec 관련 패키지와 문서 파일을 설치해보자.

word2vec을 위한 라이브러리 설치하기

젠심Gensim 라이브러리는 파이썬 환경에서 word2vec을 수행하기 위해 가장 많이 사용되는 라이브러리다. 따라서 파이썬 젠심을 사용해서 영어 word2vec을 구현해보겠다.

젠심은 다음 명령으로 간단하게 설치할 수 있다. 넘파이, 사이파이는 젠심을 이용하는데 필요한 라이브러리로 넘파이와 사이파이 설치에 대한 내용은 부록 B를 참고하자.

```
$ pip install numpy
$ pip install scipy
$ pip install gensim
```

영어 데이터를 이용해 학습해보기

단어 임베딩은 단어를 벡터 공간상에 표현하는 방법으로 단어 간의 의미 정보를 벡터 연산을 통해 얻을 수 있다. 실습의 목적은 일단 대용량 영어 말뭉치를 학습해서 벡터로 변환하고 벡터 공간에 위치시키는 것이다. 그러고 나면, 단어가 벡터화되었으므로 단어의 의미를 벡터 연산으로 획득할 수 있다.

단어끼리의 연산에서 가장 유명한 다음과 같은 식이 있다.

```
woman + king – man = queen
```

이것은 'woman' 벡터에 'king' 벡터를 합하고 'man' 벡터를 뺀 벡터와 가장 가까운 벡터를 가진 단어를 구하면 'queen'이라는 것이다. 이처럼 word2vec을 이용하여 지금까지 할 수 없었던 다양한 분석이 가능하다.

이제 젠심 패키지를 이용하여 실습을 해보자. 임의의 문장을 만들어서는 테스트가 제대로 수행되지 않으므로, 무료로 제공되는 대용량 영어 말뭉치인 text8를 내려받아 테스트해보겠다. 데이터는 다음과 같은 매트 마호니Matt Mahoney의 홈페이지에서 내려받는다.

URL http://mattmahoney.net/dc/text8.zip

압축 파일 크기는 30MB 정도며, 압축을 풀면 확장자가 없으므로 text8.txt로 이름을 변경한다. 압축을 풀었을 때 크기는 100MB 정도다. 텍스트의 줄 수는 1줄이지만 단어의 수가 17,005,207개에 이른다.

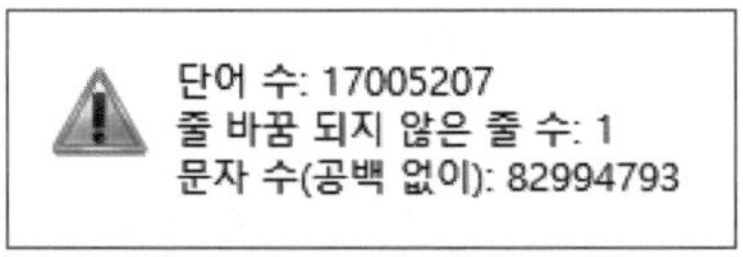

그림 8.5 | text8.txt 파일의 정보

참고로, 실습 PC 사양은 램RAM 8GB 이상을 권장한다. 파일 자체의 크기 때문에 학습하는 데 많은 메모리가 필요하다. 이제 다음 예제 8.1과 같은 파이썬 프로그램을 만들고 실행한다. 결과적으로 `sample.model`이라는 모델을 생성한다.

예제 8.1 | word2vec 모델을 만드는 실습 파일 소스코드 train.py

```
# -*- coding: utf-8 -*-

from gensim.models import word2vec ❶
import logging
import sys

# 로그 저장 용도
logging.basicConfig(format='%(asctime)s : %(levelname)s : %(message)s',
        level=logging.INFO)

# 첫 번째 파라미터는 읽어올 파일의 이름 ❷
sentences = word2vec.LineSentence(sys.argv[1])
# size: 공간 크기, min_count: 단어 최저 등장 횟수, window: 윈도우 수 ❸
model = word2vec.word2vec(sentences,
                          size=100,
                          min_count=1,
                          window=10
                          )
# 두 번째 파라미터는 생성할 모델명 ❹
model.save(sys.argv[2])
```

❶ word2vec의 필요한 모듈을 임포트(import)한다.

❷ 커맨드창에서 입력될 사용자 파일을 읽어서 sentences 변수로 저장한다. 이때 `word2vec.LineSentence()` 함수를 통해 읽어올 수 있다.

❸ word2vec 공간과 단어의 최소 출현 횟수와 윈도우의 개수를 정의한다.
- sentences: 문장
- size: 벡터의 차원, 즉 공간의 크기
- min_count: 총 빈도가 이보다 작은 모든 단어를 무시한다.
- window: 문장 내에서 현재 단어와 예측 단어 사이의 최대 거리.

❹ 모델은 저장한다. 이때 저장할 모델명은 사용자의 입력으로 얻는다.

윈도우 커맨드창에 다음 명령어를 입력한다.

```
$ python train.py text8.txt sample.model
```

text8.txt 파일을 word2vec으로 학습시켜 sample.model이라는 모델명으로 저장되었다. 이번에 저장된 모델을 가지고 문장 안의 단어 간의 유사도가 얼마인지 결과를 볼 수 있는 파이썬 프로그램을 만들자.

예제 8.2 | 모델을 읽어서 유사도를 구하는 코드 소스코드 similarity.py

```
# -*- coding: utf-8 -*-

from gensim.models import word2vec ❶
import sys

# 첫 번째 파라미터는 사용할 모델 파일 이름 ❷
model = word2vec.word2vec.load(sys.argv[1])
results = model.most_similar(positive=['woman','king'],
        negative=['man'], topn=1) ❸

for result in results: ❹
    print(result[0], '\t', result[1])
```

❶ word2vec의 필요한 모듈을 임포트(import)한다.

❷ 사용자가 커맨드창에서 입력될 모델을 읽어서 `model` 변수로 저장한다. 이때 `word2vec.WordVec.load()` 함수를 통해 읽어올 수 있다.

❸ word2vec 공간 안에 있는 단어의 유사도를 구한다. `positive`는 +, `negative`는 –를 의미한다. 결론적으로 woman + king – man의 결과에서 최상위 1건만 출력한다.

❹ 결과를 출력한다.

이제 윈도우 커맨드창에 다음 명령어를 입력한다.

```
$ python similarity.py sample.model
```

train.py로 만들었던 `sample.model`을 입력값으로 해서 실행하면, `woman + king - man = queen`이라는 유명한 결과를 얻을 수 있다.

```
[('queen', 0.6472059488296509)]
```

그림 8.6 | sample.model 모델을 이용한 수행 결과

word2vec 방법은 문자 그대로 단어를 벡터 형태로 수치화시키는 딥러닝 방법 중 하나로 이 방법을 통해 텍스트 같은 비정형 데이터를 좌표 평면에 나타낼 수 있다. 앞서 설명한 대로, 일반적으로 여러 단어로부터 한 단어를 추측하는 CBOW 모델Continuous bag of words model과 한 단어로부터 여러 단어를 추측하는 skip-gram 모델이 존재한다. word2vec 방법이 나오기 이전에도 텍스트 데이터를 벡터화하는 방식이 여러 가지 존재했지만, word2vec은 이러한 방식에서 좀 더 발전되어 단어의 자체를 벡터 형태로 표현했을 뿐만 아니라 다른 단어를 유추하는 추론까지도 가능하게 되었다.

8.3 word2vec을 이용해 영화 후기 분석하기

한글 영화 후기 데이터를 이용해 word2vec을 실습하는 환경 정보는 다음과 같다.

개발환경
운영체제 : 윈도우 또는 우분투
개발 플랫폼 : 파이썬 3.6 이상
주요 패키지 : KoNlpy, 젠심

이번에는 word2vec에 한글을 적용해보자. 이제부터 실습할 과정을 간단히 정리하자면, KoNlpy를 통해서 문장의 '을, 를, 이, 가' 등 조사에 해당되는 부분을 먼저 제거해주고, word2vec 라이브러리인 젠심을 이용하여 단어를 벡터화하는 것이다.

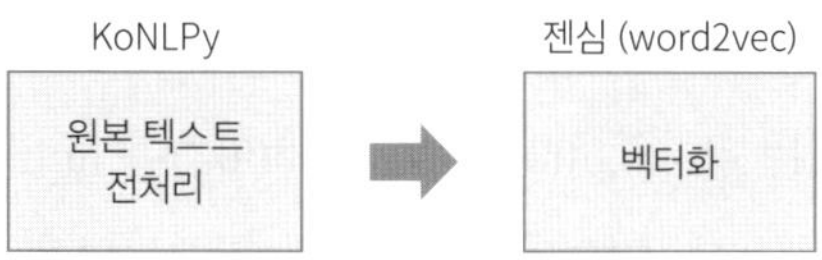

그림 8.7 | NLP 전처리 후 진행 순서

이번에는 네이버 영화 감상 말뭉치를 사용하여 한글 단어 임베딩을 해보자. 다음 링크에서 Naver sentiment movie corpus를 내려받는다.

URL https://github.com/e9t/nsmc

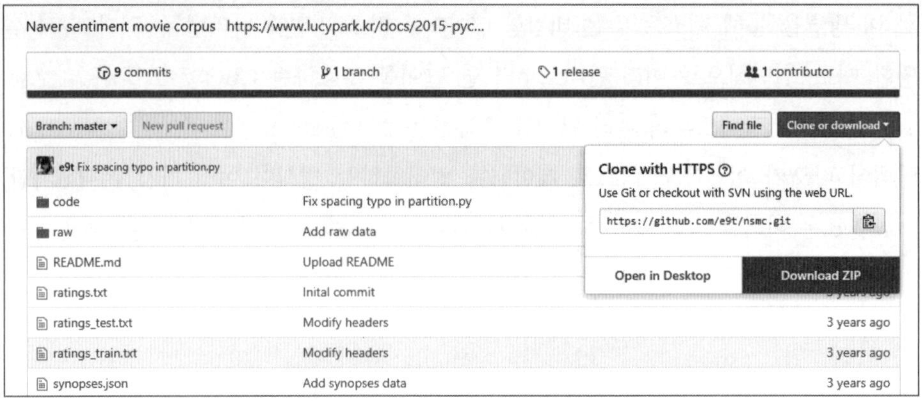

그림 8.8 | **네이버 영화 감상 말뭉치 다운로드**

압축 파일을 내려받거나 `git clone`을 통해서 내려받으면 된다. 다운로드한 ratings_train.txt 파일을 살펴보자. 유닉스의 `head` 명령어를 쓰거나 문서편집기 등으로 열면 파일 안의 내용은 다음과 같다.

```
$ head ratings_train.txt
id      document        label
9976970 아 더빙.. 진짜 짜증나네요 목소리        0
3819312 흠...포스터보고 초딩영화줄....오버연기조차 가볍지 않구나        1
10265843        너무재밓었다그래서보는것을추천한다      0
9045019 교도소 이야기구먼 ..솔직히 재미는 없다..평점 조정       0
6483659 사이몬페그의 익살스런 연기가 돋보였던 영화!스파이더맨에서 늙어보이기만 했던 커스틴 던스트가 너무나도 이뻐보였다
5403919 막 걸음마 뗀 3세부터 초등학교 1학년생인 8살용영화.ㅋㅋㅋ...별반개도 아까움.     0
7797314 원작의 긴장감을 제대로 살려내지못했다.  0
9443947 별 반개도 아깝다 욕나온다 이응경 길용우 연기생활이몇년인지..정말 발로해도 그것보단 낫겟다 납치.감금만반복반복..
7156791 액션이 없는데도 재미 있는 몇안되는 영화 1
```

그림 8.9 | **네이버 영화 감상 말뭉치 데이터 모습**

네이버 영화 감상 데이터는 총 20,000건이며, 15,000건이 rating_train.txt이고 나머지는 rating_test.txt로 분리되어 있다. 자연어 처리 관련 머신러닝을 돌리기 쉽도록 학습용과 테스트용으로 미리 분리가 되어 있다. 영화 후기로 작성되어 있는 데이터이지만, 수많은

문장을 보유한 이 데이터로 특정 단어에서 가장 유사한 단어를 출력해 보겠다. 자세한 형식은 다음과 같다.

데이터 설명

- 각 파일은 세 개의 열로 구성되어 있다
  - Id: ID
  - document: 리뷰
  - label: 리뷰의 정서(0: 부정, 1: 긍정)
  - 열은 탭으로 구분된다.
- 총 200,000개 리뷰
  - ratings.txt: 전체 200,000 리뷰
  - ratings_test.txt: 테스트용(50,000건)
  - ratings_train.txt: 학습용(150,000건)

8장

word2vec을 수행하기 전에 먼저 중요한 단어를 추출하기 위해 KoNlpy를 이용해 트위터 형태소 분석기를 사용하는 방법에 대해 알아보자. 트위터 형태소 분석기에서 사용할 때, 명사Noun, 형용사Adjective, 동사Verb만을 추출하려면 다음과 같이 할 수 있다.

리스트 8.1 | **트위터 한글 토크나이저 사용 예제** 참조 KoNlpy 공식 사이트

```
from konlpy.tag import Twitter
tagger = Twitter()

def tokenize(doc):
    return ['/'.join(t) for t in tagger.pos(doc, norm=True, stem=True)]

sentences = tokenize(u'이것도 되나욬 ㅋㅋㅋ')
print('1st result:', sentences)

# 명사(Noun), 형용사(Adjective), 동사(Verb)만
noun_adv_verb_only_list = [word.split("/")[0] for word in sentences if
        word.split("/")[1] == "Verb" or word.split("/")[1] == "Adjective"
        or word.split("/")[1] == "Noun"]
print('2st result:',noun_adv_verb_only_list)
```

수행 결과는 다음과 같다.

```
1st result: ['이/Determiner', '것/Noun', '도/Josa', '되다/Verb', 'ㅋㅋ/KoreanParticle']
2st result: ['것', '되다']
[Finished in 1.4s]
```

tokenize() 함수에서는 입력된 문장에 대해 트위터 토크나이저로 품사 태깅을 수행하여 결과를 리스트 형태로 반환한다. 첫 번째 결과는 품사에 관계 없이 인식된 모든 토큰에 대해 출력한 결과이고, 두 번째 결과는 명사, 형용사, 동사만 선별하여 출력한 결과다. 자, 그러면 다음과 같은 예제 코드를 작성하고, movie_train.py로 저장하자.

예제 8.3 | **영화 데이터로 단어 임베딩 수행** 소스코드 movie_train.py

```
# -*- coding: utf-8 -*-

import codecs
# KoNlpy 0.5.0 버전 이후부터 이름이 Twitter에서 Okt로 바뀌었다.
from konlpy.tag import Twitter
from gensim.models import word2vec
from konlpy.utils import pprint

# 파일 읽기 함수. 첫줄 헤더를 제외하고 한 줄씩 읽어서 data 에 담아서 리턴 한다.
def read_data(filename):
    with codecs.open(filename, encoding='utf-8', mode='r') as f:
        data = [line.split('\t') for line in f.read().splitlines()]
        data = data[1:]    # header 제외
    return data

# 파일 위치. 본인의 파일 경로로 변경해야 함.
ratings_train = read_data('ratings_train.txt')
# KoNLpy 중에서 트위터 형태소분석기 사용 ❶
tw_tagger = Twitter()

# 토크나이즈(의미단어검출) 함수. 트위터 형태소 분석기 사용 ❷
# 형태소 / 품사 형태로 리스트화
def tokens(doc):
    return ['/'.join(t) for t in tw_tagger.pos(doc, norm=True, stem=True)]

# 파일중에서 영화 리뷰 데이터만 담기
docs = []
for row in ratings_train:
    docs.append(row[1])
```

```
data = [tokens(d) for d in docs]

# [TRAIN] word2vec으로 모델 생성 ❸
w2v_model = word2vec.Word2Vec(data)

# init_sims 명령어로 필요없는 메모리 반환
w2v_model.init_sims(replace=True)

# [TEST] 가장 유사한 단어 출력 ❹
pprint(w2v_model.wv.most_similar(positive=tokens(u'남자 여배우'),
        negative=tokens(u'배우'), topn=1))
```


❶ KoNlpy 중에서 트위터 형태소 분석기 사용을 위해서 선언하고 tagger라는 이름의 객체를 생성한다.

❷ tagger.pos(doc, norm=False, stem=False)
pos() 메소드 첫번째 인자에 ratings_train.txt 파일을 지정한다. norm 옵션은 '사릉해' → '사랑해'처럼 단어의 오타를 자동으로 정정해주는 기능이고, stem 옵션은 '입니다' → '이다'처럼 원형을 리턴하는 기능이다. 기본값은 False인데, 사용하기 위해 둘다 True로 설정했다.

❸ word2vec.Word2Vec은 토큰화된 sentences 객체로 word2vec 모델을 만든다.

❹ 모델이 잘 생성되었는지 확인하기 위해서 테스트를 해본다.

다음과 같이 파이썬 프로그램을 실행해 본다.

```
$ python movie_train.py
```

수행 결과는 다음과 같다.

```
[(여자/Noun, 0.6258430480957031)]
```

학습한 모델에 대해 most_similar 메소드를 사용하여 단어와 유사도가 높은 단어가 출력되었다. 컴퓨터의 성능에 따라 다소 시간이 소요될 텐데, 문장이 많은 관계로 학습하느라 일정 시간이 소요된다. 느긋하게 결과를 기대하다 보면 어느덧 결과가 출력되어 있다. 몇 줄 안 되는 간단한 코드로 영화 후기에서 재미있는 결과가 도출되었다.

이 경우를 표현식으로 나타내면, "배우 + 남자 - 여배우 = 여자"다. 해석하자면 '배우 남자'라는 단어 근처에 가장 유사한 단어로 '여자'라는 단어가 뽑힌 것이다. positive에 있는 단어는 더하는 연산이고 negative에 있는 단어는 빼주는 연산에 해당된다. 좀 더 재미있는 결과를 원한다면 다양한 단어의 조합을 넣어서 직접 수행해볼 수 있을 것이다.

```
pprint(model.most_similar(positive=tokenize(u'정우성 조인성'), topn=10))
```

이 코드는 '정우성 + 조인성'이라는 연산식으로 최근 유사한 단어 상위 10개 단어를 출력하라는 것이다. 처리 결과는 다음과 같다.

```
[('정재영/Noun', 0.8837391138076782),
 ('엄태웅/Noun', 0.8827564120292664),
 ('패닝/Noun', 0.8794010281562805),
 ('니콜슨/Noun', 0.8787829875946045),
 ('최원영/Noun', 0.871414065361023),
 ('김효진/Noun', 0.8696188926696777),
 ('임수정/Noun', 0.8676935434341431),
 ('스트립/Noun', 0.8674294352531433),
 ('문근영/Noun', 0.8639697432518005),
 ('박예진/Noun', 0.8622437715530396)]
```

한국의 대표적인 미남 배우 두 명을 넣었더니 남자 배우들의 이름이 보이고 아래쪽에는 여배우의 이름도 보인다. 네이버 영화 후기가 학습된 정보의 공간에서는 배우들이 비슷한 영역에 있음을 알 수 있다.

8.4 정리

지금까지 젠심Gensim을 이용해 단어 임베딩word embedding 모델을 학습하고 사용하는 방법에 대해 간단히 알아보았다. 우선 영어 데이터를 활용해봤고 한글 데이터도 직접 내려받아서 분석해 봤다. 단어 임베딩은 유사하게 사용된 단어를 찾을 때도 사용된다. 주변에 함께 활용된 단어를 기준으로 학습하므로 동일한 의미라고 볼 수는 없지만 벡터 공간상에 가까운 위치에 있으므로 많은 연관이 있다고 볼 수 있다. 이처럼 단어 임베딩은 문서에서 단어의 의미는 물론 다른 단어와의 관계 등을 얻을 수 있다.

기존 원핫 인코딩one-hot encoding 방식은 단어 개수가 늘어나면 벡터의 차원이 한없이 커진다는 점과 단어의 의미를 담지 못한다는 단점을 갖고 있었는데, 단어 임베딩으로 차원 축소뿐만 아니라 단어의 의미 정보까지 얻게 되었다. 또한 단어 임베딩을 통해 기존 전통적 방법의 한계를 개선하여 자연어 처리의 성능을 크게 향상시켰음을 알 수 있었다.

9장 텍스트 감정 분석하기

앞선 8장에서는 자연어 처리 분야에서 단어 자체를 벡터화하고, 두 단어 간의 유사성을 확인할 수 있는 word2vec 모델을 사용하는 기본적인 과정을 다뤘다.

이번 장에서는 한국어 텍스트를 분석하기 위한 방법과 영화 리뷰에 대한 감정(긍정, 부정)을 판단하는 딥러닝 모델을 만들고자 한다. 우선 자연어 처리NLP, Natural Language Processing 전처리를 위해서는 한글 형태소 분석기가 필수적인데 여기서는 KoNlpy의 오픈소스 형태소 분석기를 활용했다. 특히 영어가 아닌 한국어만이 가지는 특징에 대한 처리를 주목하길 바란다. 그리고 각 리뷰에 대한 감정을 처리하기 위해 딥러닝 알고리즘인 순환 신경망RNN, Recurrent Neural Networks을 이용하고, 순환 신경망을 개량한 LSTM로 구현해서 좀 더 발전된 텍스트 처리 기법을 소개한다.

9.1 텍스트 감정 분석이란

텍스트 감정 분석의 대상이 되는 것은 소셜이나 포털에서 사용자가 작성한 글이 대표적이다. 특정 사건이나 뉴스에 대해 사람들이 달아 놓은 댓글을 분석하면 해당 주제에 대한 대중의 의견을 확인할 수 있다. 정부 정책이 발표된 경우 이에 대한 사람들의 의견이 긍정인지 부정인지 확인할 수 있다. 특정 TV 광고에 대한 사람들의 반응을 확인할 수도 있다. 물론 댓글이 모든 사람의 의견을 공정하게 대변하는 것은 아니지만 짧은 시간에 반응을 확인하는 것으로서 의미는 충분하다.

이렇게 직접적인 의미의 '좋다'거나 '싫다'는 의미를 벗어나 특정 도메인에서 사용되는 긍정과 부정의 의미로서도 감정을 분석할 수 있다. 시장을 분석할 때 주가가 내리거나 금리가 올랐다는 것은 부정적인 의미로, 내수가 좋다거나 일자리가 늘어나고 있다는 것은 긍정적인 신호로 분석할 수 있다.

또 분야에 따라 긍정과 부정의 표현이 다를 수 있다. 화장품 회사에서 제품에 대한 고객 반응을 분석한다고 생각해보면 긍정적 의미로 '촉촉하다'거나 '잘 흡수가 된다'는 표현이 있을 수 있고, 부정적으로는 '퍽퍽하다' 또는 '칙칙하다'는 표현이 있을 수 있다. 이렇게 도메인이나 적용 사례에 따른 감정 분석도 내용이 서로 다를 수 있고, 단순히 긍부정뿐만 아니라 '화나다, 기쁘다, 실망했다'는 등 더 상세한 분류로 분석할 수도 있다.

9.2 케라스를 이용한 감정 분석

8장에서는 KoNlpy의 트위터 형태소 분석기로 형태소를 나누고 젠심의 word2vec으로 모델을 만드는 실습을 해 보았다. 이번 절에서는 감정 분석이라고 불리는 자연어 처리 영역을 살펴보고 긍정 또는 부정을 분류하기 위해서 사용되는 딥러닝 알고리즘을 학습하고자 한다.

딥러닝을 위한 감정 분석의 이해

감정 분석에는 여러 가지 기법이 있다. 기존의 감정 분석은 어휘기반 자원을 통해 감정 단어 사전을 구축하거나, 이미 분류된 텍스트 데이터를 훈련 데이터로 하여 머신러닝에서 사용되는 다양한 분류 기법들을 적용해 수행되어왔다. 최근에는 인공지능 분야에서 많은 주목을 받고 있는 딥러닝 기법이 감정 분석에 적용되어 의미 있는 성과를 거두고 있다. 따라서 여기서는 딥러닝 기반의 감정 분석 방법을 실행해보자. 단어를 벡터화하고 이를 순환 신경망RNN, Recurrent Neural Networks 중 LSTMLong Short-Term Memory 기법을 써서 최종적으로 감정 분석을 할 것이다.

우선, 긍정적인 리뷰와 부정적인 리뷰가 포함된 일련의 텍스트가 있다고 가정해 보겠다. 이 경우 일단 머신러닝을 수행하려면 기계가 알 수 있도록 수치화를 해야 한다. 일단 각 단어가 속한 단어 사전을 만든다. 그러고 나서, 각 리뷰 텍스트가 사전의 숫자 시퀀스로 변환돼야 하고, 각각의 벡터 결과 시퀀스는 LSTM의 입력으로 전달되는 별도의 데이터 샘플이 된다. LSTM이 시퀀스의 모든 벡터를 통과한 후에는 긍정 또는 부정 카테고리에 속한 텍스트의 벡터를 출력하게 된다. 머신러닝의 일반적인 측면에서 이것은 분류 작업의 예이고, 텍스트 분석의 맥락에서 이것을 감정 분석이라고 한다.

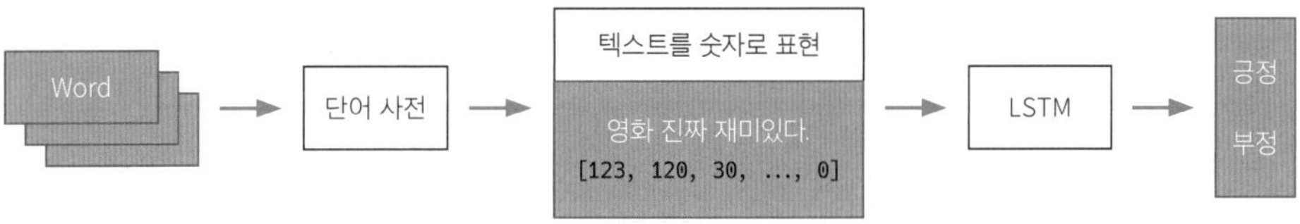

그림 9.1 | **전체 작업 흐름도**

LSTM에 해당되는 순환 신경망 부분이 어떻게 응용되는지 쉽게 설명하자면, 그림 9.2의 예시를 통해 설명할 수 있다.

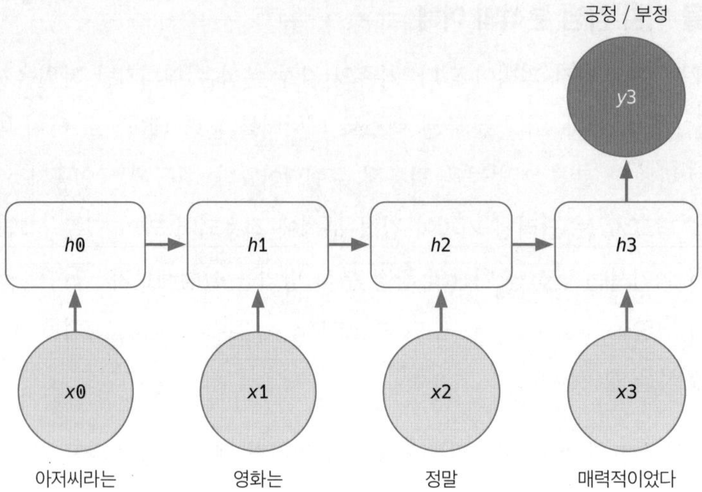

그림 9.2 | **감정 분석에 활용되는 순환 신경망 예시**

그림 9.2에서 '아저씨라는 영화는 정말 매력적이었다'라는 문장이 입력값으로 제시되어 있다. 이 입력 문장을 띄어쓰기 단위로 단어 임베딩Word Embedding하면, 순환 신경망에 입력될 4개의 벡터값을 생성할 수 있다. 4개의 입력값은 순환 신경망의 각 시점마다 순차적으로 입력된다. 다만 기존의 순환 신경망과 달리 감정 분석을 위한 순환 신경망은 최종 시점에 도달하기 이전의 출력값은 연산을 하지 않고 최종 시점의 출력값만 연산한다. h3은 h0부터 현재까지의 모든 문맥정보를 담고 있는 상태값이기 때문에 h3을 통해 결과값 y3을 출력함으로써 입력된 데이터에 대한 전체적인 의미가 반영된 감정 분석이 가능하다. 학습된 수많은 영화 후기를 통해 새로운 영화 후기가 들어와도 그것이 긍정 리뷰인지 부정 리뷰인지 예측이 가능해지는 것이다.

딥러닝의 구현은 파이썬 라이브러리인 케라스Keras를 활용해보겠다. 케라스는 기본적으로 텐서플로를 기반으로 실행된다. 따라서 구현을 위해 다음 명령으로 케라스를 설치하자.

```
$ pip install keras
```

구현을 위해 사용할 데이터는 8장에서 활용한 네이버 영화 감상 데이터를 사용할 것이다. 150,000개의 훈련 데이터를 통해 RNN의 한 종류인 LSTM 방법을 활용하여 데이터를 학습시킨 후 최종 모델을 생성하고 50,000개의 테스트 데이터를 통해 최종 모델의 정확도accuracy(몇 개나 정답인지)를 측정할 것이다.

RNN이 널리 쓰이는 이유 중 하나는 이전의 정보를 현재의 문제 해결에 활용할 수 있다는 장점이다. 예를 들어 그림 9.2와 비슷하게 "나는 [ ]을 먹었다"라는 문장이 있다면 적어도 [ ] 안에는 음식이 들어가야 한다는 것을 RNN은 알 수 있다. 하지만 문장이 길어지면 RNN은 이러한 문제를 해결할 수 없다. 이를 보완하기 위해 나온 방법이 LSTMLong Short Term Memory이다. LSTM을 간단히 설명하자면, RNN이 반복적으로 일어나면서 상호작용을 하며 정보들이 계속적으로 다음 단계에 전달되는 방식으로 구동된다.

9장

단어 임베딩을 이용해 분석해보기

앞서 8.3절부터 사용한 ratings_train.txt와 ratings_test.txt 파일을 예제 9.1 파일과 같은 디렉토리에 저장한다.

예제 9.1 | 순환신경망을 이용한 감정 분석 소스코드 kor_sentiment.py

```
#-*- coding: utf-8 -*-

from keras.preprocessing.text import Tokenizer

def read_data(filename):
    with open(filename, 'r', encoding='utf8') as f:
        result = [line.split('\t') for line in f.read().splitlines()]
        result = result[1:]  # header 제외
    return result

# 학습에 활용할 텍스트 파일 읽기
train_tmp = read_data('./ratings_train.txt')
test_tmp = read_data('./ratings_test.txt')

def kor_movie(max_num_words=1000):
    # 데이터 구조: ID | 리뷰데이터 | 감성라벨
    # 필요없는 id를 제외하고 리뷰데이터과 감성라벨로만 이루어진 데이터를 만든다.
    # 학습용
    train_x = []
    train_y = []
    for i in range(len(train_tmp)):
```

```
        train_x.append(train_tmp[i][1])
        train_y.append(int(train_tmp[i][2]))

    # 테스트용
    test_x = []
    test_y = []
    for i in range(len(test_tmp)):
        test_x.append(test_tmp[i][1])
        test_y.append(int(test_tmp[i][2]))

    # 단어사전을 만들고, 문장을 단어사전에 맞게 자연수로 변형한다 ❶
    # 빈도수가 높은 단어순으로 max_num_words개의 단어가 들어있는 사전 생성
    tokenizer = Tokenizer(num_words=max_num_words)
    tokenizer.fit_on_texts(train_x)

    # 위에서 만든 단어사전을 기준으로 리뷰 텍스트 데이터를 자연수의 수열로 바꿔준다 ❷
    token_train_x = tokenizer.texts_to_sequences(train_x)
    token_test_x = tokenizer.texts_to_sequences(test_x)

    return (token_train_x, train_y) , (token_test_x, test_y)

from keras.preprocessing import sequence
from keras.models import Sequential
from keras.layers import Dense, Embedding
from keras.layers import LSTM
from keras.datasets import imdb

print('...전처리하기...')
max_num_words = 5000  # 단어사전크기
maxlen = 100  # 문장의 최대길이
batch_size = 32  # 배치사이즈

(x_train, y_train), (x_test, y_test) = kor_movie(max_num_words) ❸

print(x_train[0])
print(y_train[0])

# 각 영화 리뷰 문장들의 길이가 다르다. ❹
# 딥러닝을 하기 위해서는 길이를 통일할 필요가 있다.
# 100 길이 안에서 데이터를 채우고, 길이가 부족해서 빈 영역이 생기는 경우 0으로 채운다.
x_train = sequence.pad_sequences(x_train, maxlen=maxlen)
x_test = sequence.pad_sequences(x_test, maxlen=maxlen)
print('x_train shape:', x_train.shape)
print('x_test shape:', x_test.shape)
```

```
print('...모델만들기...') ❺
model = Sequential()
model.add(Embedding(max_num_words, 128))
model.add(LSTM(128, dropout=0.2, recurrent_dropout=0.2))
model.add(Dense(1, activation='sigmoid'))

# 컴파일
model.compile(loss='binary_crossentropy',
              optimizer='adam',
              metrics=['accuracy'])

print('...학습...')
model.fit(x_train, y_train,
          batch_size=batch_size,
          epochs=15,
          validation_data=(x_test, y_test))
score, acc = model.evaluate(x_test, y_test,
                            batch_size=batch_size)
print('Test score:', score)
print('Test accuracy:', acc)
```

kor_sentiment.py 소스 코드에 대한 설명은 다음과 같다.

❶ 케라스 패키지에서 제공하는 Tokenizer를 이용하여 단어들의 id를 생성하고, 사전을 구성한다. 빈도수가 높은 순으로 max_num_words 의 크기만큼 사전을 만든다.

❷ 단어사전을 기준으로 "원작의 긴장감을 제대로 살려내지못했다."라는 문장을 [271, 500, ...]와 같은 단어 자연수 배열로 만든다.

❸ kor_movie 함수를 호출한다. 인자값으로 단어사전의 크기를 정한다.

❹ 케라스 패키지에서 제공하는 pad_sequences를 이용해서 문장의 최대 길이를 100이라고 정하고 데이터가 없는 영역은 0으로 채운다.

```
[   0    0    0    0    0    0    0    0    0    0    0    0    0    0
    0    0    0    0    0    0    0    0    0    0    0    0    0    0
    0    0    0    0    0    0    0    0    0    0    0    0    0    0
    0    0    0    0    0    0    0    0    0    0    0    0    0    0
    0    0    0    0    0    0    0    0    0    0    0    0    0    0
    0    0    0    0    0    0    0    0    0    0    0    0    0    0
    0    0    0    0    0    0    0    0    0    0    0    0   23  936
    4 1097]
```

❺ 케라스로 딥러닝 모델을 만들 때는 다음과 같은 순서로 만든다.

1) 데이터 준비하기

2) 모델 구성하기 → `Sequential()`

- 시퀀스 모델을 생성한 뒤 순차적으로 레이어를 추가한다.
- 활성화 함수의 종류: 소프트맥스(softmax), 렐루(relu), tanh, 시그모이드(sigmoid)

3) 손실함수 및 최적화 방법을 정의한다. → `compile()`

- 최적화(optimizer) 함수의 종류: SGD, RMSprop, Adam
- 손실(loss) 함수의 종류: binary_crossentropy, categorical_crossentropy

4) 모델을 학습한다. → `fit()`

5) 학습 과정 살펴보기

6) 모델 평가하기 → `evaluate()`

지금까지 케라스를 이용해서 RNN의 LSTM 모델을 구축했다. 케라스는 선형적으로 차원을 쌓는 형태다. `Sequential()` 메소드 다음에 `add()`를 수행해 순차적으로 쌓으면 된다. 문장을 단어들의 시퀀스로 간주하고 순환(LSTM) 레이어의 입력으로 구성한 모델이다. 임베딩 레이어 다음에 LSTM 레이어가 오는 경우에는 임베딩 레이어에 `input_length` 인자를 따로 설정할 필요는 없다. 입력 문장의 길이에 따라 `input_length`가 자동으로 정해지고, 이것이 LSTM 레이어에는 `timesteps`으로 입력되기 때문이다. 예제 9.2의 코드에서는 `vocab_dim`의 길이가 300단어이므로, LSTM 블록 300개가 이어져 있다고 생각하면 된다. 그리고 드롭아웃Dropout을 중간에 넣어 은닉층을 랜덤하게 일부만 타도록 신경망을 최적화했다. 마지막으로, 출력층을 1개만 두어서 many to one 형태로 수행하게 된다.

지금까지 RNN을 개량한 LSTM[1]로 영화 리뷰에 대한 감정 분석을 했다. 여기서 유의해야 할 점은 LSTM의 학습 시간이 꽤 오래 걸린다는 것이다. 시간을 줄이기 위해 학습 반복에 사용되는 세팅 파라미터를 최대한 작게 설정했지만, 그래도 한번 실행시 많은 시간이 소요된다. 이 코드는 15번의 에포크epoch로 설정되어 있어 15번 반복되어 결과를 내기까지 저자의 경우 약 3시간 정도가 소요되었다.

사용 방법은 다음과 같다.

---

1 LSTM의 코드 구현은 케라스(Keras) 공식 사이트를 참조했다. *https://github.com/keras-team/keras/blob/master/examples/imdb_lstm.py*

```
$ python kor_sentiment.py
```

그림 9.3은 수행한 결과를 보여준다.

```
49664/50000 [============================>.] - ETA: 0s
49760/50000 [============================>.] - ETA: 0s
49856/50000 [============================>.] - ETA: 0s
49952/50000 [============================>.] - ETA: 0s
50000/50000 [==============================] - 34s 679us/step
Test score: 0.6849896599960327
Test accuracy: 0.7591
```

그림 9.3 | kor_sentiment.py 수행 결과

최종 정확도 값이 0.75로 나왔다. 약 75% 정도의 감정에 대해 예측을 맞췄다.

9.3 서포트 벡터 머신을 이용한 감정 분석

앞선 결과가 얼마나 유의미한지, 다른 방법들과는 얼마나 차이가 나는지를 비교해 보기 위해 분류 방법 중 꽤 많이 쓰이는 머신러닝 알고리즘이며 3장에서 한번 살펴본 서포트 벡터 머신support vector machine을 이용해 비교해보자.

이제 서포트 벡터 머신 알고리즘을 이용해 감정 분석을 해보는 프로그램을 작성해볼 것이다. 코드를 작성하기에 앞서 파이썬의 자연어 처리 툴킷NLTK, The Natural Language Toolkit이 필요하다. NLTK를 설치하려면 다음 명령어를 입력하면 된다.

```
pip install nltk
```

> **참고** Natural Language Toolkit(NLTK)은 파이썬 자연어 처리 라이브러리 및 함수 모듈이다. NLP 관련 토큰화(tokenization), 스테밍(stemming), 태깅(tagging), 분류(classification) 등의 기능이 포함되어 있다. 또한 샘플 데이터도 포함하고 있다. NLTK에 대해서 좀 더 관심이 있다면 공식사이트(*http://www.nltk.org*)를 참고하길 바란다.

예제 9.2는 서포트 벡터 머신 모델을 이용한 감정 분석 데이터를 분류해보는 코드다.

예제 9.2 | **서포트 벡터 머신을 이용한 감정 분석** 소스코드 svm_sentiment.py

```
# -*- coding: utf-8 -*-

from konlpy.tag import Twitter
from pprint import pprint
import nltk
# 서포트 벡터 머신 모델 구현을 위한 API ❶
from sklearn.svm import LinearSVC
from nltk.classify.scikitlearn import SklearnClassifier

# 파일에서 데이터 읽어오기
def read_data(filename):
    with open(filename, 'r', encoding='utf8') as f:
        data = [line.split('\t') for line in f.read().splitlines()]
        data = data[1:] # header 제외
    return data

train_data = read_data('./ratings_train.txt')
test_data = read_data('./ratings_test.txt') #id, text, sentiment

# Data 개수 확인
print(len(train_data))  # train_data : 150,000
print(len(train_data[0]))  # 변수 : id, text, sentiment

print(len(test_data))  # test_data : 50,000
print(len(test_data[0]))  # 변수 : id, text, sentiment

# KoNLPy 의 트위터 형태소 분석기를 통한 토큰화 ❷
pos_tagger = Twitter()

def tokenize(doc):
    return['/'.join(t) for t in pos_tagger.pos(doc,norm=True,stem=True)]
```

```
train_docs = [(tokenize(row[1]), row[2]) for row in train_data]
test_docs = [(tokenize(row[1]), row[2]) for row in test_data]

# Data summary ❸
tokens = [t for d in train_docs for t in d[0]]  # 각 문장별로 토큰화된 리스트를 하나로 합침
print(len(tokens))
text = nltk.Text(tokens, name='NMSC')

# classification 상위 200개 token만 변수로 사용 ❹
selected_words = [f[0] for f in text.vocab().most_common(200)]
def term_exists(doc):
    return {'exists({})'.format(word): (word in set(doc))
            for word in selected_words}

train_docs = train_docs[:50000]  # 훈련 시간 단축을 위해 50000개만 사용

train_xy = [(term_exists(d),c) for d,c in train_docs]  # tf matrix랑 비슷한 개념
test_xy =  [(term_exists(d),c) for d,c in test_docs]

# 서포트 벡터 머신 학습 및 평가 ❺
print("============================================================")
print('classifier_SVM : ')
classif = SklearnClassifier(LinearSVC())
classifier_svm = classif.train(train_xy)
print(nltk.classify.accuracy(classifier_svm, test_xy))
print("============================================================")
```

❶ 사이킷런(scikit-learn) 중에서 서포트 벡터 머신 모듈을 임포트(import)한다.

* nltk.classify.scikitlearn 모듈은 서포트 벡터 머신, 나이브 베이즈(Naive Bayes), 로지스틱 회귀(logistic regression) 등 많은 분류 알고리즘을 포함하고 있다. 참고로 이 모듈은 사이킷런(scikit-learn)과 nltk가 통합이 된 형태로 제공되고 있다. 기본적인 선형 서포트 벡터 머신 세팅은 다음과 같다.

```
from sklearn.svm import LinearSVC
from nltk.classify.scikitlearn import SklearnClassifier
classif = SklearnClassifier(LinearSVC())
```

❷ KoNlpy 중에서 트위터 형태소 분석기 사용을 선언하고 pos_tagger라는 이름의 객체를 생성한다.

❸ 각 문장별로 토큰화(tokenize)되어 있는 리스트를 하나로 합친다. nltk.Text()는 문서 하나를 편리하게 탐색할 수 있는 다양한 기능을 제공한다. 결국, 토큰 데이터를 nltk.Text로 묶고 이름을 NMSC라고 정의한다.

❹ vocab().most_common는 단어에 대한 빈도 계산을 해서 상위 200개만 추출한다.

❺ 선형 서포트 벡터 머신 형태로 학습하고 평가한다.

실행 방법은 다음과 같다.

```
$ python svm_sentiment.py
```

서포트 벡터 머신 방법은 word2vec 방법 대신 트위터 형태소 분석기를 통해 형태소 분석을 하고 가장 많은 빈도가 나온 형태소를 변수로 삼아 상위 200개 빈도의 형태소를 변수로 설정한다. 여기서도 주의해야 할 점은 150,000개의 훈련 데이터를 모두 사용하면 많은 시간이 소요되므로 처음에는 자신의 환경에 맞게 데이터 개수를 조정해봐야 한다는 점이다. 우리는 시간과 메모리 문제상 50,000개의 훈련 데이터로 서포트 벡터 머신 모델을 학습하여 모델을 생성하고 50,000개의 테스트 데이터로 정확도를 측정했다.

수행 결과를 확인하면 그림 9.4와 같다.

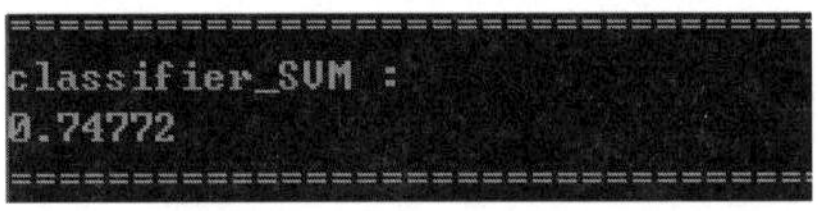

그림 9.4 | 서포트 벡터 머신을 이용한 감정 평가 결과

서포트 벡터 머신의 정확도는 0.74772가 나왔다. LSTM과 비슷한 결과를 보여준다. 이로써, 한정된 데이터와 컴퓨터 사양에서도 LSTM과 서포트 벡터 머신 두 방법 모두 좋은 결과를 보여줬다고 생각한다.

표 9.1 | LSTM과 서포트 벡터 머신 비교

	LSTM	서포트 벡터 머신
벡터화 방법	BOW(Bag-of-Words)	트위터 형태소 분석기 토큰화 + 형태소 빈도수
훈련 데이터	150,000개	50,000개
테스트 데이터	50,000개	50,000개
정확도	0.7591	0.74772

표 9.1처럼 LSTM과 같은 딥러닝 방법을 사용하지 않고 전통적인 머신러닝 방법을 사용하더라도 용도에 따라 충분히 좋은 결과를 얻을 수 있다. 위의 결과에서도 충분히 파라미터 튜닝을 통해서 성능을 올릴 수 있다. 독자들께서는 영화 관련 후기 데이터말고도 다른 분야의 후기 데이터를 이용해서 실습해보길 바란다.

9.4 정리

이번 장에서는 영화 리뷰 데이터를 이용해 감정 분석하는 방법에 대해 설명했으며, 이를 통해 자연어 처리에 대해서 더욱 더 알아가는 기회가 되었으리라 생각한다.

지금까지 3부에서는 머신러닝 영역이 제공하는 다양한 주제들을 다뤄봤다. 그리고 머신러닝 영역 중에서도 다소 어렵지만 흥미로운 주제인 딥러닝에 대해서도 학습했다. 다소 생소하고 힘들었겠지만, 이 책에서 학습한 내용을 바탕으로 머신러닝 기술을 활용하는 초급 개발자로서의 첫발을 내디뎠으리라 생각한다. 이 책에서 다룬 내용들을 자기 것으로 체득하고, 계속 꾸준히 이 분야에 대해서 공부했으면 한다.

4부

챗봇 서비스와 구현 기술의 이해

10장 챗봇 서비스 기술의 소개

챗봇은 인공지능으로 구현한 기술 중 가장 널리 쓰이고 있는 대표적인 서비스라고 할 수 있다. 인공지능은 기술 자체의 어려움 때문에 이해하는 데 진입 장벽이 존재하거나, 혹은 자동차 번호판 인식이나 얼굴 인식처럼 단순해 보이는 기술로 이해되기가 쉽다. 하지만 인공지능은 대화를 위한 자연어 처리 기술이 발전하고 음성이 결합되면서 자연스러운 대화를 사람과 컴퓨터가 할 수 있다는 상상이 현실화되어 실제 기술 성숙도에 비해 최근에 큰 주목을 끌었다.

인공지능 기술은 사람에게 좀 더 편리함을 제공해 주기 위해 활용되고, 그중 챗봇은 사람에게 가장 친근한 인터페이스를 제공하려는 성공적인 시도라 볼 수 있다. 물론 사람들이 생각하는 수준으로 자연스러운 대화를 이어가거나 감성을 자극하는 대화를 하기에는 아직 한계가 많다. 하지만 새로운 시작으로서 시장의 높아지는 관심을 통해 연구가 더욱 성행하고 그에 따라 변화와 발전도 빨라지리라 생각한다.

이번 장에서는 우선 챗봇 서비스를 이해하고 어떠한 유형이 있는지 알아본다. 그리고 나서 챗봇으로 구성하는 다양한 사례와 챗봇을 구현하는 기술에 대해 알아볼 것이다. 대표적인 챗봇 서비스를 활용하는 방법과 딥러닝을 이용해 챗봇을 유사하게 구현해보는 실습을 통해 챗봇을 깊이 있게 이해하는 시간이 되기 바란다.

10.1 챗봇이란

우리는 카카오톡이나 라인 같은 메신저 앱을 통해 사람들과 실시간으로 메시지를 주고받는다. 채팅이 텍스트를 이용해 사람 간에 실시간으로 대화를 나누는 것이라고 한다면, 챗봇은 사람이 로봇과 텍스트를 통해 다양한 서비스를 제공받는다. 예를 들어 사용자가 채팅으로 서비스 안내나 문의를 했을 때 기존에는 직원들이 일일이 응대해야 했다. 그러나 이제는 직원대신 로봇이 채팅으로 응대하는 것이다.

챗봇은 자연어인 텍스트 문장으로 사람과 대화할 수 있는 로봇, 즉 대화 컴퓨터 엔진을 의미한다. 이는 단순히 사람을 흉내낸다는 개념보다는 그동안 사람이 컴퓨터에 명령을 내리고 결과를 받는 방법이 달라졌다는 의미가 더 크다. 그동안의 방식은 키보드나 마우스 클릭을 통해 컴퓨터에 정보나 명령을 전달하고 모니터를 통해 결과를 사람에게 보여주는 방식이었다. 컴퓨터와 대화하는 익숙한 방식은 사실 사람보다는 컴퓨터에 편리한 방식이었다. 하지만 챗봇은 컴퓨터와 사람 간의 정보 교류 방식이 사람에게 친숙한 방식으로 변화되는 시작점이라는 상징성이 있다. 이러한 입출력 방식이 지금보다 더 보편화되고 성능이 높아지면, 그때는 반응하는 결과가 좀 더 사람다운지 판단하는 시기가 될 것이다. 아직은 컴퓨터의 답변보다는 사람의 질문을 컴퓨터가 더 잘 이해하기 위해 연구해야 할 시기로 보인다.

챗봇의 개념

한 온라인 잡지에서는 다음과 같이 챗봇을 정의했다.

> “챗봇이란 채팅 인터페이스를 통해 상호 작용하는 규칙 기반 또는 인공지능으로 구동되는 서비스이다. 이 서비스는 기능적인 것에서 재미있는 것에 이르기까지 여러 가지 형태며, 주요 채팅 제품(페이스 북의 메신저, 슬랙, 텔레그램, 텍스트 기반 메신저 등)에서 사용할 수 있다.”

출처 *https://chatbotsmagazine.com/the-complete-beginner-s-guide-to-chatbots-8280b7b906ca*

쉽게 설명하면, 인간끼리 실시간으로 텍스트를 주고받아 대화하는 것을 우리는 채팅이라고 부른다. 인간이 아닌 로봇과 대화하는 방식에서 유래해 ‘채팅Chatting’과 ‘로봇Robot’의 합성어로 ‘챗봇’이라는 용어가 만들어졌다. 챗봇의 개인 비서 버전은 애플의 ‘시리’, 구글의

'구글 나우', 마이크로소프트의 '코타나', 아마존의 '알렉사' 등이 있다.

챗봇 서비스의 유형

기원을 거슬러 올라가보면, 초기의 챗봇은 1966년 무렵에 매사추세츠공과대학(MIT)에서 만든 엘리자ELIZA라는 설이 있다. 엘리자는 입력된 대화를 시뮬레이션하기 위해 사용되었다. 초기의 챗봇은 주로 단순한 패턴 매칭에 기초해 답변을 하는 방식을 사용했다. 사용자가 선택한 키워드나 항목에 대해서 응답 규칙에 따라 사전에 정의된 내용을 출력해주는 방식이다. 현재까지도 상당수의 챗봇이 단순 패턴 매칭 방식을 사용하고 있다. 그러나 최근 인공지능의 발전으로 자연어 처리Natural Language Processing 기술이 내장된 딥러닝 기반 챗봇이 등장하고 있다.

10장

이제, 구체적으로 챗봇의 유형에 대해 한번 알아보자.

우선, 패턴 기반 챗봇은 프로그래밍이나 알고리즘에 대한 전문적인 지식 없이도 쉽게 구축이 가능하다. 정해진 규칙에 따라 적절한 답변을 미리 정의하고, 정의한 범위만큼 답변을 제시한다. 패턴 기반 챗봇에는 AIML 언어 기반의 앨리스ALICE 봇과 챗스크립트ChatScript 언어 기반의 수제트Suzette 봇이 있다. 그중 AIML은 패턴 및 응답 템플릿을 작성하기가 매우 쉬워서 널리 사용되는 언어다.

반면 딥러닝 기반 챗봇은 기존에 없는 새로운 입력에 대한 유연한 처리가 가능하고 유지 보수도 용이한 장점이 있지만, 초기에 전문적인 프로그래밍 또는 알고리즘의 이해가 필요하며 수많은 데이터 확보와 딥러닝 학습에 따른 시스템 구축 비용이 많이 든다는 단점이 있다. 딥러닝 기반 챗봇은 인간처럼 인간의 대화를 이해하고 그 문장 안에서 의미 또는 의도를 파악해서 적절한 답변을 하는 방식이다. 챗봇 유형에 따른 차이점은 표 10.1을 참고하자.

참고로 또 다른 옵션이 있는데, 그것은 딥러닝 기반에 이미 만들어진 클라우드 챗봇 서비스 API 중 하나를 사용하는 것이다. 클라우드 챗봇 서비스 API에는 왓슨 어시스턴트Watson Assistant api, wit.ai, api.ai, 마이크로소프트 LUIS 등이 있다.

표 10.1 | 챗봇의 유형

구분	패턴 기반 챗봇	딥러닝 기반 챗봇
특징	정해진 규칙에 따라 답변 제시	기존 대화 로그 데이터로부터 스스로 대화방법 학습
장점	• 프로그래밍이나 알고리즘에 대한 전문적인 지식 없이도 구축 가능 • 초기 프로토타입 수준의 구축 비용이 적게 듦	• 기존 규칙에 없거나 새로운 입력에 대한 유연한 처리가능 • 문맥을 통해 판단하므로 기존 시스템 대비 인식 정확도 향상 • 이전 대화 내용을 고려한 맥락에 맞는 대화 가능 • 시스템의 관리 및 유지 보수가 용이 • 다른 도메인으로 확장시 구축 시간 및 비용 절감
단점	• 대화의 범위를 넓히거나 품질 향상을 위한 비용이 많이 소요됨 • 시스템 관리 및 유지보수가 어려움 • 타 도메인으로의 확장성이 떨어짐	• 초기 구축 비용이 많이 소요됨 • 챗봇 모델의 학습을 위한 시스템 리소스가 많이 필요

10.2 챗봇의 주요 서비스 형태

사실 인공지능 기술을 활용하여 서비스를 구현하는 방식에 대해서는 한마디로 정의하기 어려울 정도로 그 형태와 방법이 다양하다. 따라서 기술에만 집중하지 말고 구현되어 제공될 서비스 유형에도 신경을 써야 한다.

인공지능 기술을 활용한 비즈니스 응용 사례 중에서 단연 돋보이는 사례는 사람과 컴퓨터가 대화를 하며 다양한 서비스를 제공하는 챗봇이다. 챗봇은 사람이 컴퓨터와 대화를 할 수 있도록 만들어진 시스템으로, 인간이 사용하는 말을 중심으로 대화가 이루어진다는 점이 가장 중요하다. 다시 말해, 대부분의 시스템들이 컴퓨터에게 명령어를 전달하거나 화면의 버튼을 클릭하는 등 컴퓨터 중심 대화방식으로 구동되었다고 하면 챗봇은 사람의 언어로 컴퓨터와 대화하는 것이 중요한 차이점이다.

페이스북이나 트위터를 비롯한 글로벌 기업들은 오늘날 초연결 사회hyper-connected society 시대에서 성장의 한계를 넘어서기 위해 인공지능 기술을 적용해 채팅 플랫폼 기반의 챗봇 서비스를 개발해 발표하고 있다. 기존 소셜미디어의 새로운 성장 동력으로 챗봇 프레임워크를 통해 개인 사용자와 기업 서비스를 연결을 통해 플랫폼 확장을 꾀하는 것이다.

국내에서도 금융이나 유통 산업, 통신 등 고객층을 많이 보유하고 있는 산업을 중심으로 인공지능을 서비스에 도입하려는 시도들이 많아지고 있다.

지금부터는 최근까지 대표적으로 적용되고 있는 챗봇의 사례를 살펴볼 것이다. 각 서비스에 챗봇 인공지능 기술이 어떻게 활용되는지 이해하고, 새로운 비즈니스 사례를 고려할 때 활용하기 바란다.

기존의 고객 상담 업무를 대체하다

주요한 사례는 첫 번째로 기존의 상담 직원을 대신해서 고객을 응대하는 서비스를 들 수 있다. 기존 기업들은 자사가 제공하는 서비스나 상품에 대한 추천 등 다양한 고객의 문의를 대응하기 위해 상담 직원을 운영해왔는데, 그 업무 중에서 단순하고 쉬운 영역부터 인공지능인 챗봇이 업무를 이양받아 점차 복잡한 업무처리 영역으로 적용을 확대해 나갈 수 있다.

기업 입장에서는 단기적으로 상담 직원을 대체하는 효과를 기대할 수 있지만 그보다도 단순 반복 업무는 챗봇에게 전담시키고 좀 더 복잡하고 전문성이 필요한 업무에는 상담 직원이 대응하는 식으로 적용해 서비스의 전문성과 범위가 넓어지는 효과를 기대하는 것이 더 중요한 의미라 할 수 있다. 또한, 여러 측면에서 여유가 없어서 고객 상담 서비스를 제공하지 못하던 기업 입장에서는 전문 상담사를 고용하는 수고로움과 비용을 들이지 않고 쉽고 빠르게 챗봇으로 고객 상담을 시작할 수 있다는 장점도 있다.

플랫폼 기업의 서비스 기반을 확장하다

두 번째 사례는 이미 서비스 플랫폼을 보유한 IT 기업들이 자사의 서비스 확장을 위해 챗봇을 도입하는 사례다. 페이스북은 2016년 4월 'F8 2016' 행사에서 채팅 로봇, 서라운드360, 페이스북 라이브 API 등 주요 기술들을 소개했는데 그중에서도 챗봇은 페이스북의 미래 성장에서 가장 중요한 부분이라고 할 수 있다. 페이스북 이외에도 바이두의 듀어Duer, 마이크로소프트의 코타나Cortana, 아마존의 알렉사Alexa, 애플의 시리Siri 등이 유명하고 국내에서도 삼성전자의 '빅스비Bixby'를 비롯해 네이버와 카카오에서도 인공지능 챗봇 형태의 플랫폼을 개발하거나 출시하고 있다.

표 10.2는 국내외 IT 기업이 제공하는 챗봇 서비스를 정리한 내용이다. 소셜 서비스나 채팅 플랫폼을 보유하고 있거나 플랫폼간 연결을 위한 기반을 제공하고 있다.

표 10.2 | 국내외 IT 기업의 챗봇 서비스 경쟁

출처 한국정보화진흥원 인공지능 기반의 '챗봇' 서비스 등장과 발전 동향, 뉴스기사

업체	챗봇 서비스 주요 내용
페이스북	페이스북 메신저 내에서 식당예약, 선물추천, 휴가지 추천 등 개인비서 서비스 제공
텐센트	인공지능 챗봇과 대화를 통해 호텔, 병원, 영화표 예약 서비스 제공
킥	화장품, 의류업체 등이 참여한 봇샵(Bot shop)을 통해 챗봇 서비스 제공
구글	지능화된 기능을 제공하는 개인 어시스턴트 채팅 플랫폼
마이크로소프트	자사 봇 프레임워크(Bot Framework)를 통해 이메일, 스카이프(Skype), 슬랙(Slack), 텔레그램(Telegram), SMS 등 다양한 대화 수단과의 연결을 통합 제공
네이버	검색 기능을 기반으로 자연어로 질문에 답변을 찾아주는 챗봇 서비스

10.3 챗봇을 구성하는 기술

지금까지 챗봇의 개념과 제공하는 서비스에 대해 알아보았다. 이미 제공하는 챗봇 서비스를 활용해 대화 서비스를 제작하는 것도 의미가 있다. 하지만 챗봇 엔진 자체를 직접 구현하려는 경우도 있을 것이다. 이제부터는 챗봇 서비스를 구현하기 위해 전체 구성 관점에서 살펴보고 또한 어떤 기술들이 챗봇의 대화 엔진을 개발할 때 사용되는지도 알아볼 것이다. 물론 활용되는 기술적 한계에 대해서도 알아보겠다.

10.3.1 챗봇 시스템 구성

챗봇을 구성하는 기본적인 시스템에 대해 알아보자. 그림 10.1는 일반적인 챗봇 시스템의 구성도를 보여준다.

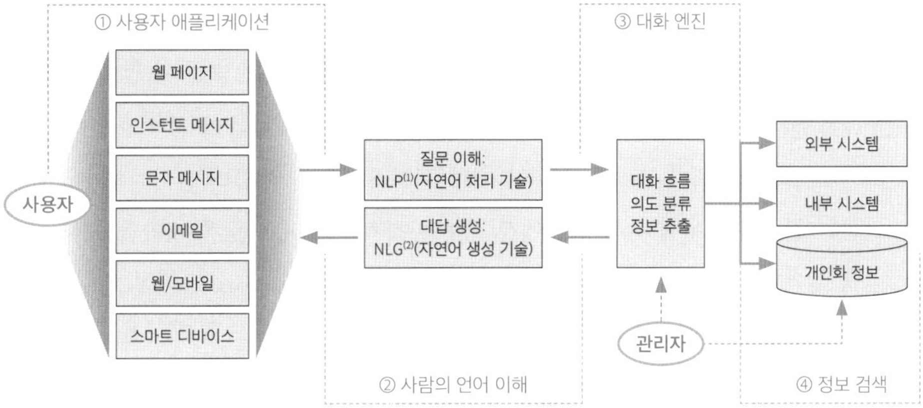

그림 10.1 | **챗봇 시스템의 일반적인 구성**

이제 이 챗봇의 구성도를 좀 더 자세히 살펴보겠다.

① **사용자 애플리케이션:** 먼저 사용자는 웹브라우저, 메신저, 문자 메시지나 앱 등 다양한 방법을 통해 챗봇과 대화를 하게 된다. 챗봇은 주로 텍스트를 기반으로 정보를 주고받기 때문에 애플리케이션에서 다양한 방식으로 텍스트를 입력받는 방법을 제공하고 결과를 사용자에게 효과적으로 표시하는 것이 중요하다. 보통은 키보드를 사용해 문자를 입력하는 방식이 사용되며 모바일 폰이나 스마트 기기인 경우에는 음성 인식을 사용하기도 한다. 표시 방법으로는 메신저 형태의 UI를 많이 사용한다. 애플리케이션 단에서 어떤 방식으로 사용자의 입력을 받더라도, '텍스트로 된 문장'을 수집하는 것이 가장 중요하다. 챗봇의 기본은 사람의 언어, 즉 자연어를 기반으로 컴퓨터와 대화한다는 것이기 때문이다.

② **사람의 언어 이해:** 사용자 애플리케이션에서 수집된 자연어 문장을 컴퓨터에게 전달하려면 사람의 언어를 이해해야 한다. 자연어 처리NLP, Natural Language Process 기술은 사람의 말을 컴퓨터가 이해하는 데 사용된다. 이전의 애플리케이션들은 대부분 컴퓨터를 위해 정의된 명령을 사용했다. 화면의 버튼을 눌러 명령을 전달하거나 라디오박스나 체크박스를 통해 사용자 옵션을 선택하는 방식, 혹은 원하는 링크를 클릭해 화면을 이동하는 방식이었다. 하지만 챗봇은 인간 언어를 사용하므로, 컴퓨터가 사람의 언어를 이해하기 위해 자연어 기술을 사용해 문장을 분석하고 이

해해야 한다. 반대로 시스템의 결과도 사람이 이해하는 자연어로 제공해야 하므로 문장을 만들기 위해 자연어 문장 생성NLG, Natural Language Generation 기술이 활용된다.

③ **대화 엔진:** 대화 엔진은 자연어 처리로 이해된 문장에서 사람의 질문 의도, 중요한 키워드를 찾아낸다. 또한 자연어로 대화를 하기 때문에 컴퓨터가 이해하기에 불충분한 질문인 경우에 다시 사람에게 질문을 하기도 한다. 이렇게 대화를 통해 문제를 풀어나가기 위한 시나리오를 대화 흐름 관리Dialogue Flow Management라고 한다. 이 대화 흐름 관리는 중요한 정보를 수집하기 위해 주로 사용되므로 챗봇을 통해 고객 응대를 하는 가상 에이전트Virtual Agent 서비스를 각 영역에 맞게 구현하기 위해 구성해야 할 기반이 된다. 보통은 규칙 기반으로 트리 형태의 대화 구성을 하게 된다. 그림 10.2는 IBM 왓슨Watson의 어시스턴트Assistant API에서 대화 흐름Dialog Flow을 작성하는 UI 도구의 예다.

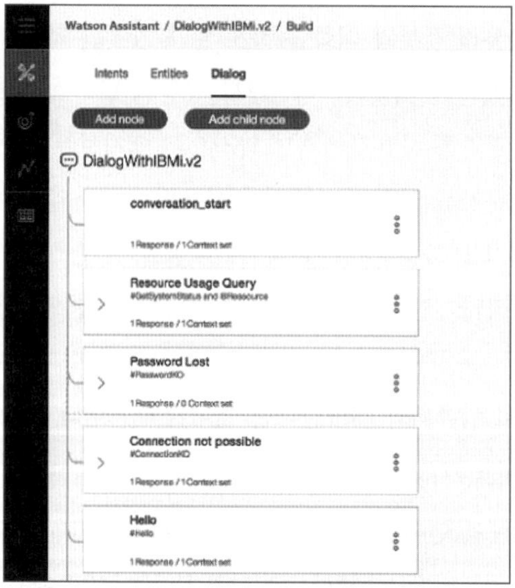

그림 10.2 | IBM 왓슨의 대화 흐름(Dialog Flow) 예제

④ **정보 검색:** 대화 엔진에서 사람에 전달한 자연어의 의도intent, 키워드entity, 감정sentiment, 기분emotion 등 정보를 확보하면 적합한 답을 회신하기 위해 정보 검색을 수행한다. 검색하는 방법은 구현하는 시스템마다 다양한 방법을 통해 답을 수집하게

되는데, 보통은 사용자 개인에 특화된 내용이나 서비스 특화된 정보는 내부에서 조회를 하고 상식 질문과 같은 일반화된 정보는 외부 시스템과의 연결을 통해 해결한다. 관리자는 대화 엔진을 모니터링하고 누락된 질문과 답변을 확인하여 반복적으로 학습하여 챗봇의 지능을 개선시키는 작업을 하게 된다.

10.3.2 챗봇 주요 기술

챗봇을 구성하는 주요 기술요소로는 표 10.3과 같이 패턴인식, 자연어 처리, 시맨틱 웹, 텍스트 마이닝, 상황 인식 컴퓨팅 등이 있다.

표 10.3 | **텍스트 기반 챗봇 주요 기술**

출처 한국정보화진흥원, '모바일시대를 넘어 AI 시대로' 2010년
https://www.nia.or.kr/common/board/Download.do?bcIdx=14923&cbIdx=25932

관련 기술	주요내용
패턴 인식 (Pattern Recognition)	기계에 의하여 도형, 문자, 음성 등을 식별시키는 것
자연어 처리 (Natural Language Processing)	인간이 일반적으로 쓰는 언어를 컴퓨터에 인식시켜 처리하는 일. 정보 검색, 질의응답, 시스템 자동번역, 통역 등이 포함
시맨틱 웹 (Symantic Web)	컴퓨터가 정보 자원의 뜻을 이해하고, 논리적 추론까지 할 수 있는 차세대 지능형 웹
텍스트 마이닝 (Text Mining)	비정형 텍스트 데이터에서 새롭고 유용한 정보를 찾아내는 과정 또는 기술
상황 인식 컴퓨팅 (Context Aware Computing)	가상공간에서 현실의 상황을 정보화하고 이를 활용해 사용자 중심의 지능화된 서비스를 제공하는 기술

챗봇의 주요 기술을 하나씩 살펴보자. 먼저 패턴 인식 기술은 기계가 사람이 제공하는 입력 정보를 컴퓨터가 알아듣는 정보로 변환하기 위해 주로 사용이 된다. 챗봇은 주로 텍스트 기반으로 입력이 되나 때로는 음성이나 화면이나 마우스를 통한 필기 입력과 같은 방법이 활용될 수 있기 때문에 이러한 정보를 챗봇 엔진이 이해할 수 있는 표준 입력 정보인 텍스트로 변환하게 된다. 자연어 처리 기술은 전달받은 문장을 번역하거나, 질문의 분류 및 정보 검색을 처리한다. 시맨틱 웹은 키워드 추출, 감정 분석, 긍정/부정 판단 등을 처리한다. 텍스트 마이닝은 비정형 데이터에서 가치와 의미가 있는 정보를 추출한

다. 상황 인식 컴퓨팅에서는 가상공간상에서 상황을 인식하고 각 사용자에게 개인화된 서비스를 제공하기 위해 정보를 활용한다.

챗봇을 구현하는 기술적 분류 이외에 챗봇을 다른 시스템과 구분하는 중요한 기술적 특징은 대화 형태로 서비스를 제공한다는 것이다. 그 의미는 사람과 진행하는 대화의 맥락과 의미를 기억한다는 것이다. 서비스마다 기억(cache 혹은 memorize)하는 기간이 다를 수는 있지만 이전에 대화한 내용 중에서 중요한 내용을 기억해 처리할 수 있기 때문에 단순히 검색하는 서비스보다 좀 더 지능적인 서비스를 제공할 수 있다. 또한, 컴퓨터와 사람 간에 기존의 기계 중심 대화에서 사람 중심의 대화로 발전했다는 데 큰 의미가 있다. 챗봇이 진정으로 사람과 같이 대화하는 수준으로 발전하기에는 아직 시간이 더 필요하다. 다만 인터페이스의 변화로 좀 더 자연스럽고 편하게 서비스를 활용할 수 있는 길이 생겼다는 사실이 중요할 것이다.

10.3.3 챗봇의 기술적 한계와 특징

이제 오늘날 비즈니스에 활용되거나 연구되고 있는 대화 엔진의 기술의 특징과 한계에 대해 알아보자. 챗봇을 업무에 적용하려고 한다면 그 기술적 한계와 특징을 먼저 이해할 필요가 있다. 챗봇을 구축하는 프로젝트가 실패하는 원인들을 살펴보면 실제 기술의 한계와 현실 간의 괴리가 가장 크고 그 괴리는 사람과 컴퓨터 간 의사전달 과정에서 자연스러움의 한계, 방대한 내용을 담으려고하는 범위 선정에서의 차이, 그리고 마지막으로 실현하고 싶은 모든 인공지능의 기대치를 한번에 충족시키려는 시기적 조급함이 함께 작동한다고 생각한다. 또한 한글 처리의 어려움과 턱없이 부족한 데이터도 엔진의 성능을 높이는 데 어려움을 주는 중요한 요소다. 이러한 문제점들을 한 가지씩 풀어가며 간극을 줄인 후에 적용하더라도 늦지 않을 것이다.

그중 기술적 한계점을 극복하기 위해 활용되는 대표적인 기술부터 살펴보겠다.

규칙 기반(rule-based) 답변 제공 방법

규칙 기반 대화 서비스 구현의 대표는 AIML Artificial Intelligence Markup Language 이다. 규칙 기반이라는 말에서 알 수 있듯이 이해할 문장을 규칙으로 정의한다. 즉 자연어 문장을 구조화하여 규칙으로 작성한 후 조건에 해당하는 경우 사전에 정의한 기능을 수행하거나 답변 문장을 회신하는 방법을 사용한다.

예를 들어 과일의 가격을 묻는 다음 문장을 살펴보자.

"사과 얼마인가요?", "포도 얼마인가요?", "수박 얼마인가요?"

이 문장들을 규칙화하면 다음과 같다.

"[과일 이름] 얼마인가요?"

여기에서 과일 이름으로는 [사과, 포도, 수박, 참외, …] 등이 후보 단어가 될 수 있다.

이런 규칙의 단점은 문장 변화에 대응하기 어렵다는 것이다. 다음과 같이 문장이 조금만 바뀐다고 생각해보자.

"사과 얼마나 해요?"
"사과 얼마야?"
"사과 한 개 얼마야?"

위 규칙만으로는 해결이 되지 않으므로 규칙을 또 변경해야 한다.

"[과일 이름] *** 얼마**?"

이렇듯 규칙 기반은 문장 규칙이 조금만 변경되면 다양한 표현을 지원하는 것이 아니라 오히려 예외의 경우로 규칙을 추가하거나 변경해야 한다. 물론 여러 가지 규칙을 다양하게 추가하고, 다양한 범위의 표현을 수용할 수 있도록 규칙을 광범위하게 잘 작성할 수도 있다. 하지만 역시나 문장 구조에 의존적일 수밖에 없다. 또한 규칙이 감지될 경우에도 처리하는 로직을 일대일 구조로 구현할 수밖에 없기 때문에 대화 시나리오를 길게

이어가는 다중 대화multi-turn 형태의 긴 대화를 해결하는 데는 결국 한계가 있다. 이러한 롱테일 대화는 엔진이 아니라 응용 솔루션 단에서 처리해야 할 것이다.

의도 분류를 통한 답변 매칭 방법

규칙 기반과 마찬가지로 답변을 이해하는 데 집중하는 방법으로 규칙을 작성하는 대신 라벨링된 문장을 이용해 학습하는 문장 분류 기술을 사용한다. 문장 분류Classification 기술은 분류 정보가 태깅된 문장 데이터가 사전에 준비되어 있어야 한다. 각 문장은 학습을 위해 단어나 형태소, 혹은 자소 단위 토큰의 엔그램n-gram을 이용한다. 이렇게 문장을 구성하는 토큰 쌍의 분포를 이용해 유사도를 계산한다. 이 방법은 규칙 기반과 같이 엄격한 기준대로 동작하지는 않으나 학습을 위한 문장이 충분하고 라벨이 잘 기록되어 있다면 규칙 기반에 비해 좀 더 자연스러운 문장을 감지할 수 있다.

앞의 예제에 대해 자소 단위로 토큰을 나누어 바이그램bi-gram을 고려한다면 다음과 같다.

```
학습 문장: 사과 얼마 인가요. 포도가 얼마죠? 수박 가격 알고 싶어요
바이그램 후보: 사과 얼마, 얼마 인가요, 포도가 얼마죠, 수박 가격, 가격 알고, 알고 싶어요.
```

이와 같이 학습 문장에서 순서 쌍에 대한 빈도를 학습하여 분류를 학습하고, 이후 입력되는 테스트 문장에서 순서 쌍들을 비교해 가장 유사한 분류를 계산하는 것이다. 보통은 자연어에서 많이 활용되는 토픽 모델링이나 최대 엔트로피Maximum Entropy같은 문장 분류Classification 알고리즘 등 머신러닝 혹은 딥러닝 기술을 이용한다.

이 방법은 자연스러운 문장을 사용하는 질문에 대해 답변하는 FAQ에서 잘 활용될 수 있고 질문만을 이용해 학습하기 때문에 정답이 달라져도 다시 학습할 필요는 없고 질문에 매핑되는 답변만 시스템에서 변경하면 된다.

의도 분류와 용어 추출을 통한 대화 관리 방법

이 방법은 앞의 의도 분류 방법에서 추출한 의도Intent와 문장 내에서 중요한 용어인 개체Entity를 추출하는 방법이다. 보통 의도는 문장 전체에 대한 목적을 분류하고 개체는 구체

적인 대상을 지정할 때 사용한다. 예를 들어 다음의 문장을 살펴보자.

> 예제 문장: "사과 얼마인가요? 포도 얼마죠? 수박 가격 알고 싶어요."

위 문장을 대표하는 의도는 "과일 가격을 물어보는 것"이다. 그리고 '사과', '포도', '수박'은 대상인 과일 종류를 지칭한다. 이와 같은 과정은 마치 의도는 함수이고, 개체는 함수에 입력된 파라미터로 인식하여 그 답변을 경우에 맞게 구현하는 일이 남게 된다.

여기에 대화를 자연스럽게 이어나갈 수 있도록 대화 흐름Dialog Flow을 다이어그램 형태로 제공하여 시나리오를 이어나가도록 하는 방법을 사용한다. 이 방법이 현재 상용으로 비즈니스를 처리하기 위해 활용되는 최신의 검증된 방법이다. 비즈니스적으로 활용된다고 국한하여 말한 의미는 이 기술이 가장 뛰어난 기술이라는 의미가 아니다. 비즈니스적으로 적용되려면 성능과 효율성 측면에서 활용이 가능해야 한다.

10장

입력 문장에 대한 최적의 답변 문장 생성

이 방법은 딥러닝에서 많이 활용되는 시퀀스 seq2seqSequence to Sequence 방식을 활용하는 것이다. seq2seq은 입력 문장을 출력 단어(M to 1), 출력 문장(M to N) 등으로 출력할 때 활용하는 딥러닝 알고리즘이다. 사용 예제는 문장 요약, 토픽 분류, 기계 번역 등이다.

챗봇에서는 입력 문장과 답변 문장 데이터를 사용하여 모델을 학습한다. 이 방식은 학습 단계에서부터 질문과 답변, 입력과 출력 문장을 활용해야 한다. 많은 대화 이력 데이터를 활용하면 질문에 대해 자동으로 답변 문장을 생성하므로 일반 대화에서 나름 자연스럽게 답하는 것과 같이 구현할 수 있다. 하지만 한번 학습된 모델은 쉽게 변경할 수 없으므로 동일한 질문에 대해서는 동일한 답변이 나올 것이다. 다시 말해 한 번은 가능하나 두 번은 자연스럽지 않다는 것이다.

다만, 일상 대화가 아닌 업무와 관련된 대화인 경우에는 이야기가 다르다. 모델에 답변이 포함되어 학습되므로 업무에 따라 변화되는 경우에는 모델 학습에 많은 노력이 필요하다. 변하지 않는 진리인 경우에는 모델을 학습하고 검증하는 것이 가능하나 정답이 기업에 따라, 시간에 따라, 상황에 따라 달라져야 하는 경우에는 seq2seq 학습 방법이 적절하지는 않을 것이다. 또한 seq2seq은 단일 답변single turn에 대해서만 학습이 가능하기 때문에 다중 대화multi turn나 이전 대화 이력을 고려한 컨텍스트 저장 기능 등은 지원하지 않는다.

질문 유형에 따른 최적의 답변 선택

방대한 지식 데이터Knowledge Base에서 정보를 추출해 정답을 추출하기 위한 방법이다. 대표적인 기술로 MRCMachine Reading Comprehension 알고리즘을 통해 모델을 학습한다. 이는 대화 서비스 중 일부인 자연어 질문에 대한 정답을 추출하기 위한 방법이다.

이전의 방법들이 질문을 이해하는 데 중점을 둔 알고리즘이라고 한다면, MRC는 정확한 답변을 찾기 위한 방법이다. 자연어 문장으로 질문을 하고 비정형 문서에서 답변을 찾기 위해 답변 문서를 온톨로지로 정형화하는 과정이 필요했다. 하지만 비정형 데이터를 온톨로지화하는 데 너무 많은 노력이 필요하고 기술 발전이 한계에 부딪히면서 새로운 방법을 찾게 되었고, 최근 딥러닝 방법을 이용해 온톨로지화 과정 없이 비정형 데이터에서 정답을 찾는 방법을 연구하면서 비로소 이 MRC 방법이 등장했다.

> 참고 온톨로지(Ontology)란 '어떤 관심 분야를 개념화하기 위해 명시적으로 정형화한 명세서'라 할 수 있다. 즉 사물에서 공통점을 찾아내고 이를 하나의 집합 또는 범주로 나타내기 위해 의미, 지식의 쓰임새 등을 분명하고 자세하게 설명하는 것을 말한다. (위키피디아 참고)

하지만 MRC는 정답 문서를 온톨로지화하는 과정은 없으나, 몇 가지 대표적인 유형으로 질문에 제한이 있고, 훈련 데이터도 질문 유형에 따라 정답 후보 문장을 문서에서 찾아서 라벨링하는 과정도 필요하다. 당연히 학습에 사용하지 않은 문서 내에서는 정답을 찾는 데 한계가 있고, 훈련 데이터 준비 과정도 생각보다 적지 않다. 따라서 MRC만으로 대화 서비스 자체를 구현할 수는 없고, 대화 중 비정형 데이터에서 정답을 찾아야 하는 경우 MRC 알고리즘을 통해 답변을 제공할 수 있다.

입력 문장에 적합한 답변 검색

이 방법은 문서 검색에 활용되는 정보 검색Information Retrieval 방법을 챗봇에 활용하는 것이다. 정보 검색은 보통 키워드를 입력하고 그 키워드가 포함된 문서를 찾는 데 활용되는 것이다. 하지만 챗봇에서는 입력을 키워드가 아니라 문장이 되고 검색 대상은 이미 수집해서 업로드한 질문 문장들이다. 다시 말해 질문에 대해 유사한 문장이 있는 훈련 데이터를 찾는 것이고, 그에 따라 답변을 매핑시키면 챗봇과 유사하게 구현할 수 있다. 엘라스틱서치ElasticSearch나 아파치 솔라Apache Solr 같은 오픈소스 검색엔진 등이 활용될 수 있다.

정보 검색을 이용해 챗봇을 구현할 때 주의해야 할 것이 있다. 정보 검색은 검색어에 대해 수십에서 수백 개의 문서를 찾아서 유사도 점수를 계산해 순서대로 제공하는데, 챗봇은 보통 첫 번째 결과가 매우 중요하다. 따라서 순위를 조정하기 위해 랭커Ranker라는 알고리즘을 활용한다.

10.4 정리

이번 장에서는 챗봇의 개념과 유형을 개략적으로 살펴봤다. 패턴 기반의 챗봇은 초기에 적용은 쉽지만 지속적인 유지 보수가 어렵고, 딥러닝 기반의 챗봇은 초기 적용은 어렵지만 유지보수와 확장에 용이하다. 또한 챗봇을 이루는 기본적인 시스템 구성과 주요 기술에 대해서도 알아봤다. 다음 장에서는 대표적인 클라우드 서비스인 왓슨을 이용해 챗봇을 직접 구축해보겠다.

11장 클라우드 서비스를 이용한 챗봇 개발

이번 장에서는 IBM 왓슨Watson의 챗봇 서비스인 어시스턴트Assistant를 이용해 대화 서비스를 구성해 보려고 한다. 왓슨은 IBM에서 기업을 위해 제공하는 대표적인 인공지능 클라우드 서비스다. 일반인들도 쉽게 인공지능 서비스를 개발할 수 있도록 별도 학습 과정 없이 바로 활용할 수 있는 API 형태로 제공하기 때문에 사용자는 서비스 생성 후 바로 연결해 사용해 볼 수 있다. 또한, 왓슨 어시스턴트Watson Assistant는 클라우드 기반의 서비스로 프로그램을 설치하기 위해 별도의 서버가 필요하지 않고 구성과 동시에 배포할 필요가 없이 바로 서비스로 활용할 수 있다.

챗봇 서비스를 구성하기 위한 절차는 다음과 같다.

1. 왓슨 어시스턴트의 워크스페이스 작성
2. 슬랙에 봇Bot 추가
3. 샘플 코드 실행

챗봇을 작성하기에 앞서 오픈소스 봇킷Botkit이 무엇인지 알아둘 필요가 있다. 봇킷 미들웨어는 대화 엔진인 왓슨 어시스턴트를 사용한 슬랙 봇Slack bot을 쉽게 만들 봇킷 플러그인이다. 슬랙 이외에도 페이스북 메신저와 트윌로Twilio에도 대응하고 있다. 봇킷을 위한 이 미들웨어 플러그인을 사용하면 개발자가 슬랙이나 페이스북, 트윌로와 같은 여러 소셜 채널에 왓슨 어시스턴트 작업 공간을 쉽게 통합할 수 있다. 고객은 서로 다른 채널을 통해 단일 작업 공간과 동시에 독립적으로 대화할 수 있다.

개발환경 운영체제 : 윈도우 7 이상
개발 플랫폼 : 왓슨 어시스턴트(Watson Assistant), 봇킷(BotKit)

11.1 왓슨을 이용한 대화 시나리오 개발

먼저 아이비엠 왓슨 어시스턴트 홈페이지로 이동한다. 그러면 그림 11.1과 같은 화면이 표시된다.

URL https://console.bluemix.net/catalog/services/watson-assistant-formerly-conversation

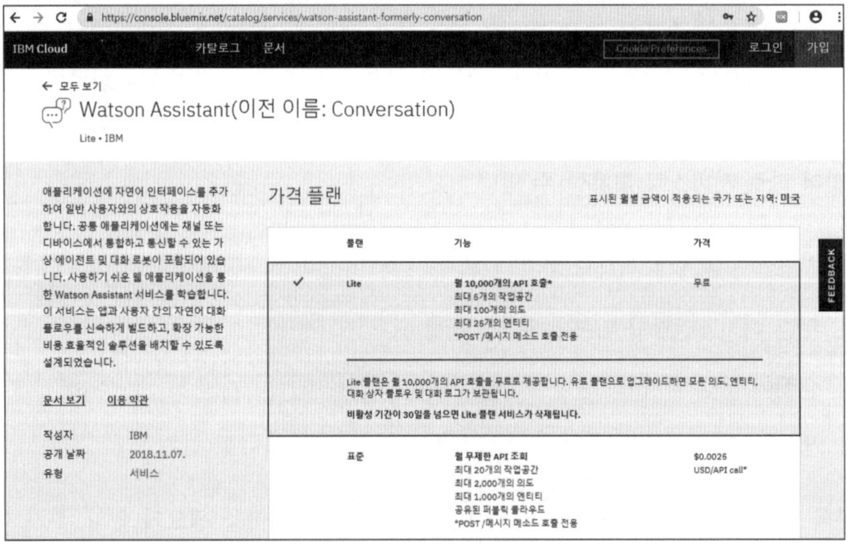

그림 11.1 | 왓슨 어시스턴트

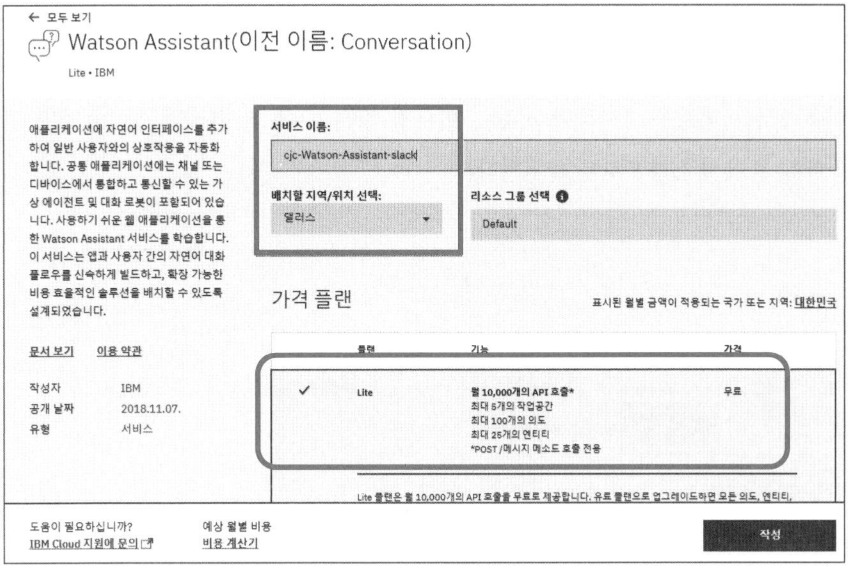

그림 11.2 | 왓슨 어시스턴트 서비스 생성 화면

참고로, 서비스 이름에 본인의 이니셜을 앞에 붙이면 식별하기가 좋다. 여기서 주의할 점 하나가 있는데, 가격 플랜은 반드시 **Lite**로 지정해야 무료로 사용이 가능하고 요금 폭탄을 피할 수 있다. 그리고 맨 하단에 있는 **작성** 버튼을 클릭한다.

그림 11.3 | 신임 정보 확인

작성 처리가 완료되면, 서비스 신임정보 화면이 나오는데 서비스를 이용하기 위한 키 발급이라고 생각하면 된다. **신임정보 보기** 버튼을 누르면 Url과 API 키 정보가 나오는데 이를 이용해서 서비스를 호출해야 하므로 메모장 같은 곳에 잘 복사해 둔다. 그림 11.4와 같이 메뉴 중에서 **실행 도구**를 클릭한다.

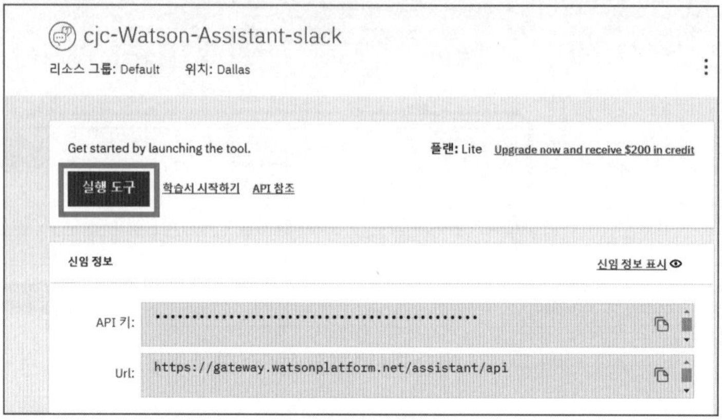

그림 11.4 | 왓슨 어시스턴트 실행도구 시작

그러면 그림 11.5와 같은 어시스턴트 초기 설명 화면이 나온다. 이때 왼쪽 상단에 있는 메뉴 중에서 **workspace**를 클릭한다.

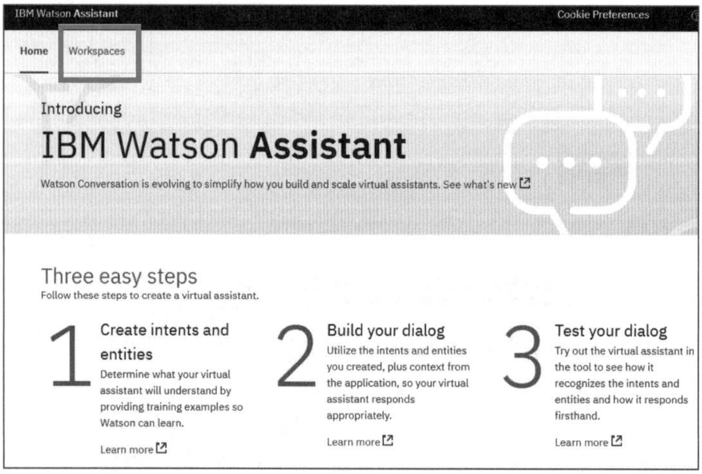

그림 11.5 | 왓슨 어시스턴트 실행도구 화면

Launch Tool 사용하기

실습을 위해서 이 책의 사이트에서 car_workspace_start.json 파일을 내려받는다. 다운로드 경로는 다음과 같다.

URL https://github.com/onlybooks/AI_begin/tree/master/chapter11

다 내려받았으면 워크스페이스 화면 상단에 있는 가져 오기 버튼 을 누른다.

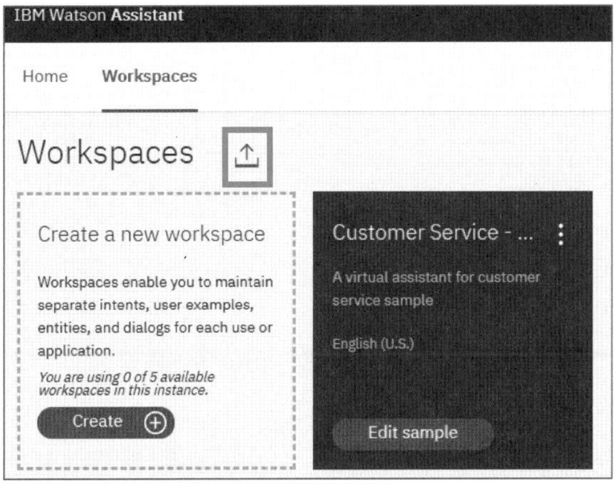

그림 11.6 | 워크스페이스 가져오기

방금 내려받은 car_workspace_start.json 파일을 임포트한다.

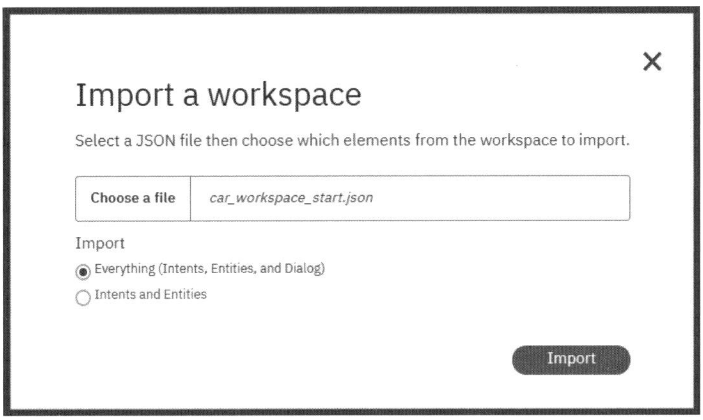

그림 11.7 | 워크스페이스 파일 선택 화면

파일이 업로드되면 그림 11.8과 같은 화면이 표시된다.

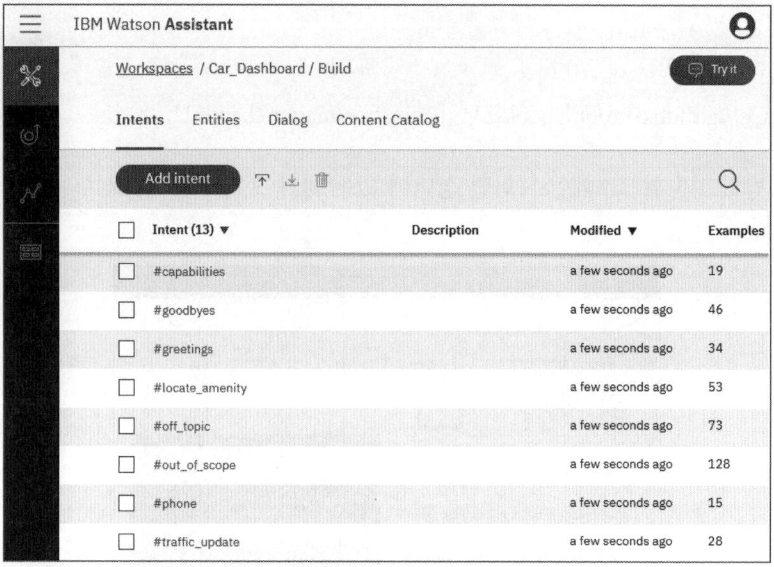

그림 11.8 | **워크스페이스 파일을 업로드한 결과**

상단 메뉴 중 **Dialog** 메뉴를 클릭하면 그림 11.9와 같은 화면이 표시된다. 아직 작성된 대화가 존재하지 않는다.

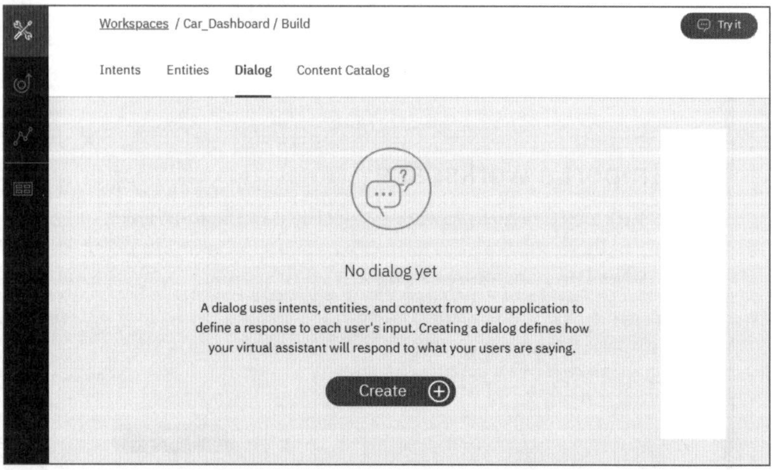

그림 11.9 | **다이얼로그 관리 화면**

Create 버튼을 클릭해 새로운 다이얼로그를 생성한다. 첫 번째로 **Welcome**을 클릭하고, 두 번째로 **Add node** 버튼을 클릭한다. 그러면 **Welcome** 밑에 하나의 새로운 노드가 추가된다.

그림 11.10 | **노드 추가 방법**

새로 생긴 노드를 클릭한 다음 그림 11.11과 같이 작성하자. 먼저 If assistant recognize는 입력된 질문 조건을 설정하는 것으로 #greetings를 입력한다. 앞에 붙은 샵(#)은 의도intent를 의미하며 #greetings는 인사에 대해 학습한 문장들을 대표한다고 볼 수 있다. 아래 Then respond with에는 "Welcome to Korea"라고 입력한다. 질문이 "안녕하세요", "환영합니다" 같은 인사말이라면 "Welcome to Korea"라고 답변하라는 의미다. 이렇게 입력 조건과 그에 대한 답변을 설정해해 대화를 구성한다.

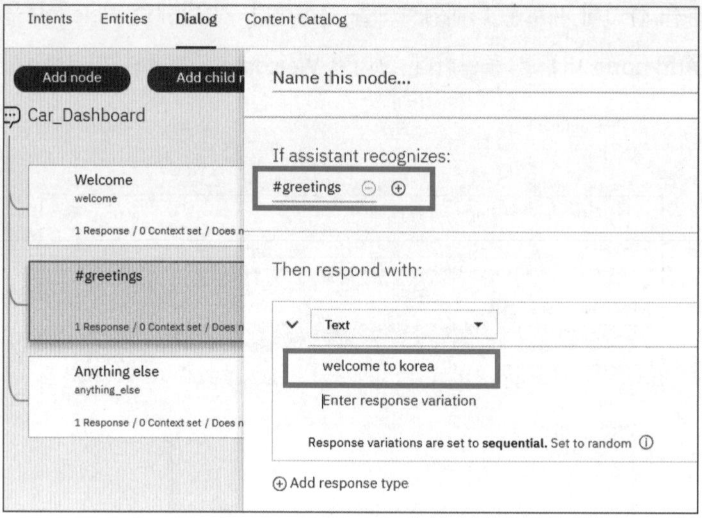

그림 11.11 | **대화 구성**

여기서 작성한 다이얼로그가 잘 작동되는지 즉시 테스트해볼 수 있다. 그림 11.12와 같이 우측 상단에 보면 말풍선 모양의 아이콘이 있다. 이것을 클릭하면 왓슨 어시스턴트에서 제공하는 대화 창이 열린다. 여기를 누르면 작성 중이거나 수정된 내용을 바로 체크해 볼 수 있다.

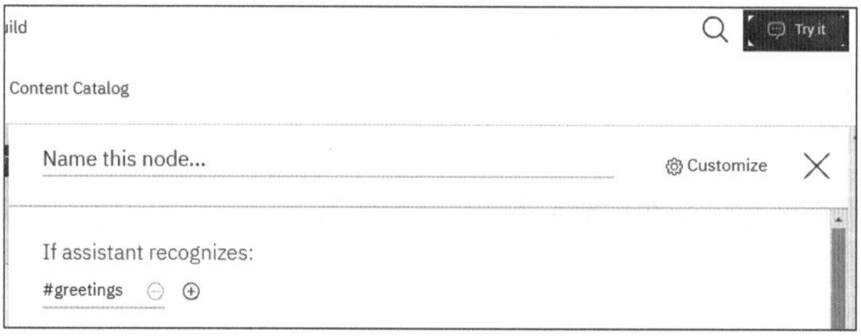

그림 11.12 | **대화 테스트 아이콘 클릭**

그림 11.13과 같이 열린 대화 하단의 입력 창에 hi를 입력하고 엔터키를 눌러 전송한다. 그림을 보면 대화창에 hi라고 입력한 문자와 이 문자를 인식한 인텐트 결과가 #greetings 라고 표시되고 그에 대한 사용자의 답변이 "Welcome to korea"라고 정확하게 리턴되었다. 우리가 의도한 대로 작성된 것이다.

그림 11.13 | 인사 대화 테스트

정상적인 결과를 확인했으면, 왼쪽 상단메뉴 버튼 ■을 클릭한다. 그림 11.14와 같이 **Back to workspaces**를 클릭하면 이전에 작업 중이던 워크스페이스 정보를 볼 수 있다.

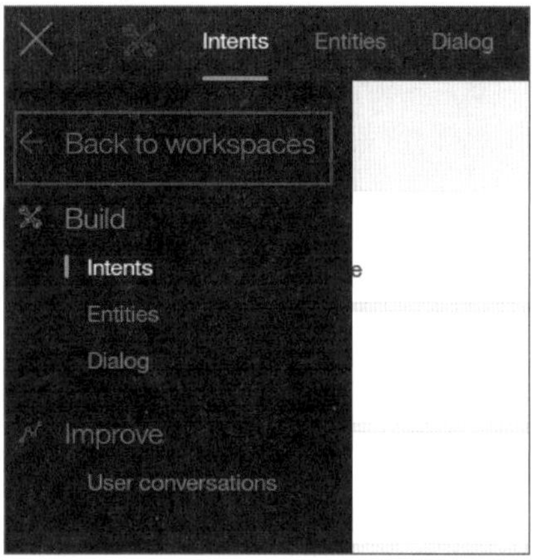

그림 11.14 | 작성중인 워크스페이스로 돌아가기

그림 11.15와 같이 워크스페이스의 **Car_Dashboard**에서 **View details** 메뉴를 누르면, 창 바꾸고, 상세 화면이 표시된다. 여기에는 워크스페이스의 생성 정보와 함께 워크스페이스 아이디 정보가 있다.

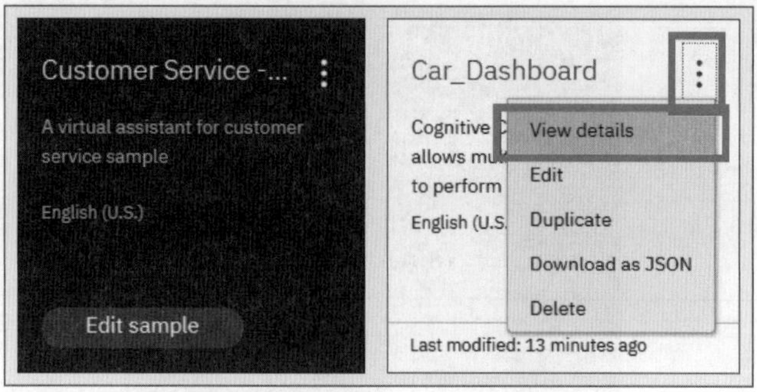

그림 11.15 | Workspace 상세 정보 조회

그림 11.16과 같이 Workspace ID 정보를 확인하고 마우스로 드래그하거나 복사 아이콘 을 클릭해 복사한 후 메모장에 잘 저장해 둔다.

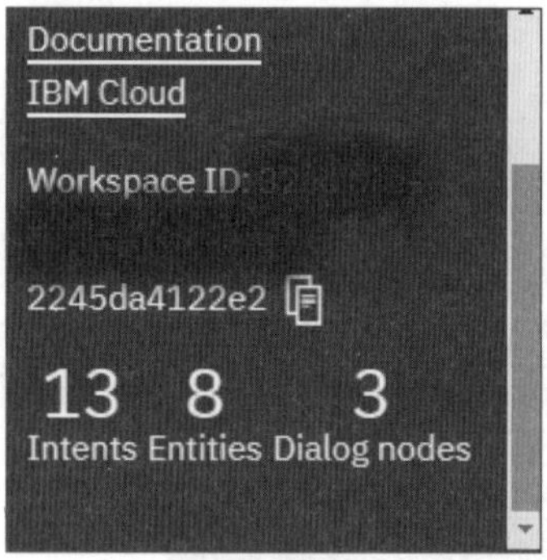

그림 11.16 | 워크스페이스 신임 정보 복사

11.2 슬랙 봇 추가하기

먼저 슬랙에 회원 가입을 한다. 슬랙 사이트 주소는 다음과 같다.

URL https://slack.com/

슬랙의 **App Directory**로 이동해 **Build** 탭에서 새로운 봇을 추가한다. **Make a Custom Integration** 버튼을 클릭한다. 생성된 봇의 접속 링크는 " "과 같은 형식을 갖는다.

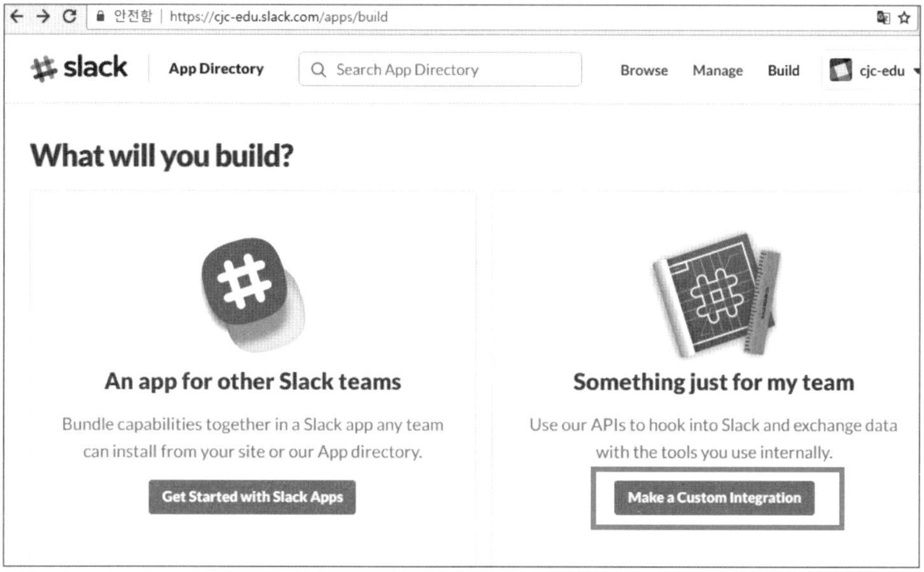

그림 11.17 | 슬랙 봇의 봇 추가 화면

Build a Custom Integration 화면에서 그림 11.18과 같이 Bots를 선택한다.

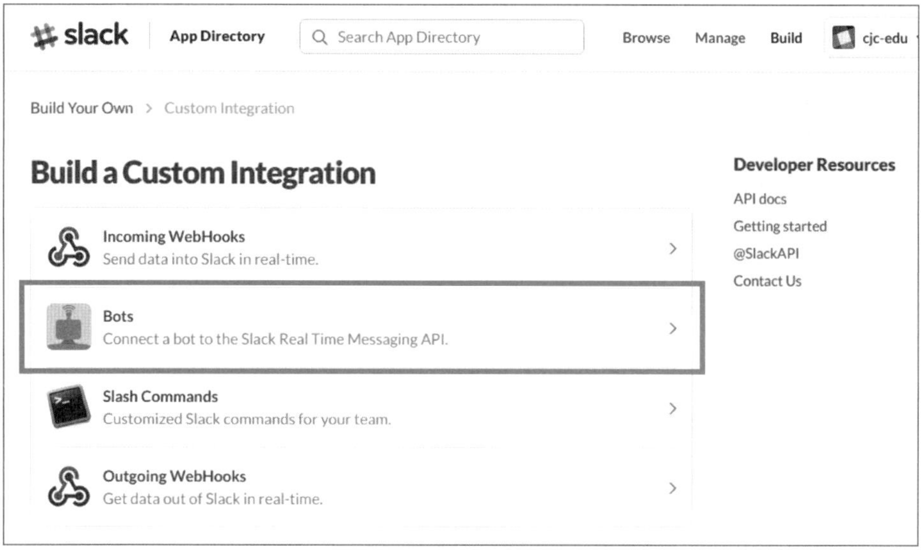

그림 11.18 | Build a Custom Integration 화면

봇의 이름을 입력한다. 사용자 이름은 모두 소문자여야 한다. 21자를 초과할 수 없으며 글자, 숫자, 마침표, 하이픈, 밑줄만 포함할 수 있다. Username에 원하는 이름을 지정한다. 여기에서는 watson-conversation이라고 하겠다. 이름을 입력한 후 **Add bot integration** 버튼을 누른다.

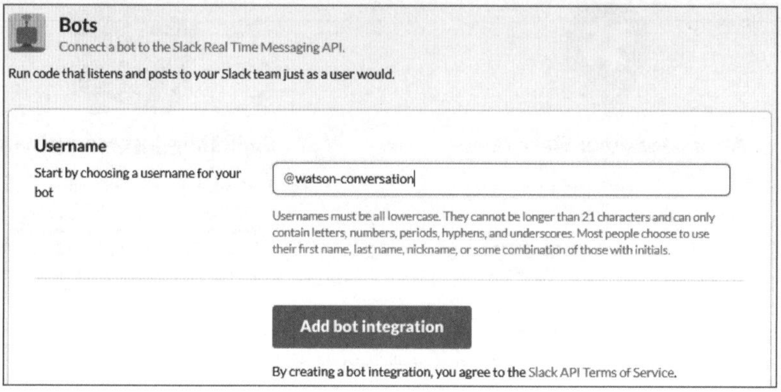

그림 11.19 | **봇 생성 화면**

작성이 완료되면 그림 11.20과 같이 API Token이 생성된다. 나중에 사용해야 되므로 별도로 기록해두자.

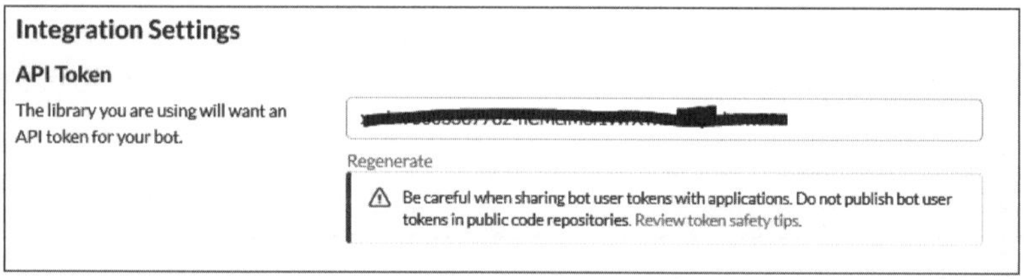

그림 11.20 | **API Token 확인**

그림 11.21을 보면 봇의 대표이미지를 업로드하는 곳이 보이고, 선택사항으로 봇의 이름과 이 용도가 무엇인지 기입하는 란이 있다. 아무것도 변경하지 않은 채 기본사항으로 놓고 **Save Integration**을 클릭해 설정을 저장한다.

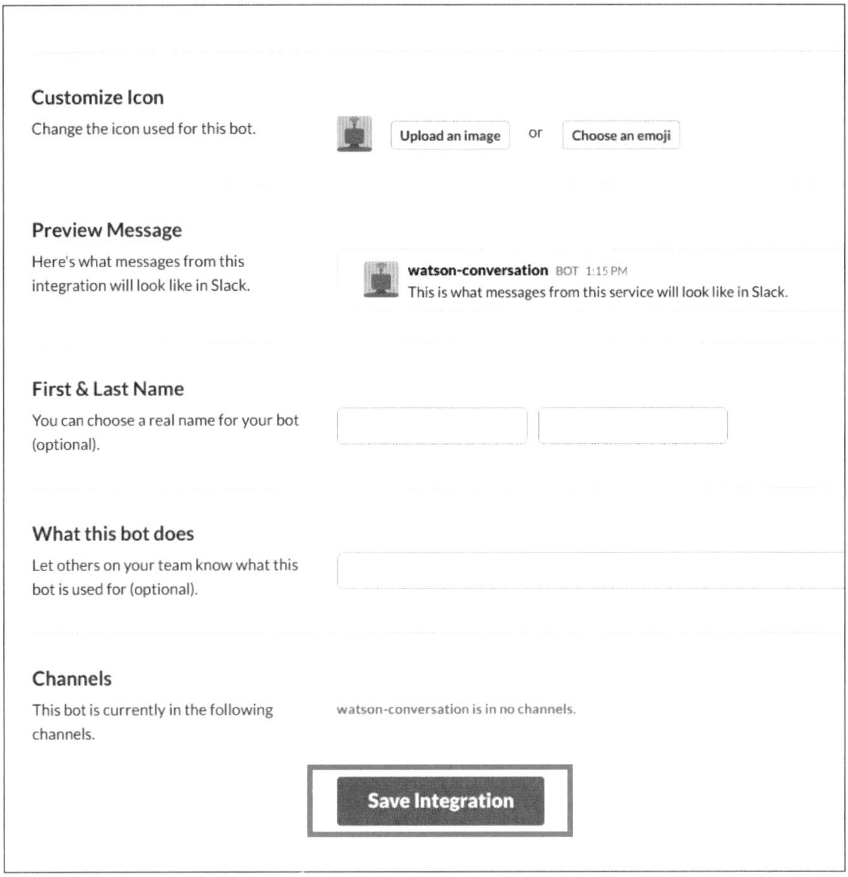

그림 11.21 | **슬랙 봇 설정 저장**

슬랙 팀의 화면으로 돌아가서 봇이 추가되어 있는지 확인한다. 아니면 다음 링크를 눌러서 확인한다. 링크는 다음과 같은 형식을 갖는다.

```
"https://{사용자팀명}.slack.com/messages"
```

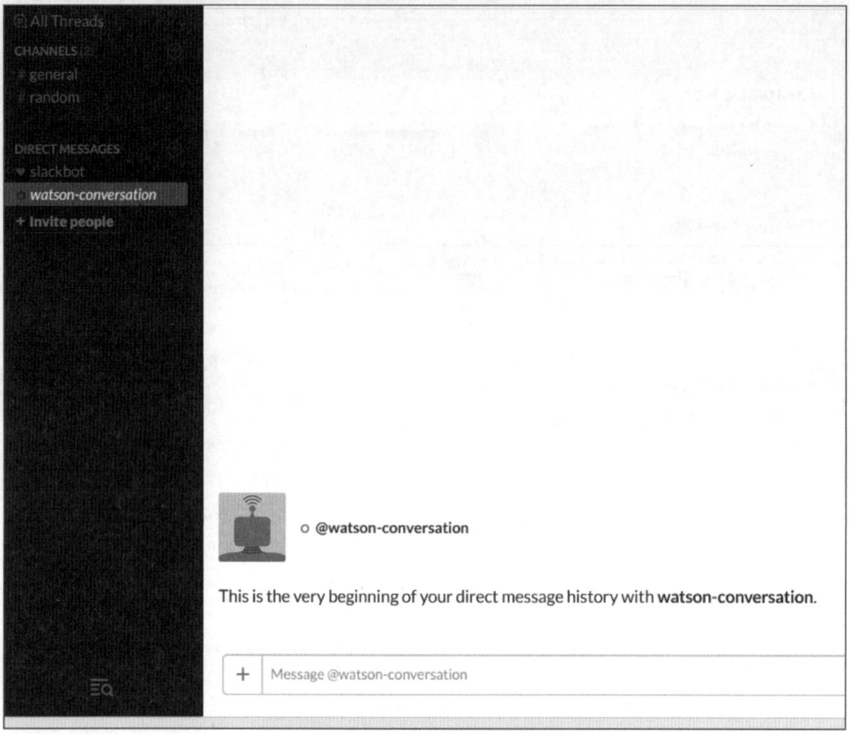

그림 11.22 | 왓슨 어시스턴트가 추가된 모습

11.3 챗봇 프로그램 실행하기

챗봇 프로그램을 실행하기 위한 준비사항은 다음과 같다.

- 노드제이에스 설치: *https://nodejs.org/en/download/*
- 깃 설치: *https://www.git-scm.com/*

깃을 통해서 봇킷 미들웨어 샘플 코드를 다운로드하고 사용할 simple-bot 디렉토리로 이동한다. 다음과 같이 실행해 보자.

```
$ git clone https://github.com/watson-developer-cloud/botkit-middleware.git
$ cd botkit-middleware\examples\simple-bot
```

simple-bot 디렉토리에 보면, package.json 파일이 있다. 메모장으로 리스트 11.1과 내용이 맞는지 확인한다.

리스트 11.1 | package.json 파일

```
/* package.json */
{
  "name": "botkit-middleware-watson-simple-example",
  "version": "0.0.1",
  "description": "Simple Slack bot example using botkit-middleware-watson
with Botkit.",
  "main": "simple-bot-slack.js",
  "scripts": {
    "start": "node simple-bot-slack.js"
  },
  "license": "Apache-2.0",
  "dependencies": {
    "botkit": "^0.2.2",
    "dotenv": "^2.0.0",
    "express": "^4.13.4",
    "botkit-middleware-watson": "^1.3.0"
  }
}
```

확인했으면, 종속 라이브러리를 내려받기 위해 다음 명령을 실행하자.

```
$ npm install
```

그러면 그림 11.23과 같은 화면이 나오고 관련된 수많은 라이브러리를 내려받는다. 내려받은 라이브러리는 node_modules이라는 디렉토리에 들어가게 된다.

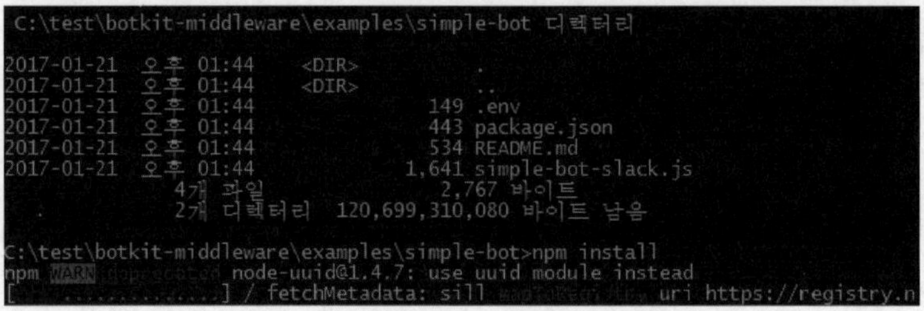

그림 11.23 | 노드제이에스의 종속 라이브러리 설치

다운로드가 정상적으로 완료되면, simple-bot 디렉토리에 있는 .env 파일의 내용을 이전 단계에서 적어둔 왓슨 assistant 관련 API 키, 워크스페이스 ID와 슬랙의 token 값으로 변경한다. API 키 기반으로 동작하도록 설정하려면 ASSISTANT_USERNAME과 ASSISTANT_PASSWORD는 주석 처리를 하고, ASSISTANT_IAM_APIKEY의 주석은 삭제한다.

리스트 11.2 | .env 파일

```
/* .env */
# WATSON
# Set ASSISTANT_URL to correct gateway
# US-South
ASSISTANT_URL=https://gateway.watsonplatform.net/assistant/api
# Germany
# ASSISTANT_URL=https://gateway-fra.watsonplatform.net/assistant/api
# ASSISTANT_USERNAME=username
# ASSISTANT_PASSWORD=password
WORKSPACE_ID=32edf0ce-ad6e-*************

# SLACK
SLACK_TOKEN=131319484775-*********

# if is apikey
ASSISTANT_IAM_APIKEY=ZgZWN****************************************
```

다음 명령으로 응용 프로그램을 시작한다.

```
$ npm start
```

정상적인 출력 결과는 다음과 같다.

```
Client server listening on port 5000
notice: ** BOT ID: watson-conversation ...attempting to connect to RTM!
notice: RTM websocket opened
```

그림 11.24과 같이 슬랙의 봇이 활성화되어 초록 불이 들어온다.

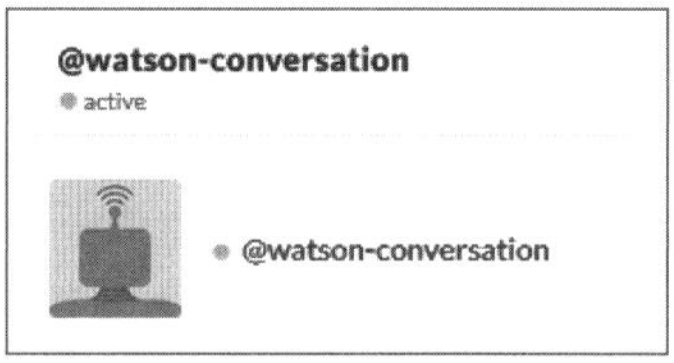

그림 11.24 | 슬랙의 봇이 활성화된 상태

11장

왓슨에서 실행했던 것처럼 "hi"라고 챗봇에게 말을 걸면 그림 11.25와 같이 대화 결과를 확인할 수 있다.

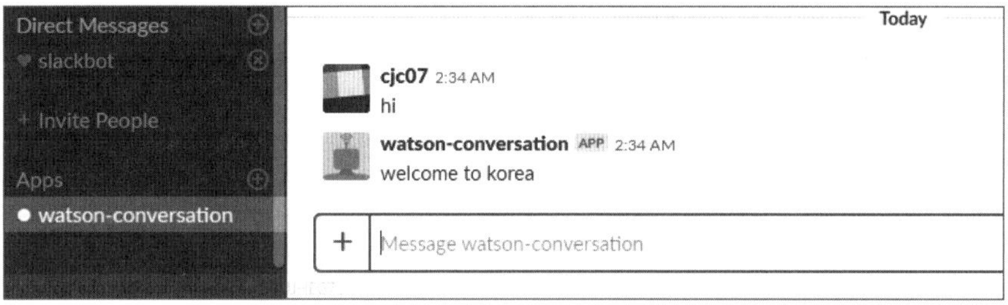

그림 11.25 | Bot을 통한 대화 테스트

한 가지만 더 실습을 해 보자. 같은 방법으로 왓슨에 노드를 추가하고 인텐트가 #turn_on일 때 답변은 "Okay master!"로 설정을 하자. 그러면 그림 11.26 같은 화면이 뜨고 답변도 잘 나온 것을 확인했다.

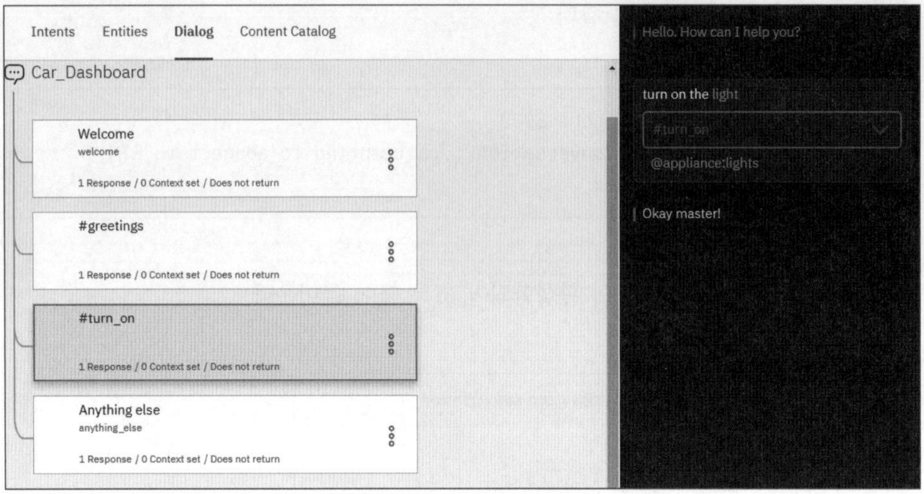

그림 11.26 | **추가 대화 테스트(왓슨)**

그러고 나서 슬랙에서 왓슨에 테스트했던 동일한 문장을 입력해 본다. 마찬가지로 그림 11.27과 같이 정상적으로 답변이 출력되었다.

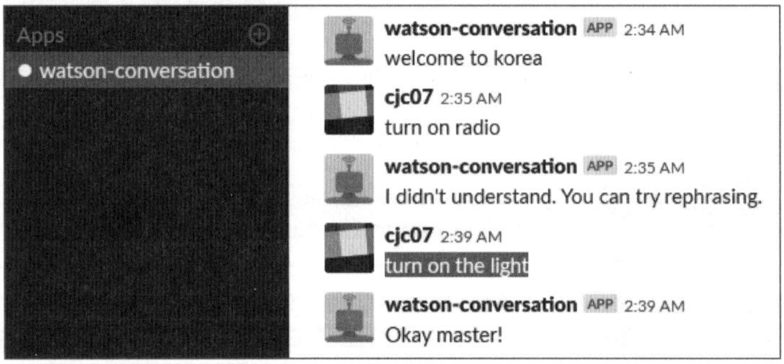

그림 11.27 | **추가 대화 테스트(슬랙)**

이제 봇킷 대화 엔진에 왓슨 어시스턴트를 사용한 슬랙 챗봇이 완성되었다. 더 똑똑한 챗봇을 만들려면, 왓슨 어시스턴트 실행 도구를 잘 사용해야 한다. 더 효과적인 대화를 이끌기 위해선 시나리오 데이터가 많아야 하고, 그에 맞게 다이얼로그가 잘 작성되면 좋다. 이를 이용해서 더 발전시키면 사내 헬프 데스크 챗봇이나 각종 Q&A형 챗봇도 구현할 수 있다.

11.4 정리

클라우드 기반의 왓슨 어시스턴트 서비스와 봇킷을 이용해 간단히 챗봇 서비스를 개발해 보았다. 챗봇과 같이 상품화된 인공지능 서비스는 직접 개발하는 것보다 가장 적합한 서비스를 선택하고, 오히려 서비스 시나리오에 집중하는 것이 좋은 선택이 될 수 있다.

왓슨 이외에도 챗봇 서비스를 구축할 수 있도록 돕는 여러 가지 클라우드 기반 대화 엔진들이 존재한다. 이런 서비스들을 이용하면 좀 더 쉽고 빠르게 챗봇 서비스를 개발해 볼 수 있고, 무엇보다 서비스 내용에 집중할 수 있는 장점이 있다.

왓슨 API와 다양한 사용 예에 대해 좀 더 자세히 알아보고 싶다면 『왓슨을 이용한 인공지능 서비스 입문』(책만, 2017) 책을 읽기 바란다. 왓슨 API로 챗봇, 이미지 인식, 음성 인식, 자연어 서비스를 구축하는 방법과 예제를 통해 서비스 활용 사례를 기초부터 자세히 익힐 수 있다.

11장

12장 RNN을 이용해 대화 서비스 개발하기

딥러닝을 이용하여 대화 서비스를 구축하는 방법은 여러가지가 있다. 질문 의도를 파악하기 위해 분류기Classifier를 사용하는 방법이 있고, 순환 신경망 기반의 seq2seq를 이용해 질문에 대해 답변을 출력하도록 학습하는 방법이 있다. 이 책에서는 순환 신경망 기반으로 입력한 질문에 대한 답변을 생성하는 알고리즘을 학습하고 대화 서비스에 대한 기본적인 구현 방안에 대해 알아 볼 것이다. 순환 신경망은 9장에서 감정 분석을 하는 데 이미 사용해봤다.

seq2seq 알고리즘은 입력 문장input sequence과 출력 문장output sequence을 이용해 학습하는 방법이다. 이 방법은 짝이 되는 두 문장이나 단어 간에 변환하는 다음과 같은 사례에 적용해 볼 수 있다.

- **언어 간 기계 번역**: 소스 언어를 다른 목적 언어로 변환하는 기계 번역을 한다.
- **사람과 기계 인터페이스**: 사람의 자연어를 기계가 이해하는 명령 코드로 변환하여 IoT(사물인터넷) 기기 제어에 활용한다.
- **질문과 답변**: 대화 시스템에서 질문에 대한 답변이나, 요구에 대한 응답을 생성한다.
- **문체 변환**: 문어체를 구어체로 변환한다.

이제 파이썬을 이용해 RNN 기반의 대화 서비스를 직접 구현해보자. 이번에는 텐서플로에 이어 최근 그 활용도가 점점 높아지고 있는 파이토치PyTorch를 이용하여 개발을 진행해보겠다.

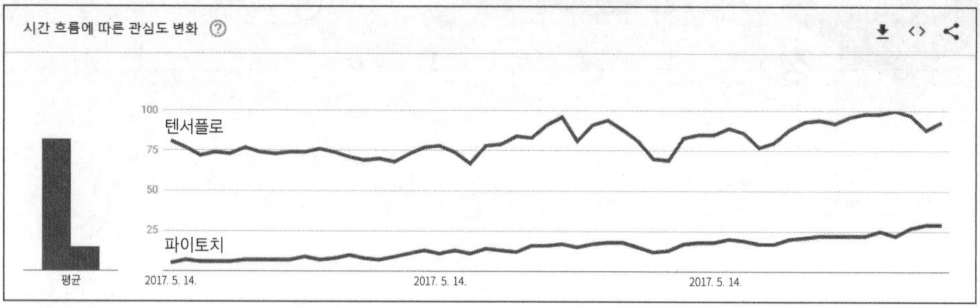

그림 12.1 | 최근 12개월간 텐서플로와 파이토치의 구글 트렌드 비교

> 참고 파이토치는 버전 0.4.0으로 업그레이드되면서 드디어 윈도우 환경을 지원하게 되었다. 변경된 자세한 내용은 파이토치 깃헙 페이지(*https://github.com/pytorch/pytorch/releases*)를 참조하기 바란다.

12.1 딥러닝 기반 개발환경 준비

개발환경 구성은 이전에 이미 설치했던 아나콘다를 활용할 것이다.

먼저 새로운 환경을 생성해보자. 그림 12.2와 같이 **Environments** 탭에서 **Create** 버튼을 클릭하여 생성하기 팝업을 띄운 후 이름을 입력한다. 책에서는 RNNChatbot이라고 하였다. 이제 파이썬 버전이 3.6임을 확인하고 **Create** 버튼을 클릭해 환경을 생성한다.

이제 파이토치를 설치하자. 우선 파이토치 홈페이지로 이동한다.

URL https://pytorch.org

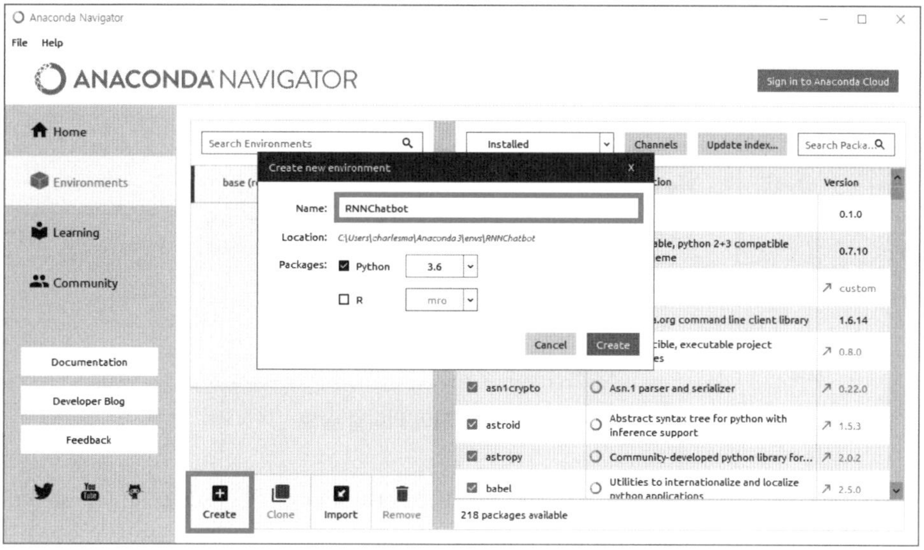

그림 12.2 | **아나콘다에서 새로운 환경 생성**

그림 12.3과 같이 자신에게 맞는 환경을 선택한다. 우리는 운영체제로 윈도우, 패키지 관리자로 콘다, 파이썬 버전은 3.6을 선택하고 쿠다CUDA를 사용하지 않으므로 **None**을 선택한다. 그러면 아래 **Run this command** 창에 실행할 명령어가 보여진다. 표시된 명령어를 복사해둔다.

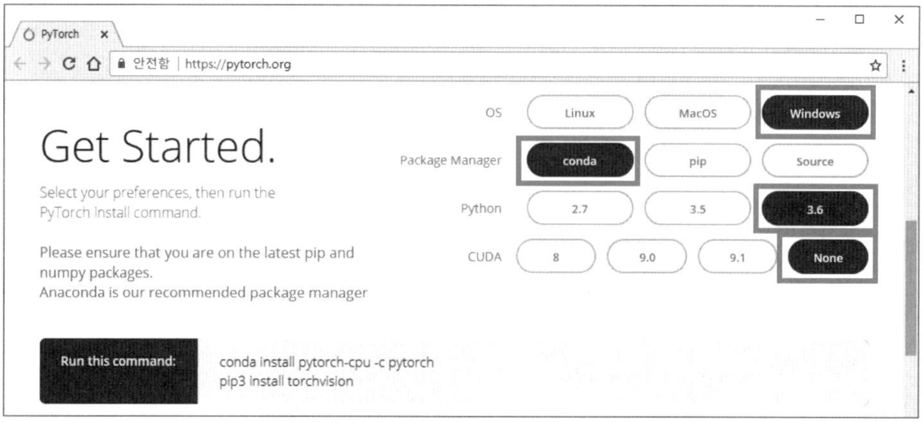

그림 12.3 | **자신에 맞는 플랫폼 선택**

이제 명령 실행을 위해 그림 12.4와 같이 가상환경의 터미널을 실행한다.

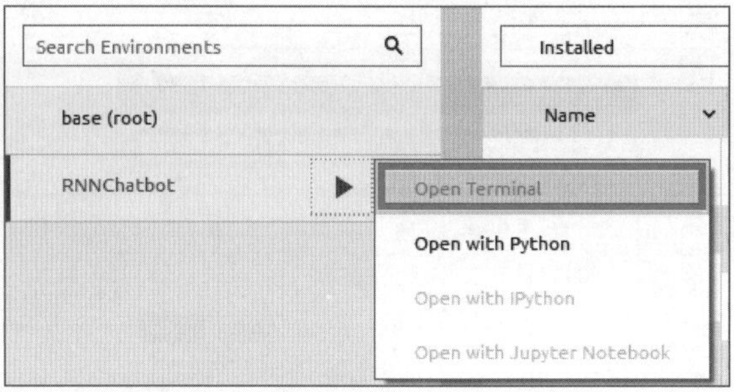

그림 12.4 | 가상환경의 터미널 실행

앞에서 복사해 둔 명령을 붙여넣기하여 실행하자. 그림 12.5와 같이 새로 설치될 패키지들이 보이고 설치를 진행할지 묻는다. 파이토치 버전이 0.4.0인 것을 확인할 수 있다. y를 클릭해 진행한다.

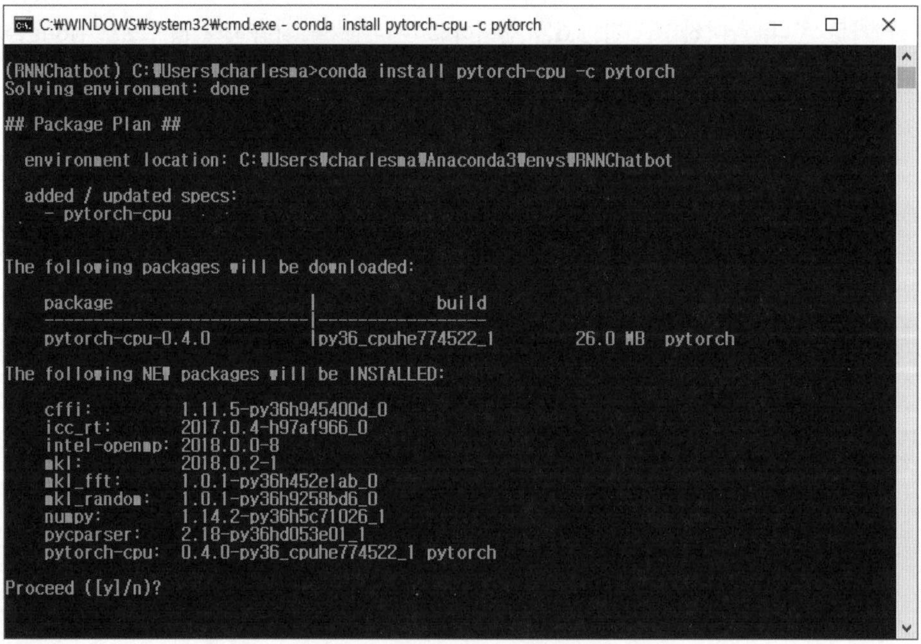

그림 12.5 | 파이토치 설치하기

그림 12.6은 정상적으로 설치가 완료된 모습이다.

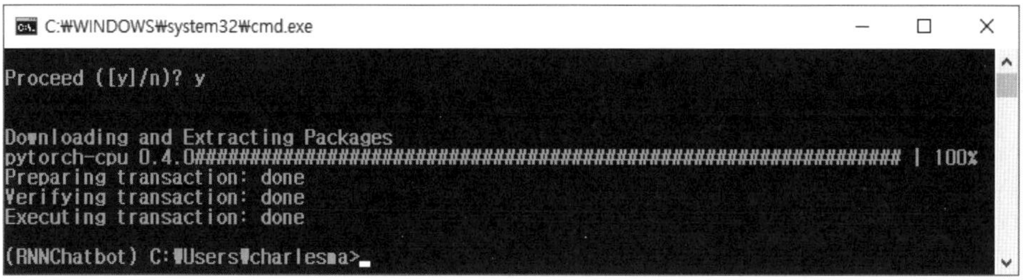

그림 12.6 | **파이토치 설치 완료**

이제 예제 실행을 위해 필요한 패키지를 설치하자. 맷플롯립 패키지를 추가로 설치해야 한다.

그림 12.7과 같이 선택 창에서 **Not Installed**를 선택하고 입력창에 설치할 패키지명을 입력한 후, 설치할 모듈을 체크하고 **Apply** 버튼을 클릭한다.

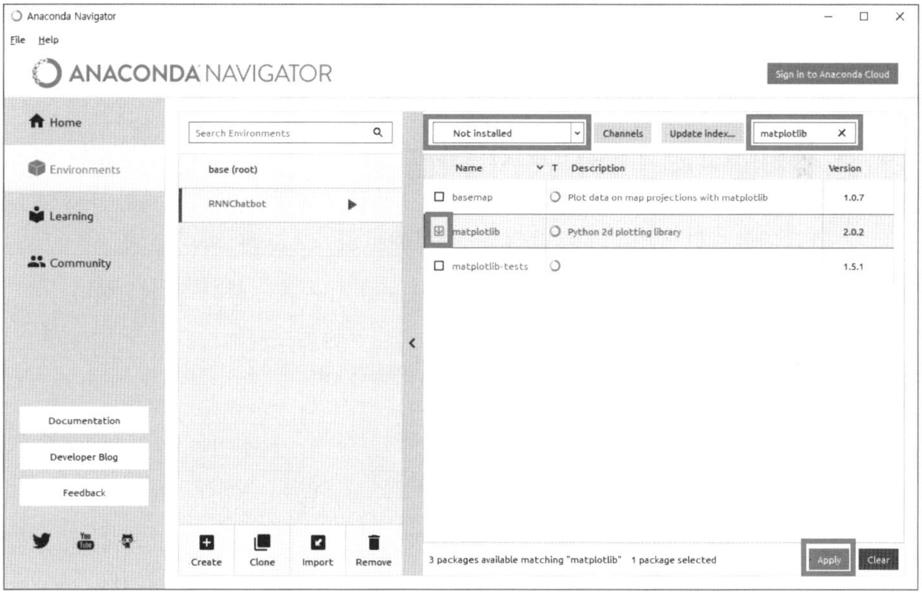

그림 12.7 | **아나콘다 내비게이터에서 추가 패키지 설치**

그림 12.8과 같이 설치하고자 하는 패키지와 의존성 때문에 함께 설치해야 하는 패키지의 목록이 표시된다. 이제 **Apply** 버튼을 클릭하면 설치가 시작된다.

그림 12.8 | **함께 설치될 패키지 목록**

12.2 RNN으로 대화 엔진 만들기

설치가 완료되었으면 이제 프로그램을 작성해보자. 코드는 파이토치 사이트의 Translation with a Sequence to Sequence Network and Attention 문서[1]를 참고했다.

URL https://github.com/onlybooks/AI_begin/tree/master/chapter12

위 깃헙 링크에 있는 코드는 파이토치에서 제공하는 것으로 sequence to sequence를 이용해 두 언어 간 번역을 수행하는 코드다. 해당 코드를 일부 수정해 한글을 지원하며 질문과 답변을 제공하는 대화 서비스와 유사하게 변경하면 리스트 12.1과 같다. 이와 같이 파이토치에서 제공하는 다양한 코드를 참고해 응용해야 하니 기본 샘플 코드를

1 *https://pytorch.org/tutorials/intermediate/seq2seq_translation_tutorial.html*

참고하기 바란다. 변경된 부분은 굵은 글씨로 표시했다. 작성한 코드는 이 책의 깃헙을 참고한다.

- 예제: seq2seq_qna_tutorial.py

소스코드는 너무 길어 책에 전체 내용을 담지는 않았다. 소스코드를 다운로드해 사용하기 바라며 아래의 리스트들은 소스코드에서 주요한 부분들을 설명하고 있다.

리스트 12.1은 소스와 타깃 전체 문장에서 사용한 단어를 관리하는 클래스다. 단어 목록을 관리한다.

리스트 12.1 | 언어 관리 클래스

```
class Lang:
    def __init__(self, name):
        self.name = name
        self.word2index = {}
        self.word2count = {}
        self.index2word = {0: "SOS", 1: "EOS", 2:"UNKNOWN"}
        self.n_words = 3  # Count SOS and EOS and UNKNOWN

    def addSentence(self, sentence):
        for word in sentence.split(' '):
            self.addWord(word)

    def addWord(self, word):
        if word not in self.word2index:
            self.word2index[word] = self.n_words
            self.word2count[word] = 1
            self.index2word[self.n_words] = word
            self.n_words += 1
        else:
            self.word2count[word] += 1

    def getWordIndex(self, word):
        if word in self.word2index:
            return self.word2index[word]
        else:
            return 2 # UNKNOWN
```

리스트 12.2는 문장에서 내용 분석에 도움이 되지 않는 특수문자나 오타등을 삭제하기 위해 사용된다.

리스트 12.2 | **한글 불용어 제거**

```
def normalizeString(s):
    hangul = re.compile('[^ ㄱ-ㅣ가-힣 ^☆; ^a-zA-Z.!?]+')
    s = hangul.sub('', s)
    return s
```

리스트 12.3은 소스와 타깃 파일을 읽어오는 내용을 처리하는 함수다. 텍스트 파일을 읽어서 줄 단위로 분리해 리스트를 만든다.

리스트 12.3 | **텍스트 파일 읽기**

```
def readLangs():
    print("Reading lines...")

    inputs = open('./laundry_input.txt', encoding='utf-8').read().strip().split('\n')
    outputs = open('./laundry_output.txt', encoding='utf-8').read().strip().split('\n')
```

리스트 12.4는 소스 문장을 학습 벡터로 변환하는 인코더 클래스 정의다.

리스트 12.4 | **RNN 인코더 클래스**

```
class EncoderRNN(nn.Module):
    def __init__(self, input_size, hidden_size):
        super(EncoderRNN, self).__init__()
        self.hidden_size = hidden_size

        self.embedding = nn.Embedding(input_size, hidden_size)
        self.gru = nn.GRU(hidden_size, hidden_size)

    def forward(self, input, hidden):
        embedded = self.embedding(input).view(1, 1, -1)
        output = embedded
        output, hidden = self.gru(output, hidden)
        return output, hidden

    def initHidden(self):
        return torch.zeros(1, 1, self.hidden_size, device=device)
```

리스트 12.5는 간략한 기본적인 디코더가 구현된 클래스이다. 우리는 이 디코더를 사용하지 않고 AttnDecoderRNN를 사용할 것이다.

리스트 12.5 | RNN 디코더 클래스

```
class DecoderRNN(nn.Module):
    def __init__(self, hidden_size, output_size):
        super(DecoderRNN, self).__init__()
        self.hidden_size = hidden_size

        self.embedding = nn.Embedding(output_size, hidden_size)
        self.gru = nn.GRU(hidden_size, hidden_size)
        self.out = nn.Linear(hidden_size, output_size)
        self.softmax = nn.LogSoftmax(dim=1)

    def forward(self, input, hidden):
        output = self.embedding(input).view(1, 1, -1)
        output = F.relu(output)
        output, hidden = self.gru(output, hidden)
        output = self.softmax(self.out(output[0]))
        return output, hidden

    def initHidden(self):
        return torch.zeros(1, 1, self.hidden_size, device=device)
```

리스트 12.6은 타깃 문장을 생성하는 디코더 클래스로 어텐션Attention이 포함되어 있다.

리스트 12.6 | 어텐션 디코더 클래스

```
class AttnDecoderRNN(nn.Module):
    def __init__(self, hidden_size, output_size, dropout_p=0.1,
max_length=MAX_LENGTH):
        super(AttnDecoderRNN, self).__init__()
        self.hidden_size = hidden_size
        self.output_size = output_size
        self.dropout_p = dropout_p
        self.max_length = max_length

        self.embedding = nn.Embedding(self.output_size, self.hidden_size)
        self.attn = nn.Linear(self.hidden_size * 2, self.max_length)
        self.attn_combine = nn.Linear(self.hidden_size * 2, self.hidden_size)
        self.dropout = nn.Dropout(self.dropout_p)
```

```python
        self.gru = nn.GRU(self.hidden_size, self.hidden_size)
        self.out = nn.Linear(self.hidden_size, self.output_size)

    def forward(self, input, hidden, encoder_outputs):
        embedded = self.embedding(input).view(1, 1, -1)
        embedded = self.dropout(embedded)

        attn_weights = F.softmax(
            self.attn(torch.cat((embedded[0], hidden[0]), 1)), dim=1)
        attn_applied = torch.bmm(attn_weights.unsqueeze(0),
                                 encoder_outputs.unsqueeze(0))

        output = torch.cat((embedded[0], attn_applied[0]), 1)
        output = self.attn_combine(output).unsqueeze(0)

        output = F.relu(output)
        output, hidden = self.gru(output, hidden)

        output = F.log_softmax(self.out(output[0]), dim=1)
        return output, hidden, attn_weights

    def initHidden(self):
        return torch.zeros(1, 1, self.hidden_size, device=device)
```

12.3 세탁소 챗봇 서비스 개발하기

이제 작성한 코드를 이용해 자연어로 질문하면 답변하는 대화 서비스를 학습하고 테스트 해보자. 시도할 대화 서비스의 내용은 세탁소에서 자주 있는 질문 데이터를 활용할 것이다. 다양한 서비스에서 제공되는 FAQ는 쉽게 적용해 볼 수 있는 대화 서비스 재료가 된다.

다음은 세탁소 FAQ 예제는 아래와 같다. 이와 같은 내용을 질문과 답변 파일로 분리해 저장한다. 저장할 때 파일 형식은 utf-8이어야 한다. 예제를 살펴보면 질문은 서로 다른데 답변은 동일하다. 보통 사람이 동일한 답변을 듣기 위해 묻는 질문의 표현이 서로 다를 수 있다는 것을 고려해 동일한 답변에 다양한 질문 문장을 준비하기 바란다.

질문	답변
영업시간은 어떻게 되나요?	주중에는 오전 9시부터 오후 8시, 토요일은 오전 9시에서 오후 4시, 일요일은 휴무 입니다.
매장 영업시간은 어떻게 되나요?	주중에는 오전 9시부터 오후 8시, 토요일은 오전 9시에서 오후 4시, 일요일은 휴무 입니다.
몇시에 열어	주중에는 오전 9시부터 오후 8시, 토요일은 오전 9시에서 오후 4시, 일요일은 휴무 입니다.
몇시에 시작 하나요?	주중에는 오전 9시부터 오후 8시, 토요일은 오전 9시에서 오후 4시, 일요일은 휴무 입니다.
아침 몇시에 문 여나요?	주중에는 오전 9시부터 오후 8시, 토요일은 오전 9시에서 오후 4시, 일요일은 휴무 입니다.
문여는 시간이 어떻게 되나요?	주중에는 오전 9시부터 오후 8시, 토요일은 오전 9시에서 오후 4시, 일요일은 휴무 입니다.
영업 시간은?	주중에는 오전 9시부터 오후 8시, 토요일은 오전 9시에서 오후 4시, 일요일은 휴무 입니다.
…	…

생성한 파일의 내용은 리스트 12.7과 같다. 실습에 쓰인 laundry_input.txt 파일은 이 책의 깃헙 페이지에서 내려받을 수 있다.

리스트 12.7 | 세탁소 오픈 시간에 대한 의도학습 문장 예시

```
영업시간은 어떻게 되나요?
매장 영업시간은 어떻게 되나요?
몇시에 열어?
몇시에 시작 하나요?
아침 몇시에 문 여나요?
문여는 시간이 어떻게 되나요?
영업 시간은?
몇시에 여노?
오픈시간 알려줘
….
```

생성한 파일의 내용은 리스트 12.8와 같다. 리스트 12.8은 리스트 12.7을 입력으로 전달한 경우에 대한 대화 엔진의 답변 예시다. 모두 같은 의도이기 때문에 응답 결과가 동일하게 설정된다. 이 실습에 쓰인 laundry_output.txt 파일은 이 책의 깃헙 페이지에서 내려받을 수 있다.

리스트 12.8 | **테스트 결과 출력 예시**

```
주중에는 오전 9시부터 오후 8시까지 영업합니다.
주중에는 오전 9시부터 오후 8시까지 영업합니다.
주중에는 오전 9시부터 오후 8시까지 영업합니다.
주중에는 오전 9시부터 오후 8시까지 영업합니다.
주중에는 오전 9시부터 오후 8시까지 영업합니다.
주중에는 오전 9시부터 오후 8시까지 영업합니다.
주중에는 오전 9시부터 오후 8시까지 영업합니다.
주중에는 오전 9시부터 오후 8시까지 영업합니다.
주중에는 오전 9시부터 오후 8시까지 영업합니다.
....
```

테스트에 사용한 샘플 데이터 파일은 깃헙[2]에서 참고하기 바란다.

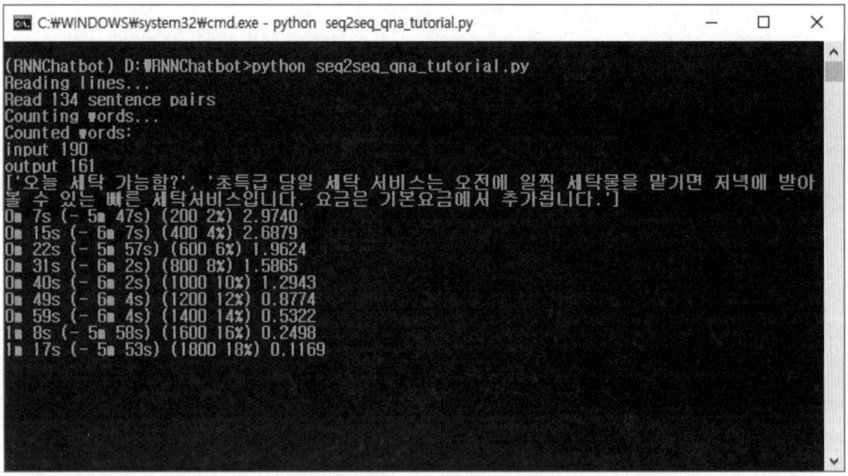

그림 12.9 | **학습 실행 화면**

이제 실행해보자. 그림 12.9와 같이 아나콘다 내비게이터 가상환경의 터미널을 띄운 후 다음 명령을 실행한다.

```
$ python seq2seq_qna_tutorial.py
```

2 *https://github.com/onlybooks/AI_begin/tree/master/chapter12*

프로그램 실행이 정상적으로 수행되면 그림 12.10과 같이 학습 완료 후 평가된 출력 결과를 확인할 수 있다.

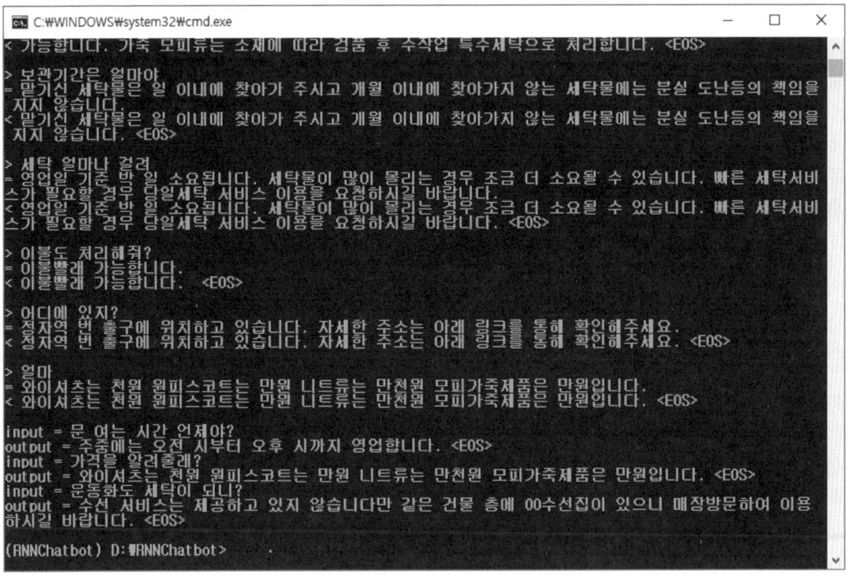

그림 12.10 | 챗봇 테스트 결과

결과에서 확인할 수 있듯이 입력 문장에 대해 가장 유사한 답변을 찾아 회신한다. 작성한 코드는 학습과 평가를 한번에 수행하는 코드이기 때문에 학습을 수행한 후 모델 결과 파일을 저장하고 불러서 재활용하는 코드는 추가로 작성해야 한다.

12.4 홈 IoT 제어 챗봇 개발하기

다음은 데이터를 수정해 IoT에 적용하는 사례를 시험해보려고 한다. 세탁소 사례와 동일하며 소스와 타깃 파일을 변경한 후 동일한 프로그램을 통해 학습하고 테스트를 진행해 보겠다.

먼저 학습에 사용할 데이터를 다음과 같이 준비한다. 이 실습에 쓰인 home_iot_input.txt 파일과 home_iot_output.txt 파일은 이 책의 깃헙 페이지에서 내려받을 수 있다.

리스트 12.9 | 조명을 켜달라는 의도 예시 문장

```
조명 켜줄래?
불 키고 싶어
불을 겨야 할것 같아
방 불 켜줘
방 불좀 켜라
방 불을 켰으면 하는데
조명 꺼줄래?
조명 끌래
불좀 꺼줘
불 꺼줘
....
```

리스트 12.10 | 응답 결과 명령어 예시

```
turn_on_light
turn_on_light
turn_on_light
turn_on_light
turn_on_light
turn_on_light
turn_off_light
turn_off_light
turn_off_light
turn_off_light
....
```

이제 seq2seq_qna_tutorial.py 코드를 일부 수정해서 다시 실행해 보자. 읽어올 파일 이름을 변경하면 된다.

변경전 코드는 다음과 같다.

```
# 소스 파일과 타깃 파일을 줄 단위로 읽어들인다
inputs = open('./laundry_input.txt', encoding='utf-8').read().strip().
split('\n')
outputs = open('./laundry_output.txt', encoding='utf-8').read().strip().
split('\n')
```

변경한 코드는 다음과 같다.

```
# 소스 파일과 타깃 파일을 줄 단위로 읽어들인다
inputs = open('./home_iot_input.txt', encoding='utf-8').read().strip().
split('\n')
outputs = open('./home_iot_output.txt', encoding='utf-8').read().strip().
split('\n')
```

동일한 명령으로 실행하면 그림 12.11과 같은 결과가 나온다.

```
$ python seq2seq_qna_tutorial.py
```


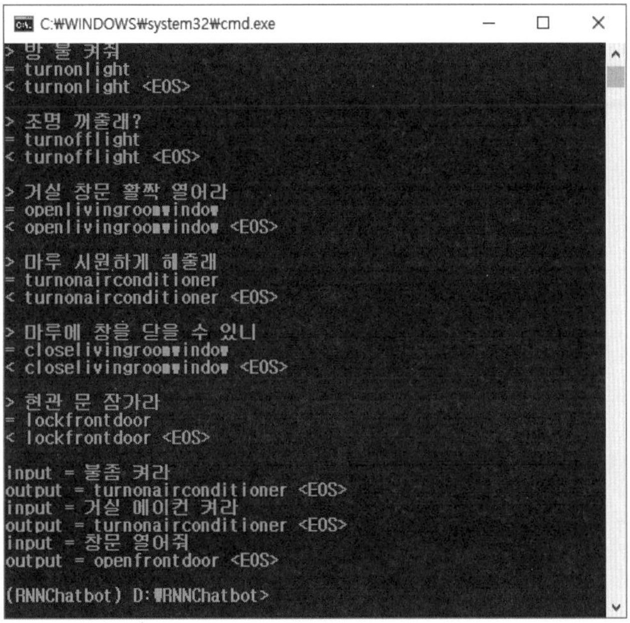

그림 12.11 | 집안 제어를 위한 IoT 사례

지금까지 IoT를 위해 활용해볼 수 있는 챗봇을 간단히 구현해 보았다. 챗봇은 보통 질문에 대한 답변을 위해 사용되지만 IoT에서는 사용자의 자연어 입력을 해석해 명령으로 이해하는 단계를 처리해 본 것이다. 이처럼 질문과 답변을 제공하는 기존 방식과 다르게도 대화 서비스를 위한 기술을 활용할 수 있을 것이다.

12.5 정리

지금까지 딥러닝을 활용해 대화 서비스를 구현하는 방법에 대해 알아보았다. 최근 인공지능의 적용 사례에서 가장 관심을 많이 받고 있는 것이 챗봇이기 때문에 자연어 질문에 대한 답변을 찾기위한 여러가지 기술들이 연구되고 있다. 앞에서 챗봇을 구현하는 다양한 기술들은 각기 특징이 서로 다르니 적용하려는 사례에 적합한지 잘 판단해서 사용하기 바란다.

부록

부록 A 파이썬 3 설치하기

이 책에서는 기본적으로 우분투Ubuntu 14.xx에서 로컬 파이썬 3 프로그래밍 환경을 사용하도록 안내한다. 다른 운영체제에 대한 설치법은 다음에 별도로 기술하겠다. 파이썬은 다양한 프로그래밍 프로젝트에 사용할 수 있는 다용도 프로그래밍 언어다. 설정하기 쉽고 오류에 대한 즉각적인 피드백을 제공하는, 비교적 간단한 스타일로 작성된 파이썬은 초보자와 숙련된 개발자 모두에게 훌륭한 선택이다. 파이썬 3.x가 현재 최신 버전이다.

A.1 우분투에 설치하기

우분투 14.xx가 설치된 컴퓨터가 필요하며 해당 컴퓨터에 대한 관리 액세스 권한과 인터넷 연결이 있어야 한다.

파이썬 3 설정하기

우분투 14.xx 버전에서는 화면의 왼쪽 상단에 있는 **Ubuntu** 아이콘을 클릭하고 검색 창에 terminal을 입력하여 터미널 응용프로그램을 찾을 수 있다. 터미널 응용프로그램 아이콘을 클릭하여 연다. 단축키로는 Ctrl + Alt + T를 동시에 누르면 된다.

그림 A.1 | **우분투에서 터미널 실행 화면**

우분투 14.xx 버전부터는 기본적으로 파이썬 3과 파이썬 2가 미리 설치되어 제공된다. 이미 설치된 버전이 최신인지 확인하려면 다음 같은 명령어를 입력해서 시스템을 업데이트하고 업그레이드하자.

```
$ sudo apt-get update
$ sudo apt-get -y upgrade
```

-y 플래그는 우리가 모든 항목이 설치될 때 일일이 확인할 필요 없이 모두 동의하지만, 리눅스의 버전에 따라 시스템 업데이트 및 업그레이드 등의 추가 메시지를 확인해야 할 수 있다. 프로세스가 완료되면 다음과 같이 입력해 시스템에 설치된 파이썬 3의 버전을 확인할 수 있다.

```
$ python3 -V
```

터미널 창에 버전 번호를 알려주는 출력을 받게 된다. 버전 번호는 다를 수 있지만 다음 그림 A.2와 비슷하다.

그림 A.2 | **파이썬 버전 확인**

파이썬용 소프트웨어 패키지를 관리하려면 pip를 설치한다.

```
$ suto apt-get install -y python3 -pip
```

프로그래밍 환경을 위한 강력한 설정을 보장하기 위해 몇 가지 패키지 및 개발 도구를 추가로 설치해야 한다.

```
$ sudo apt-get install build-essential libssl-dev libffi-dev python-dev
```

파이썬이 설치되고 pip와 다른 도구가 설치되면 개발 프로젝트를 위한 가상 환경을 설정할 수 있다.

가상 환경 설정하기

가상 환경을 사용하면 컴퓨터에 파이썬 프로젝트를 위한 별도의 공간을 확보하여 각 프로젝트가 다른 프로젝트를 방해하지 않는 고유한 세트를 가질 수 있다. 즉 원하는 만큼 많은 다양한 파이썬 프로그래밍 환경을 설정할 수 있게 된다.

가상 환경을 만들 수 있도록 표준 파이썬 3 라이브러리의 일부인 venv 모듈을 먼저 설치해야 한다. 다음을 입력하여 venv를 설치한다.

```
$ sudo apt-get install -y python3-venv
```

이를 설치하면 환경을 만들 준비가 된 것이다. 파이썬 프로그래밍 환경을 넣을 새로운 디렉터리를 만든다.

```
$ mkdir environments
$ cd environments
```

환경을 만들고 싶은 디렉터리로 이동한 후 다음 명령을 실행하여 환경을 만들 수 있다.

```
$ python3 -m venv my_env
```

ls 명령어로 가상 환경이 잘 만들어졌는지 확인한다.

```
$ ls my_env
```

다음 그림 A.3처럼 보이면 정상적으로 설치된 것이다.

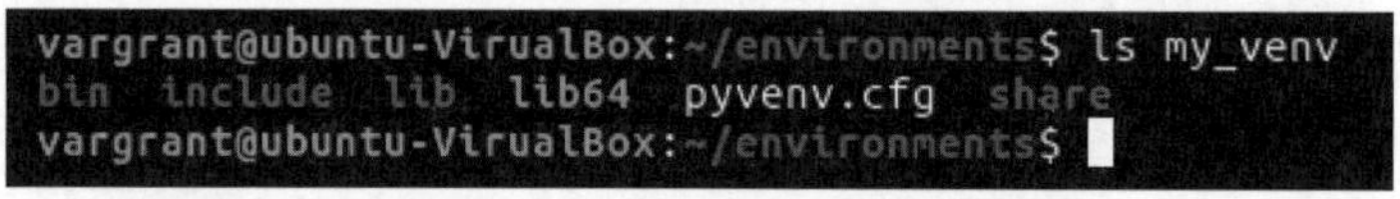

그림 A.3 | **가상환경 폴더 목록 조회**

이렇게 가상의 환경을 별도로 만들어야 각 프로젝트가 필요한 특정 패키지에 대한 관리를 할 수 있기 때문이다. 이 환경을 사용하려면 activate 스크립트를 호출하는 다음 명령을 입력하여 이 환경을 활성화해야 한다.

```
$ source my_env/bin/activate
```

그림 A.4 | **가상환경 활성화**

이제 프롬프트에 환경 이름이 접두어로 붙는다. 괄호 안의 가상환경 이름이 줄에서 제일 먼저 보여야 한다. 이 접두어를 사용하면 my_env 환경이 현재 활성화되어 있다는 사실을 알 수 있다. 이제 이 환경에서 프로그램에 필요한 설정 및 패키지를 내려받아 사용하면 된다.

> **주의** 가상환경 외부에서 컴퓨터에서 파이썬 3을 사용하는 경우, 파이썬 3나 pip3 명령을 독점적으로 사용해야 한다. 파이썬 3.x와 2.x 버전이 동시에 설치되어 있기 때문이다.

A.2 맥 OS X에 설치하기

맥 OS X을 사용한다면 홈브루Homebrew 기반으로 파이썬 3를 설치하는 것이 좋다. 홈브루는 맥 OS X용 패키지 관리자로서 기능이 뛰어나고 사용하기도 쉽다.

```
$ brew update
$ brew install python3
$ python3 --version
```

제대로 설치되었다면, 파이썬 3라는 버전 번호가 표시된다.

A.3 윈도우에 설치하기

윈도우에서는 파이썬3와 추가 패키지를 쉽게 설치할 수 있도록 제공하는 파이썬 배포판을 설치하는 것이 좋다. 가장 인기 있는 배포판은 아나콘다Anaconda이다. 아나콘다 다운로드를 통해서 아나콘다 파이썬 3.x 버전을 자신의 플랫폼(32비트/64비트)에 맞게 설치한다.

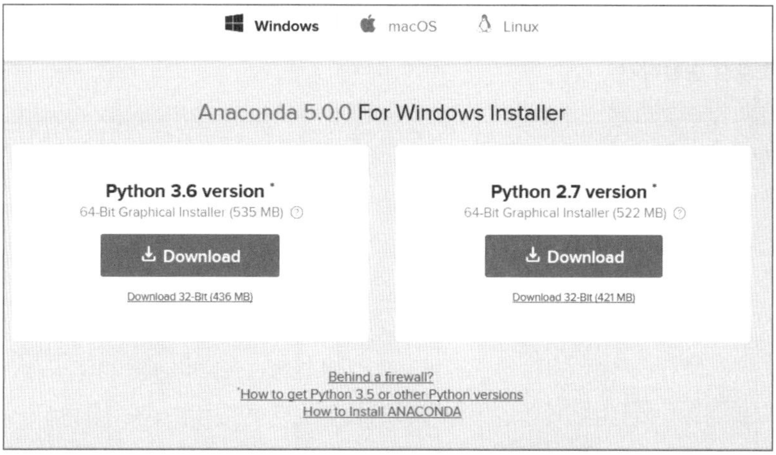

그림 A.5 | 아나콘다 설치 파일 다운로드 화면

아나콘다를 설치할 때 설치 경로는 다음 내용을 주의해서 실행하기 바란다.

- 설치 시 폴더를 지정할 때 C:\Anaconda라고 지정한다.
- 폴더명에 한글이 없어야 한다. (나중에 _lstm_ops.dll not found 관련 오류가 날 수도 있음)

설치를 다 한 후에 터미널 창을 열고, 다음 명령어를 입력한다.

① pip 업그레이드 하기

```
$ python -m pip install --upgrade pip
```

② Conda 가상환경 생성하기

형식 | conda create -n 가상환경이름 python=3.6

```
$ conda create -n deeplearning python=3.6
```

먼저 아나콘다의 conda를 이용해 deeplearning이라는 이름으로 파이썬 3.x 전용 가상환경을 생성한다. 윈도우에선 파이썬 3.5.x 버전 이상을 사용해야 현재 TensorFlow-v1.0.0와 케라스를 지원한다. 가상환경을 생성하는 이유는 앞서 우분투 경우와 마찬가지로 컴퓨터에 설치된 타 라이브러리들과의 충돌을 방지하기 위함이다.

③ 가상 환경 실행하기

```
$ activate deeplearning
```

부록 B 윈도우에서 넘파이와 사이파이 설치하기

B.1 넘파이 모듈 설치

먼저 설치할 모듈은 넘파이NumPy다. 넘파이는 빅데이터 분석이나 머신러닝을 구현하기 위해 많이 사용되는 패키지로 다차원의 데이터를 다루기 위한 기반과 복잡한 수학적 계산을 지원한다. 자세한 사항은 넘파이 공식 홈페이지를 참고하시기 바란다.

URL http://www.numpy.org/

먼저 설치할 넘파이 파일을 다운로드하기 위해 다음 홈페이지로 이동한다.

URL http://www.lfd.uci.edu/~gohlke/pythonlibs/#numpy

아래쪽 넘파이 부분으로 이동해서 자신의 파이썬과 운영체제에 맞게 파일을 찾아 내려받고 저장한 위치를 기억한다. 우리가 설치한 파이썬 버전은 3.6.0이기 때문에 cp36이고 운영체제는 64비트이기 때문에 amd64를 선택했다. 운영체제가 64비트더라도 설치된 파이썬이 32라면 넘파이 라이브러리도 32비트를 설치해야 한다. 파일 이름은 다음과 같다.

```
파일명: numpy-1.12.0+mkl-cp36-cp36m-win_amd64.whl
```

이제 윈도우 커맨드를 실행하기 위해 [Windows] + [R] 키를 눌러 실행창을 띄운 후 cmd를 입력한 후 [Enter] 키를 눌러서 커맨드 창을 실행한다. 그리고 내려받은 넘파이 설치 파일이 있는 위치로 이동한다. 다음과 같이 설치를 위한 명령을 입력하고 실행한다.

```
$ python -m pip install "numpy-1.12.0+mkl-cp36-cp36m-win_amd64.whl"
```

설치가 완료되면 그림 B.1과 같이 성공되었다는 메시지가 표시된다.

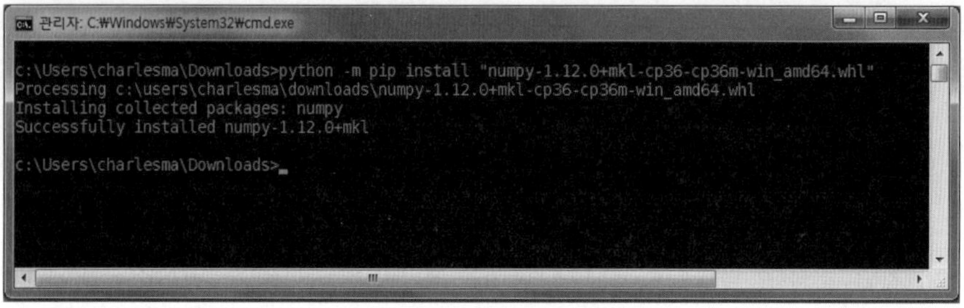

그림 B.1 | **넘파이 설치 성공 화면**

만약 설치할 때 그림 B.2와 같이 "액세스가 거부되었습니다"라는 메시지가 뜨면서 실패한 경우는 커맨드창의 권한 문제 때문이다. 이런 경우에는 커맨드를 관리자 권한으로 실행한 후 설치를 진행하면 된다.

> **참고** **관리자 권한으로 윈도우 커맨드 실행하기**
>
> 윈도우 작업표시줄 맨 하단 검색창에 cmd라고 입력하면 이름에 해당되는 프로그램이 검색된다.

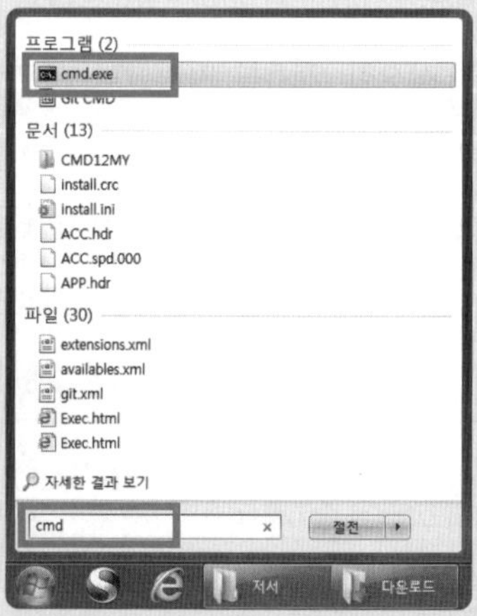

프로그램에서 cmd.exe를 찾아서 마우스 오른 버튼을 클릭하여 "관리자 권한으로 실행(A)" 메뉴를 클릭한다.

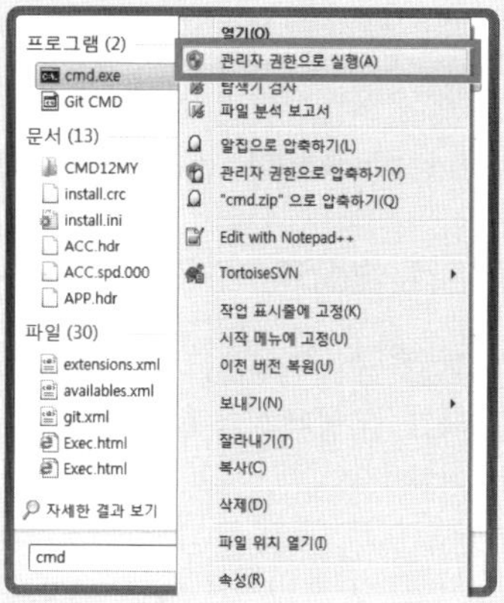

관리자 권한으로 윈도우 커맨드가 실행되면 다음 그림과 같이 창의 타이틀 부분분에 '관리자'라고 표시된다.

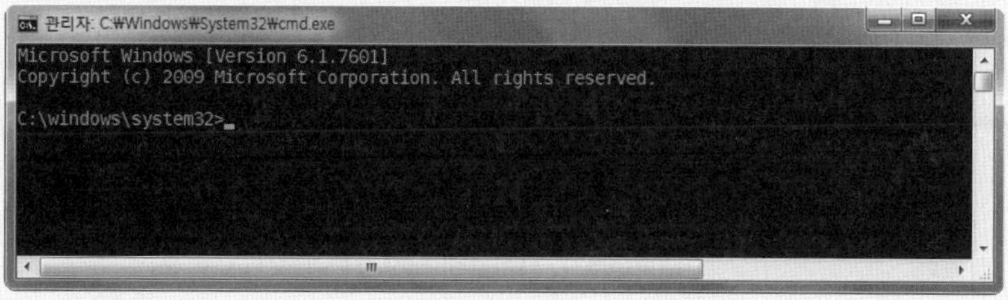

B.2 사이파이 모듈 설치

사이파이SciPy는 다양한 수학 연산을 위한 함수를 제공하는 오픈소스 기반 라이브러리다. 최적화Optimization, 선형대수linear algebra, 통합integration, 보간interpolation, 신호 처리 등 다양한 수학 연산을 제공하여 데이터 분석을 위한 연구에 많이 사용되고 있다. 더 자세한 내용은 사이파이 공식 홈페이지를 참고하기 바란다.

URL https://www.scipy.org/scipylib/index.html

먼저 설치할 사이파이를 내려받기 위해 다음 홈페이지로 이동한다(참고로, 사이파이를 설치하기 전에 넘파이 모듈이 설치되어 있어야 한다).

URL http://www.lfd.uci.edu/~gohlke/pythonlibs/#scipy

화면 아래쪽 SciPy 부분으로 이동해서 자신의 파이썬과 운영체제에 맞게 파일을 찾아 다운로드하고 저장한 위치를 기억한다. 우리가 설치한 파이썬 버전은 3.6.0이기 때문에 cp36이고, 운영체제가 64비트이므로 amd64를 선택했다.

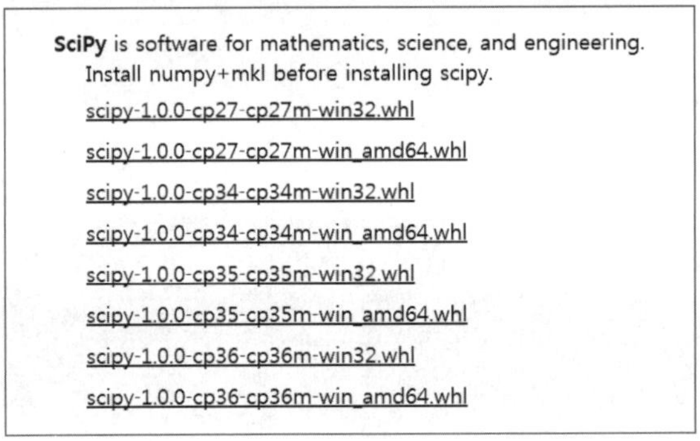

그림 B.2 | **사이파이 다운로드 페이지**

파일명: scipy-0.19.0rc2-cp36-cp36m-win_amd64.whl

이제 윈도우 커맨드를 실행하기 위해 ⊞ + R 키를 눌러 실행창을 띄운 후 cmd를 입력한 후 Enter 키를 눌러서 커맨드창을 실행한다. 그리고 내려받은 사이파이 설치 파일이 있는 경로로 이동한다.

설치를 위한 명령을 다음과 같이 입력하고 실행한다.

```
$ python -m pip install scipy-0.19.0rc2-cp36-cp36m-win_amd64.whl
```

설치가 정상적으로 진행되면 설치가 완료되었다는 메시지가 그림 B.3과 같이 화면에 출력된다.

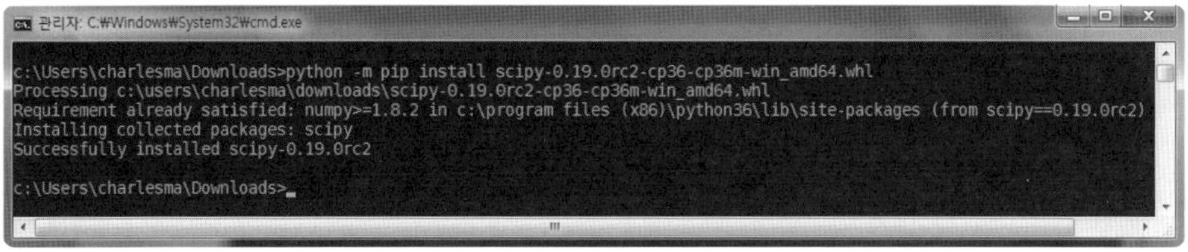

그림 B.3 | **사이파이 설치 완료**

부록 C 케라스 설치하기

이 책에서는 몇몇 코드 예제를 위해 케라스Keras(*https://keras.io/*)를 사용한다. 케라스는 딥러닝 모델을 간편하게 만들고 훈련시킬 수 있는, 파이썬으로 개발된 딥러닝 프레임워크다. 케라스의 주요 특징은 다음과 같다.

- 사용자 편의성, 모듈성, 확정성을 통해 쉽고 빠르게 프로토타입이 가능
- 합성곱 신경망과 순환 신경망을 지원하며 이 둘을 자유롭게 조합해 사용 가능
- CPU 및 GPU 기반 실행 지원

케라스는 MIT 라이선스를 따르므로 상업적인 프로젝트에서도 자유롭게 사용할 수 있다. 케라스는 설치하기 전에 딥러닝 백엔드 프로그램인 텐서플로, 테아노, CNTK 중 하나를 설치해야 한다. 일반적으로 텐서플로를 설치하는 것을 추천한다.

케라스를 설치하는 방법은 직접 파이썬 환경에 설치할 수도 있고, 파이썬 설치 환경을 제공하는 아나콘다를 이용해서도 할 수 있다. 이 책에서는 아나콘다를 통해 설치하는 방법을 설명하겠다. 우선 아나콘다 다운로드 사이트에 접속한다.

URL https://www.anaconda.com/download/

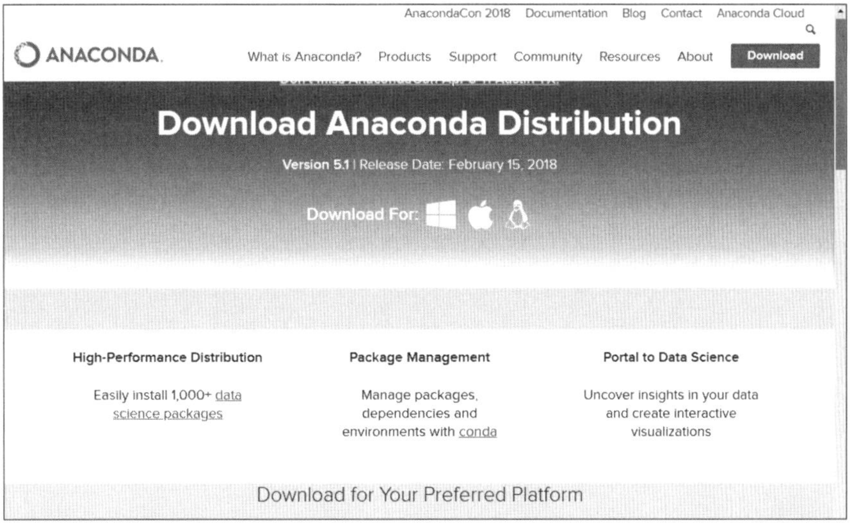

그림 C.1 | 아나콘다 홈페이지

참조 *https://www.anaconda.com/download/*

아나콘다 다운로드 페이지 하단에 보면 그림 C.2와 같은 설치 파일을 다운로드할 수 있는 링크가 제공된다. 좌측에 3.x 버전과 우측에 이전 2.7 버전이 링크가 있다. 우리는 좌측 3.x 버전을 내려받아 설치할 것이다. 맥이나 리눅스 운영체제에서도 내려받아 설치하는 방법은 윈도우 운영체제와 유사하니 추가 설명은 생략하겠다.

그림 C.2 | 아나콘다 설치 파일 다운로드

C.1 가상 개발환경 생성하기

아나콘다 설치에 성공한 다음 실행환경을 생성하기 위해 Anaconda Navigator를 실행한다. **Environments** 탭을 선택하면 그림 C.3과 같이 기본 파이썬 실행환경인 **base(root)** 가 보인다. 케라스 개발을 하기 위해 환경을 추가로 생성한다. 아래 **Create**를 선택하여 새로운 환경을 생성한다.

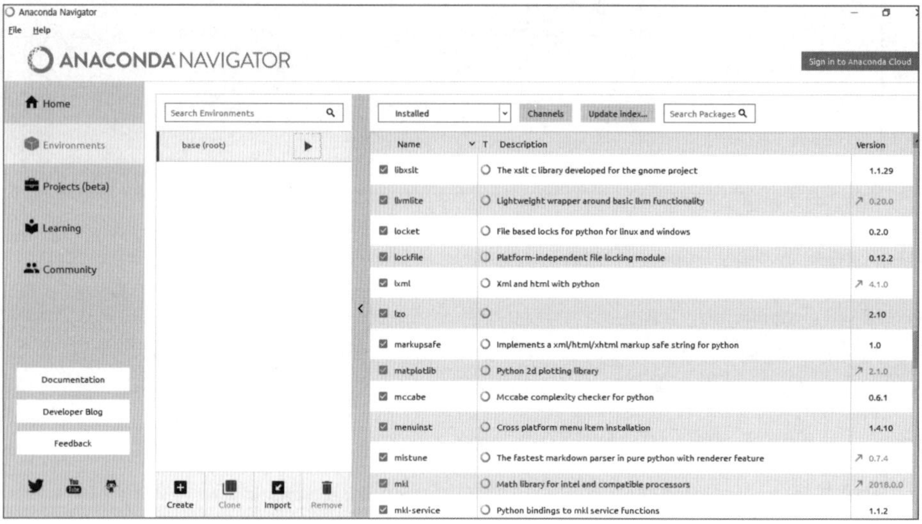

그림 C.3 | **아나콘다 내비게이터 실행**

그림 C.4와 같이 Name 항목에 keras_vr과 같이 구분하기 위한 이름을 입력하고 파이썬은 3.6을 선택하고 **Create** 버튼을 클릭한다.

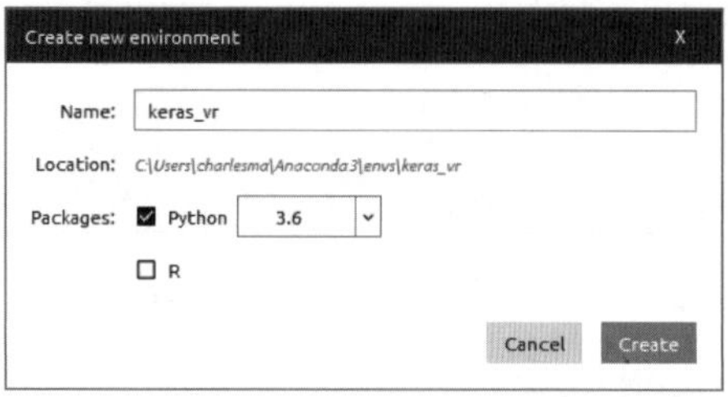

그림 C.4 | **새로운 환경 생성**

개발 환경의 생성이 완료되면 목록에서 선택하여 활성화를 한다.

C.2 패키지 추가 설치하기

이제 개발을 위해 필요한 추가적인 프로그램을 설치할 순서다. 그림 C.5와 같이 우측 목록에서 Not Installed를 선택하여 추가 설치할 항목을 표시한다. 설치 하고 싶은 모듈은 **Search Packages**에 입력하여 조회한 후 체크한 후 설치하면 된다.

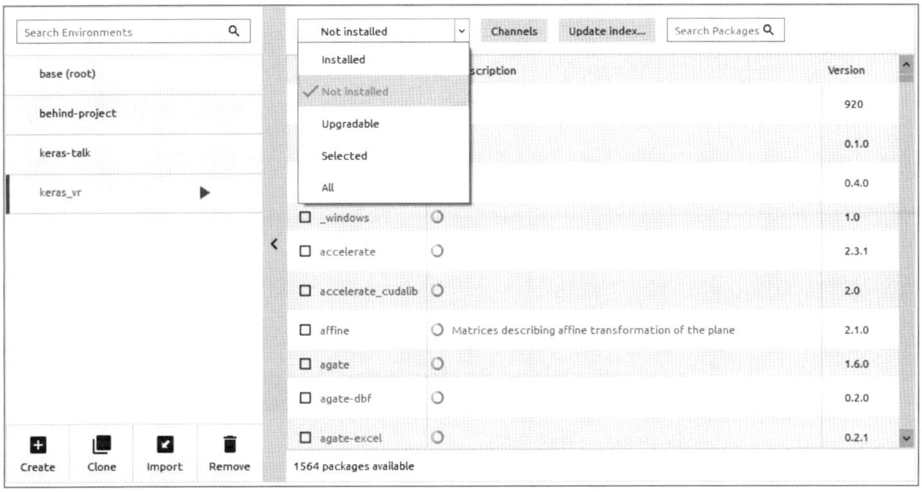

그림 C.5 | **터미널 실행**

우선 패키지를 설치하려면 설치할 항목을 체크하고 **Apply** 버튼을 클릭하면 패키지 설치가 진행된다. 그림 C.6은 넘파이 패키지를 설치하는 내용을 보여준다.

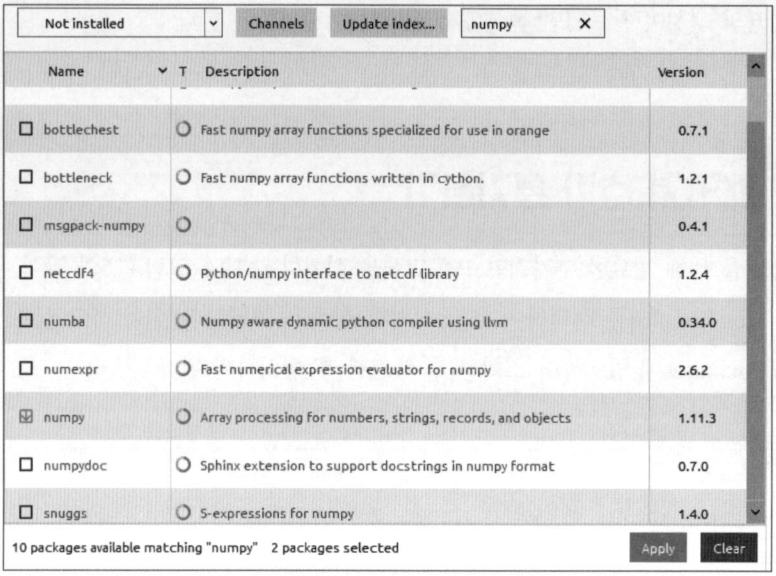

그림 C.6 | 패키지 설치

패키지를 설치할 때 함께 설치해야 할 의존성 패키지를 그림 C.7과 같이 보여주는데 내용을 확인하고 Apply 버튼을 클릭한다.

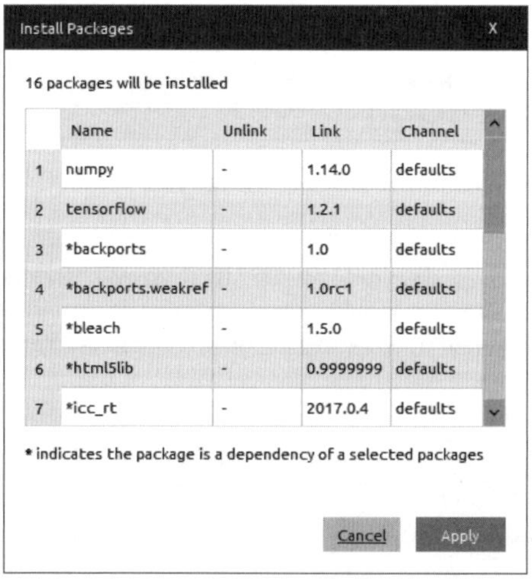

그림 C.7 | 설치되는 의존성 패키지 파일

참고로, 다음은 딥러닝 개발을 위해 자주 사용되는 패키지들이다. 필요하면 위와 동일한 방법으로 설치하면 된다.

- 넘파이NumPy
- 사이파이SciPy
- 사이킷런Scikit-learn
- 맷플롯립Matplotlib
- 판다스Pandas
- 파이도트PyDot
- h5py
- 필로우pillow

케라스가 이용할 텐서플로도 동일한 방법으로 설치한다.

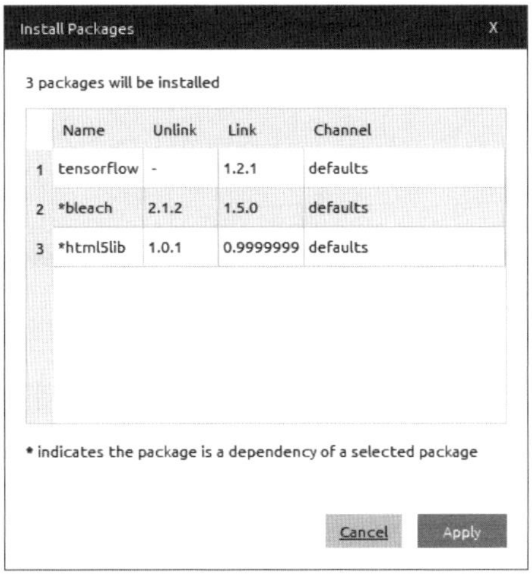

그림 C.8 | **텐서플로 패키지 설치**

텐서플로 설치까지 완료되면 케라스를 동일한 방법으로 설치한다.

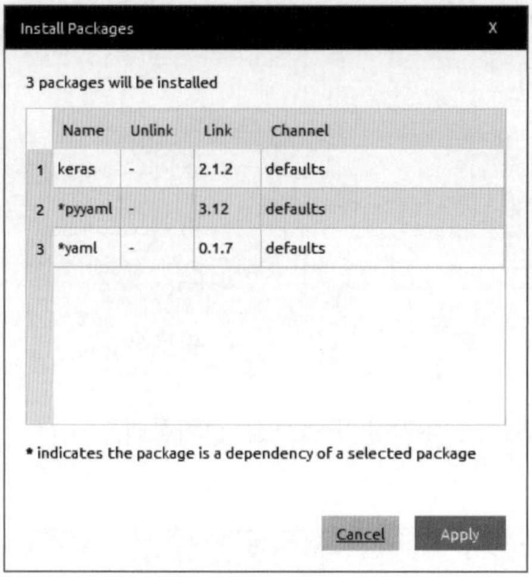

그림 C.9 | **케라스 설치**

C.3 주피터 노트북 설치하기

모든 모듈의 설치가 완료되었으면 파이썬 코드를 테스트하기 위해 주피터 노트북Jupyter Notebook을 설치하자. **Home** 탭에서 **Jupyter Notebook**의 **Install**을 클릭하여 설치한다.

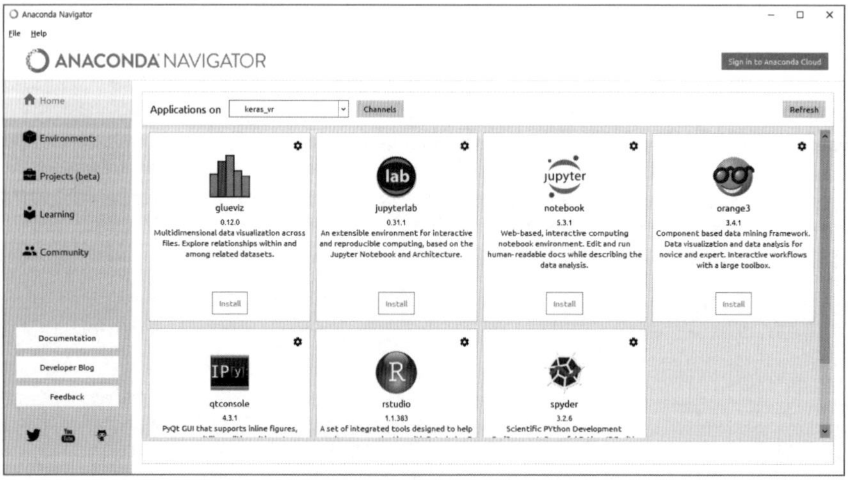

그림 C.10 | **주피터 노트북 설치**

주피터 노트북 설치가 완료되면 **Launch**를 클릭하여 실행한다. 처음 실행되면 그림 C.11과 같이 폴더 형태의 화면을 나타낸다. 이때 상위 폴더나 다른 디스크로 이동할 수는 없으므로 처음 시작될 때 보여질 위치를 변경할 수도 있다.

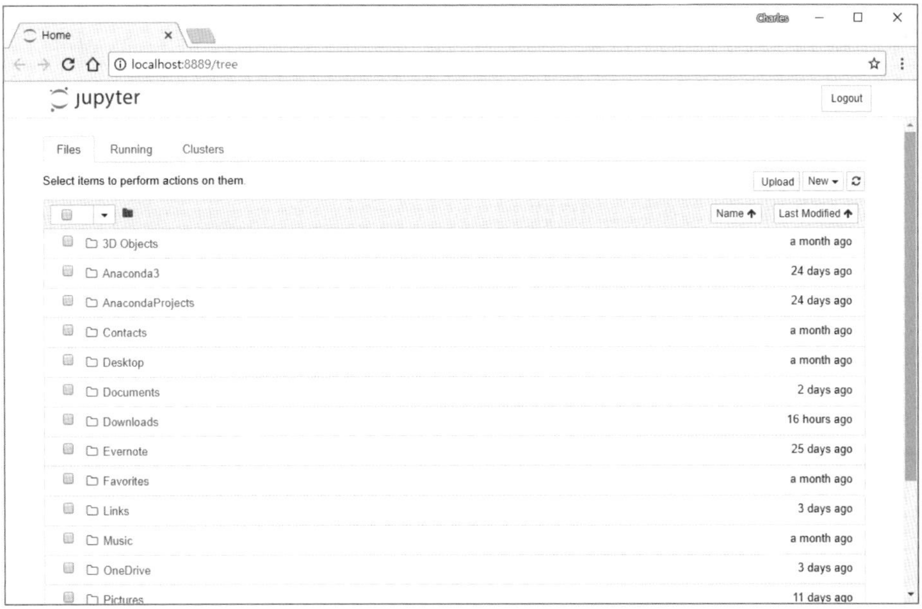

그림 C.11 | 주피터 노트북이 처음 실행된 화면

주피터 노트북 실행시 기본 경로 변경 설정하기

주피터 노트북 실행시 보여지는 기본 폴더를 변경하려면 다음 방법대로 설정하면 된다. 이 방법은 윈도우 환경에서의 설정 방법이다.

1. 윈도우 커맨드를 실행한다.
2. jupyter.exe가 설치된 경로로 이동한다. 사용자 폴더에 설치된 경우 다음과 같다.

```
$ cd C:\Users\{username\Scripts
```

3. 명령어를 실행하여 환경설정 파일을 생성한다.

```
$ jupyter notebook -generate-config
```

4. 환경설정 파일이 생성된 .jupyter 폴더로 이동한다. 이 책에서는 다음과 같다.
   - 파일 경로: C:\Users\{username}\.jupyter
5. `jupyter_notebook_config.py` 파일을 텍스트 편집기로 열어 편집할 준비를 한다.
6. `c.NotebookApp.notebook_dir` 설정을 찾아 이동한다(약 202라인 부근).
7. `c.NotebookApp.notebook_dir` 설정 앞의 #을 삭제해 해당 설정을 활성화하고 자신이 원하는 폴더를 값으로 설정한다.
   - `c.NotebookApp.notebook_dir = 'd:/dev'`
8. 파일을 저장하고 주피터 노트북을 다시 실행한다.

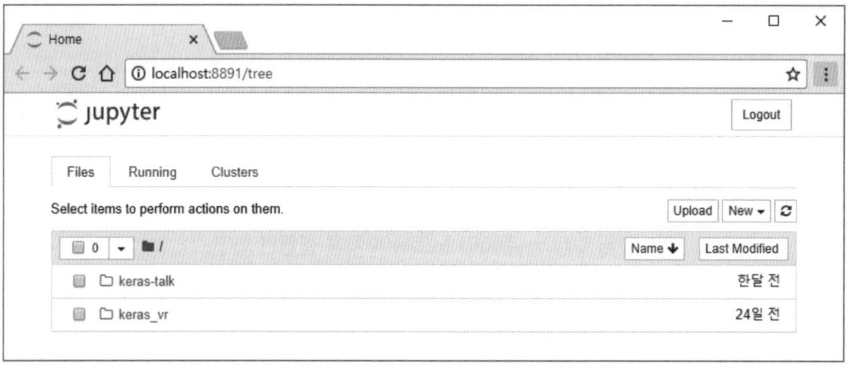

그림 C.12 | 주피터 노트북의 기본 경로가 변경된 화면

주피터 노트북 설치 환경 테스트

이제 설치가 완료되었으니 직접 기본적인 코딩을 통해 정상적으로 실행되는지 확인해 보자. 주피터 노트북에서 작업할 폴더를 생성하고 이동한다. 이 책에서는 image_classify라고 폴더를 생성했다. 폴더 생성은 우측 상단의 **New** 버튼을 클릭하고 **Folder**를 선택하면 된다. 이제 아이파이썬IPython 코드를 생성해보자. 그림 C.13과 같이 우측 메뉴에서 **New ➡ Python 3**를 선택한다.

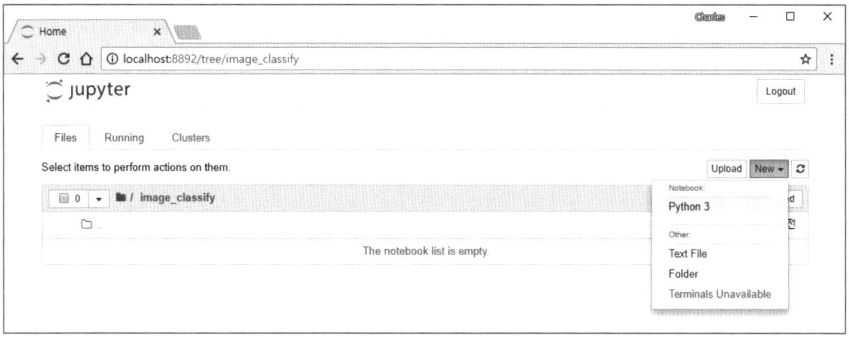

그림 C.13 | 파이썬 3 작업 파일 생성

새로운 페이지가 열리고 그림 C.14와 같이 입력 창이 나타난다. 이 파일은 아이파이썬 파일로 주피터 노트북에서 실행할 수 있는 코드와 실행 결과, 설명 글을 동시에 편집할 수 있는 형식의 파일이다.

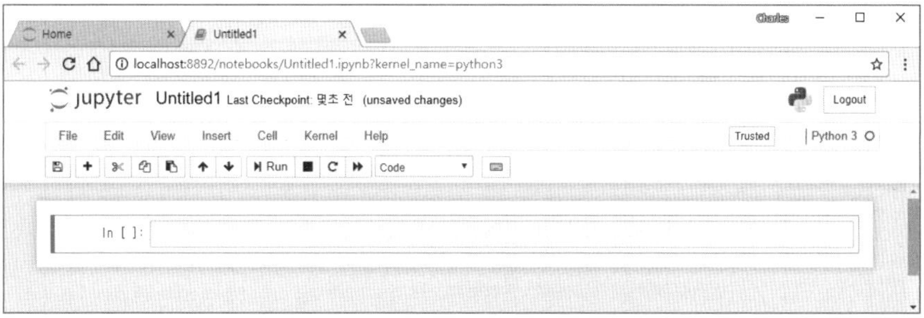

그림 C.14 | 새로운 파이썬 3 파일 생성

첫 번째 입력 창에 예제 C.1과 같이 코드를 입력한다.

예제 C.1 | 라이브러리 import

```
import scipy
import numpy
import matplotlib
import sklearn
import h5py

import tensorflow
import keras
```

작성한 코드 블록을 선택한 상태(블록이 파랗게 된 상태)에서 단축키 B를 누르거나 메뉴에서 **Insert ➡ Insert Cell Below**를 선택해 예제 C.1 아랫부분에 새로운 코드 블록을 추가한다. 그런 다음 추가된 블록에 다음과 같이 입력하고 설치된 모듈들이 정상적으로 동작하는지 간단히 버전 스트링을 출력해보자.

```
print('scipy:", scipy.__version__)
print('numpy:", numpy.__version__)
print('sklearn:", sklearn.__version__)
print('tensorflow:", tensorflow.__version__)
print('keras:", keras.__version__)
```

테스트 코드가 실행된 화면은 그림 C.15와 같다.

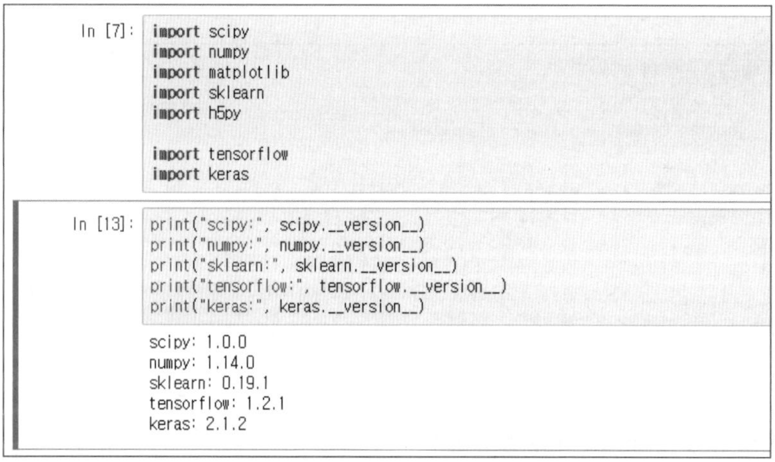

그림 C.15 | **테스트 코드 실행 결과**

각 코드 블록을 실행하는 방법은 Ctrl + Enter 단축키를 실행하거나 툴바에 있는 ⏯ Run 버튼을 클릭하면 된다. Ctrl + Enter는 각 코드 블록을 하나씩 실행하고, **Run** 버튼은 처음부터 끝까지 한번에 실행하게 되니 주의하기 바란다. 이제 그림 C.15와 같이 버전이 정상적으로 표시되면 모듈 설치가 완료된 것이다.

찾아보기

실무가 훤히 보이는 머신러닝 & 딥러닝

파이썬 실전 코딩으로 배우는
한글 자연어 처리, 챗봇 개발, 이미지 분류, 데이터 분석 등 인공지능 서비스의 이해

펴낸날 | 2019년 7월 31일 초판 1쇄
| 2020년 10월 8일 초판 2쇄

지은이 | 마창수 · 최재철

디자인 | 전병준(표지), 이민숙(본문)
제작 | 보광문화사(인쇄), 다올페이퍼(용지)

펴낸곳 | 책만
펴낸이 | 김희정
엮은이 | 전진태
주소 | 경기도 안양시 동안구 학의로 282 금강펜테리움IT타워 1611-1호
연락처 | 전화 02) 535-4331, 팩스 02) 6280-4350
홈페이지 | www.onlybook.co.kr
전자우편 | support@onlybook.co.kr

ISBN 979-11-89909-03-1 93000
값 26,000원

이 도서의 국립중앙도서관 출판예정도서목록(CIP)은 서지정보유통지원시스템 홈페이지(http://seoji.nl.go.kr)와 국가자료공동목록시스템(http://www.nl.go.kr/kolisnet)에서 이용하실 수 있습니다.
(CIP제어번호: CIP2019028523)